普通高等教育基础课程系列教材

线性代数

（第2版）

主　编　黎　虹　刘晶晶　韩云龙
副主编　杜　莹　杨　巍　付　伟
　　　　王梦阳
参　编　盛春红　石金传

北京理工大学出版社
BEIJING INSTITUTE OF TECHNOLOGY PRESS

内 容 提 要

《线性代数》是按照工科类和经济管理类“本科数学基础课程教学基本要求”，结合当前大多数本专科院校的学生基础和教学特点编写而成，全书以通俗易懂的语言全面而系统地讲解了线性代数的基本知识，包括行列式，矩阵，矩阵的初等变换与线性方程组，向量组的线性相关性，矩阵的特征值、特征向量和相似矩阵，二次型六章内容，每章分若干节，每章配有习题，书末附有习题的参考答案。

《线性代数》理论系统，举例丰富，讲解透彻，难度适宜，结合实际，体现了学以致用的思想，同时，该教材还设置了综合应用案例和微课视频等二维码教学资源，适合作为普通高等院校工科类和经济管理类有关专业的线性代数课程的教材使用，也可供成教学院或申请升本的专科院校选用为教材，还可供相关专业人员和广大教师参考。

图书在版编目(CIP)数据

线性代数 / 黎虹，刘晶晶，韩云龙主编.--2版.--北京：北京理工大学出版社，2023.7重印

ISBN 978-7-5763-0835-8

Ⅰ.①线…　Ⅱ.①黎…　②刘…　③韩…　Ⅲ.①线性代数－高等学校－教材　Ⅳ.①O151.2

中国版本图书馆CIP数据核字（2022）第010868号

出版发行 / 北京理工大学出版社有限责任公司
社　　址 / 北京市丰台区四合庄路6号院
邮　　编 / 100070
电　　话 / （010）68914775（总编室）
（010）82562903（教材售后服务热线）
（010）68944723（其他图书服务热线）
网　　址 / http：//www.bitpress.com.cn
经　　销 / 全国各地新华书店
印　　刷 / 河北鑫彩博图印刷有限公司
开　　本 / 787毫米×1092毫米　1/16
印　　张 / 9.5　　　　责任编辑 / 阎少华
字　　数 / 224千字　　文案编辑 / 阎少华
版　　次 / 2023年7月第2版第3次印刷　　责任校对 / 周瑞红
定　　价 / 35.90元　　责任印制 / 边心超

图书出现印装质量问题，请拨打售后服务热线，本社负责调换

前　言

随着我国社会和经济建设的高速发展，全国高等教育推进内涵建设，工科院校各专业对公共数学课的课程建设、教学内容的更新和教材建设提出了新的要求。在当前的教育形势下，为了实现数学课程教学与学生的专业培养目标相适应，与培养经济社会发展需要的高素质人才的培养目标相适应，我们结合教学改革的实际要求和教学中累积的经验，编写了这本《线性代数》教材。

线性代数是工科类和经济管理类专业的重要基础课程之一，本书是根据工科类和经济管理类专业的线性代数课程教学基本要求编写而成的。在本书的编写过程中，我们不但注意继承保留了自己的教学实际经验，而且在以下方面给予了关注：

1．注重以实例引入概念，并最终回到数学应用的思想，以激发学生的兴趣和求知欲。在弄清基本概念的基础上，理顺基本概念之间的联系，增强教学效果；而对于严密的论证过程，则不作过多的要求。

2．教材紧密结合现代多元化教学手段，编写了相关二维码教学资源素材。主要包括重要概念和运算在实际问题中的综合应用案例、重要知识点的微课视频及B组习题答案等，使学生可以在课后进一步学习线性代数相关内容。

3．侧重解题能力的培养。在解题方法方面有较深入的论述，让学生在掌握基本概念的基础上，熟悉运算过程、掌握解题方法，提高他们的解题能力。

4．精心编写了全书的例题、习题，使习题由易到难，与知识点相对应；并针对学生的差异给出了基础类A组习题和提高类B组习题。在本书的最后，给出了习题的参考答案。

5．每章设置“数学实验”模块，该模块介绍了使用Matlab软件求解线性代数相关问题的方法，使学生掌握使用现代化信息手段解题的实际操作方法。

6．每章设置“拓展阅读”模块，该模块介绍了知识起源和数学家故事，揭示了线性代数中体现的唯物辩证观点，注重培养学生树立正确的世界观、人生观和价值观，培养其爱国主义情怀和对数学之美的领悟。

本书具体编写分工为：第一章行列式由杜莹编写，第二章矩阵由杨巍编写，第三章矩阵的初等变换与线性方程组由刘晶晶编写，第四章向量组的线性相关性由黎虹编写，第五章矩阵的特征值、特征向量和相似矩阵以及第六章二次型由付伟编写，与本书内容配套的教学课件由韩云龙和王梦阳编辑，与本书内容配套的二维码素材由盛春红和石金传进行校对和整理。

由于水平有限，书中难免存在疏漏、不足之处，敬请广大师生不吝赐教，将不胜感激。

编　者

目　录

第一章　行列式

在许多实际问题中，人们常常会碰到解线性方程组的问题．行列式是伴随着线性方程组的研究而引入和发展的．现如今，它已是线性代数的重要工具之一，在许多学科分支中具有广泛的应用．

本章将由二元线性方程组出发，引入二阶行列式的概念，并推广至三阶行列式，在总结其规律的基础上，给出 n 阶行列式的定义，并研究了行列式的性质及其计算方法，给出行列式按行按列展开定理．此外，我们还将介绍求解 n 元线性方程组的克拉默(Cramer)法则．

第一节　二阶与三阶行列式

一、二元线性方程组与二阶行列式

用消元法解二元线性方程组

$$\begin{cases} a_{11}x_1+a_{12}x_2=b_1 \\ a_{21}x_1+a_{22}x_2=b_2 \end{cases} \tag{1.1}$$

为消去未知数 x_2，以 a_{22} 与 a_{12} 分别乘两方程的两端，然后将两个方程相减，得

$$(a_{11}a_{22}-a_{12}a_{21})x_1=b_1a_{22}-a_{12}b_2,$$

类似地，消去 x_1，得

$$(a_{11}a_{22}-a_{12}a_{21})x_2=a_{11}b_2-b_1a_{21},$$

当 $a_{11}a_{22}-a_{12}a_{21}\neq 0$ 时，求得方程组(1.1)的解为

$$x_1=\frac{b_1a_{22}-a_{12}b_2}{a_{11}a_{22}-a_{12}a_{21}},\qquad x_2=\frac{a_{11}b_2-b_1a_{21}}{a_{11}a_{22}-a_{12}a_{21}},$$

为便于叙述和记忆这个表达式，引入记号

$$D=\begin{vmatrix} a_{11} & a_{12} \\ a_{21} & a_{22} \end{vmatrix}=a_{11}a_{22}-a_{12}a_{21} \tag{1.2}$$

称为**二阶行列式**，记作 $D=\det(a_{ij})$(det 为行列式英文 Determinant 的缩写)．

数 $a_{ij}(i=1,\ 2;\ j=1,\ 2)$称为行列式(1.2)的元素，元素 a_{ij} 的第一个下标 i 称为行标，表明该元素位于第 i 行，第二个下标 j 称为列标，表明该元素位于第 j 列．

上述二阶行列式的定义，可用对角线法则来记忆，从左上角到右下角的对角线(称为行列式的主对角线)上的两元素之积，取正号；从右上角到左下角的对角线(称为行列式的

副对角线)上的两元素之积，取负号．于是二阶行列式便是主对角线上的两元素之积减去副对角线上两元素之积所得的差．

利用二阶行列式的概念，方程组(1.1)的解也可用二阶行列式表示，

$$b_1a_{22}-a_{12}b_2=\begin{vmatrix} b_1 & a_{12} \\ b_2 & a_{22} \end{vmatrix}，a_{11}b_2-b_1a_{21}=\begin{vmatrix} a_{11} & b_1 \\ a_{21} & b_2 \end{vmatrix}.$$

若记

$$D=\begin{vmatrix} a_{11} & a_{12} \\ a_{21} & a_{22} \end{vmatrix}，D_1=\begin{vmatrix} b_1 & a_{12} \\ b_2 & a_{22} \end{vmatrix}，D_2=\begin{vmatrix} a_{11} & b_1 \\ a_{21} & b_2 \end{vmatrix}，$$

那么解可记为

$$x_1=\frac{D_1}{D}=\frac{\begin{vmatrix} b_1 & a_{12} \\ b_2 & a_{22} \end{vmatrix}}{\begin{vmatrix} a_{11} & a_{12} \\ a_{21} & a_{22} \end{vmatrix}}，x_2=\frac{D_2}{D}=\frac{\begin{vmatrix} a_{11} & b_1 \\ a_{21} & b_2 \end{vmatrix}}{\begin{vmatrix} a_{11} & a_{12} \\ a_{21} & a_{22} \end{vmatrix}}.$$

注意这里的分母 D 是由方程组(1.1)的系数所确定的二阶行列式(称为线性方程组的系数行列式，要求 $D\neq 0$)，x_1 的分子 D_1 是用常数项 b_1、b_2 替换 D 中 x_1 的系数 a_{11}、a_{21} 所得的二阶行列式，x_2 的分子 D_2 是用常数项 b_1、b_2 替换 D 中 x_2 的系数 a_{12}、a_{22} 所得的二阶行列式．

例 1.1 求解二元线性方程组 $\begin{cases} 2x_1-x_2=5 \\ 3x_1+2x_2=11 \end{cases}$.

解： 由于

$$D=\begin{vmatrix} 2 & -1 \\ 3 & 2 \end{vmatrix}=2\times 2-(-1)\times 3=7\neq 0,$$

$$D_1=\begin{vmatrix} 5 & -1 \\ 11 & 2 \end{vmatrix}=5\times 2-(-1)\times 11=21,$$

$$D_2=\begin{vmatrix} 2 & 5 \\ 3 & 11 \end{vmatrix}=2\times 11-5\times 3=7,$$

因此

$$x_1=\frac{D_1}{D}=\frac{21}{7}=3，x_2=\frac{D_2}{D}=\frac{7}{7}=1.$$

例 1.2 (行列式的应用——平行四边形的面积)

给定平面上一个平行四边形(图 1.1)，假设一个顶点为(0，0)，相邻两条边的顶点分

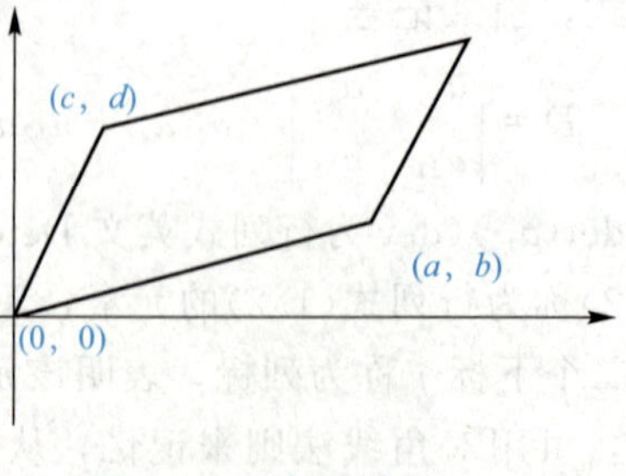

图 1.1 平行四边形

别为(a, b)，(c, d)，则平行四边形的面积可表示为$S_{平行四边形}=\begin{vmatrix} a & b \\ c & d \end{vmatrix}$的绝对值．

例 1.3 （行列式的应用——平面上任意三角形的面积）

给定平面上一个任意三角形(图 1.2)，假设顶点按逆时针顺序分别为$A(x_1, y_1)$，$B(x_2, y_2)$，$C(x_3, y_3)$，则三角形的面积可表示为

$$S_{三角形}=\frac{1}{2}\left(\begin{vmatrix} x_1 & y_1 \\ x_2 & y_2 \end{vmatrix}+\begin{vmatrix} x_2 & y_2 \\ x_3 & y_3 \end{vmatrix}+\begin{vmatrix} x_3 & y_3 \\ x_1 & y_1 \end{vmatrix}\right).$$

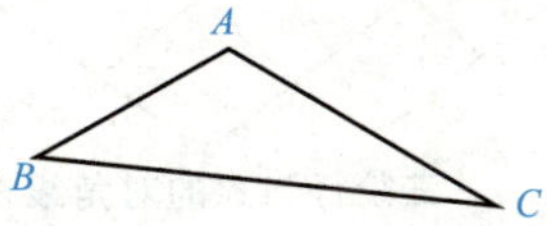

图 1.2　任意三角形

例 1.4 （行列式的应用——平面上任意四边形的面积）

给定平面上一个任意凸四边形(图 1.3)，假设顶点按逆时针顺序分别为$A(x_1, y_1)$，$B(x_2, y_2)$，$C(x_3, y_3)$，$D(x_4, y_4)$，则四边形的面积可表示为

$$S_{四边形}=\frac{1}{2}\left(\begin{vmatrix} x_1 & y_1 \\ x_2 & y_2 \end{vmatrix}+\begin{vmatrix} x_2 & y_2 \\ x_3 & y_3 \end{vmatrix}+\begin{vmatrix} x_3 & y_3 \\ x_4 & y_4 \end{vmatrix}+\begin{vmatrix} x_4 & y_4 \\ x_1 & y_1 \end{vmatrix}\right).$$

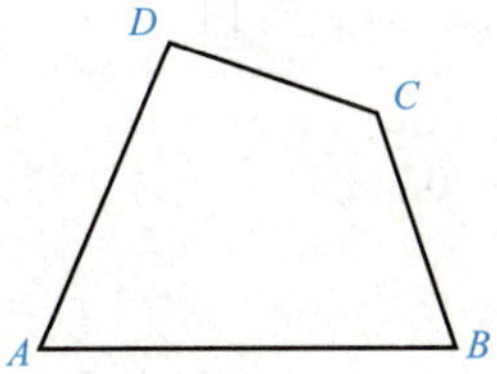

图 1.3　任意四边形

思考：二阶行列式在计算平面凸多边形的面积中有独特的优势，请大家根据前面的知识自己思考，试给出平面凸五边形的面积求解公式．

二、三阶行列式

定义 1.1　设有 9 个数排成 3 行 3 列的数表

$$\begin{matrix} a_{11} & a_{12} & a_{13} \\ a_{21} & a_{22} & a_{23} \\ a_{31} & a_{32} & a_{33} \end{matrix} \tag{1.3}$$

记

$$\begin{vmatrix} a_{11} & a_{12} & a_{13} \\ a_{21} & a_{22} & a_{23} \\ a_{31} & a_{32} & a_{33} \end{vmatrix}=a_{11}a_{22}a_{33}+a_{12}a_{23}a_{31}+a_{13}a_{21}a_{32}-a_{11}a_{23}a_{32}-a_{12}a_{21}a_{33}-a_{13}a_{22}a_{31} \tag{1.4}$$

式(1.4)称为数表(1.3)所确定的**三阶行列式**．

上述定义表明**三阶行列式**含 6 项，每项均为来自不同行、不同列的三个元素的乘积再冠以正负号，其规律遵循图 1.4 所示的对角线法则：图中有三条实线看作平行于主对角线

的连线，三条虚线看作平行于副对角线的连线，实线上三元素的乘积冠正号，虚线上三元素的乘积冠负号．

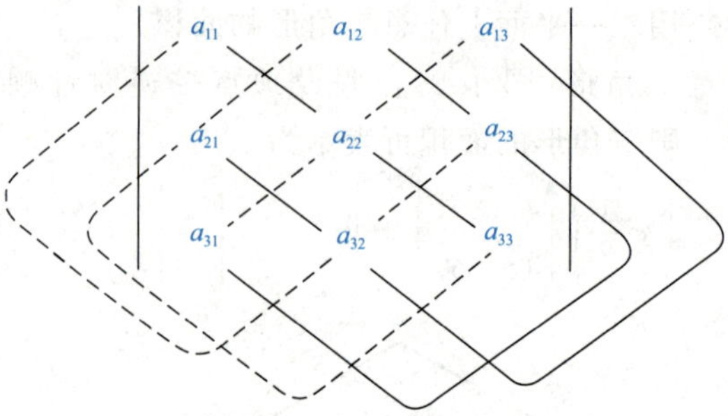

图 1.4　三阶行列式的对角线法则

例 1.5　计算三阶行列式 $D=\begin{vmatrix} 1 & 2 & -4 \\ -2 & 2 & 1 \\ -3 & 4 & -2 \end{vmatrix}$.

解：按对角线法则，有

$$\begin{aligned} D &= 1\times2\times(-2)+2\times1\times(-3)+(-4)\times(-2)\times4-1\times1\times4- \\ &\quad 2\times(-2)\times(-2)-(-4)\times2\times(-3) \\ &= -4-6+32-4-8-24=-14. \end{aligned}$$

例 1.6　求解方程 $\begin{vmatrix} 1 & 1 & 1 \\ 2 & 3 & x \\ 4 & 9 & x^2 \end{vmatrix}=0$.

解：方程左端的三阶行列式

$$D=3x^2+4x+18-9x-2x^2-12=x^2-5x+6,$$

令 $x^2-5x+6=0$，解得 $x=2$ 或 $x=3$.

注意：对角线法则只适用于二阶与三阶行列式．为研究四阶及更高阶行列式，下面先介绍有关全排列的知识，然后给出 n 阶行列式的概念．

例 1.7　（爱情行列式）

$$\begin{vmatrix} \text{我} & 0 & \text{生} \\ 0 & \text{有} & 0 \\ \text{你} & 0 & \text{幸} \end{vmatrix}.$$

$$\begin{vmatrix} 5 & 2 & 1 \\ 1 & 2 & 5 \\ 34 & 1 & 34 \end{vmatrix}.$$

第二节　全排列及其逆序数

先看一个例子．

引例　用 1、2、3 三个数字，可以组成多少个没有重复数字的三位数？

解：这个问题相当于说，把三个数字分别放在百位、十位与个位上，有几种不同的放法？

显然，百位上可以从 1、2、3 三个数字中任选一个，所以有 3 种放法；十位上只能从剩下的两个数字中选一个，所以有 2 种放法；而个位上只能放最后剩下的一个数字，所以只有 1 种放法．因此，共有 $3\times2\times1=6$ 种放法．

这六个不同的三位数是：

$$123，231，312，132，213，321.$$

在数学中，把考察的对象，例如上例中的数字 1、2、3 称为**元素**，上述问题就是：把 3 个不同的元素排成一列，共有几种不同的排法？

对于 n 个不同的元素，也可以提出类似的问题：把 n 个不同的元素排成一列，共有几种不同的排法？

把 n 个不同的元素排成一列，称为这 n 个元素的**全排列**(也简称排列).

n 个不同元素的所有排列的个数，通常用 p_n 表示．由引例的结果可知 $p_3=3\times2\times1=6$.

为了得出计算 p_n 的公式，可以仿照引例进行讨论：

从 n 个元素中任取一个放在第一个位置上，有 n 种取法；

又从剩下的 $n-1$ 个元素中任取一个放在第二个位置上，有 $n-1$ 种取法；

这样继续下去，直到最后只剩下一个元素放在第 n 个位置上，只有 1 种取法．于是

$$p_n=n\times(n-1)\times\cdots\times3\times2\times1=n!$$

对于 n 个不同的元素，先规定各元素之间有一个标准次序(例如 n 个不同的自然数，可规定由小到大为标准次序)，于是在这 n 个元素的任一排列中，当某两个元素的先后次序与标准次序不同时，就称为有**1 个逆序**．一个排列中所有逆序的总数称为这个排列的**逆序数**．

逆序数为奇数的排列称为**奇排列**，逆序数为偶数的排列称为**偶排列**．

下面来讨论计算 n 级排列的逆序数的方法．

不失一般性，不妨设 n 个元素为 1 至 n 这 n 个自然数，并规定由小到大为标准次序．设

$$p_1p_2\cdots p_n$$

为这 n 个自然数的一个排列，考虑元素 $p_i(i=1, 2, \cdots, n)$，如果比 p_i 大的且排在 p_i 前面的元素有 t_i 个，就说 p_i 这个元素的逆序数是 t_i．全体元素的逆序数之总和

$$t=t_1+t_2+\cdots+t_n=\sum_{t=1}^{n}t_i$$

称为这个排列的逆序数，记为 $\tau(p_1p_2\cdots p_n)$.

例 1.8　求排列 32514 的逆序数．

解：在排列 32514 中，

3 排在首位，逆序数为 0；

2 的前面比 2 大的数有一个(3)，故逆序数为 1；

5 是最大数，逆序数为 0；

1 的前面比 1 大的数有三个(3、2、5)，故逆序数为 3；

4 的前面比 4 大的数有一个(5)，故逆序数为 1，于是这个排列的逆序数为

$$\tau(32514)=0+1+0+3+1=5.$$

第三节　n 阶行列式的定义

微课视频：行列式的定义

为了作出 n 阶行列式的定义，先来研究三阶行列式的结构．三阶行列式定义为

$$\begin{vmatrix} a_{11} & a_{12} & a_{13} \\ a_{21} & a_{22} & a_{23} \\ a_{31} & a_{32} & a_{33} \end{vmatrix} = a_{11}a_{22}a_{33} + a_{12}a_{23}a_{31} + a_{13}a_{21}a_{32} - a_{11}a_{23}a_{32} - a_{12}a_{21}a_{33} - a_{13}a_{22}a_{31}. \tag{1.5}$$

容易看出：

(1)式(1.5)右边的每一项都恰是三个元素的乘积，这三个元素位于不同的行、不同的列．因此，式(1.5)右端的任一项除正负号外可以写成 $a_{1p_1}a_{2p_2}a_{3p_3}$．这里第一个下标(行标)排成标准次序 123，而第二个下标(列标)排成 $p_1p_2p_3$，它是 1、2、3 三个数的某个排列．这样的排列共有 6 种，对应式(1.5)右端共含 6 项．

(2)各项的正负号与列标的排列对照：

带正号的三项列标排列是：123，231，312，它们均为偶排列；

带负号的三项列标排列是：132，213，321，它们均为奇排列．

因此各项所带的正负号可以表示为$(-1)^t$，其中 t 为列标排列的逆序数．

综上，三阶行列式可以写成

$$\begin{vmatrix} a_{11} & a_{12} & a_{13} \\ a_{21} & a_{22} & a_{23} \\ a_{31} & a_{32} & a_{33} \end{vmatrix} = \sum_{p_1p_2p_3} (-1)^t a_{1p_1}a_{2p_2}a_{3p_3}$$

其中 t 为排列 $p_1p_2p_3$ 的逆序数，$\sum$ 表示对所有三级排列 $p_1p_2p_3$ 取和．

按照以上方式，可以把行列式推广到一般情形．

定义 1.2　设有 n^2 个数，排成 n 行 n 列的数表

$$\begin{matrix} a_{11} & a_{12} & \cdots & a_{1n} \\ a_{21} & a_{22} & \cdots & a_{2n} \\ \cdots & \cdots & \cdots & \cdots \\ a_{n1} & a_{n2} & \cdots & a_{nn} \end{matrix}$$

作出表中位于不同行不同列的 n 个数的乘积，并冠以符号$(-1)^t$，得到形如

$$(-1)^t a_{1p_1}a_{2p_2}\cdots a_{np_n} \tag{1.6}$$

的项，其中 $p_1p_2\cdots p_n$ 为自然数 1，2，…，n 的一个排列，t 为这个排列的逆序数．由于这样的排列共有 $n!$ 个，因而形如式(1.6)的项共有 $n!$ 项．所有这 $n!$ 项的代数和

$$\sum (-1)^t a_{1p_1}a_{2p_2}\cdots a_{np_n}$$

称为 **n 阶行列式**，记作

$$D=\begin{vmatrix} a_{11} & a_{12} & \cdots & a_{1n} \\ a_{21} & a_{22} & \cdots & a_{2n} \\ \vdots & \vdots & & \vdots \\ a_{n1} & a_{n2} & \cdots & a_{nn} \end{vmatrix}$$

简记为 $\det(a_{ij})$．数 a_{ij} 称为行列式 $\det(a_{ij})$ 的 i 行 j 列的**元素**．

按此定义的二阶、三阶行列式，与第一节中用对角线法则定义的二阶、三阶行列式，显然是一致的．当 $n=1$ 时，一阶行列式 $|a|=a$，**注意不要与绝对值记号相混淆**．

例 1.9 证明对角行列式满足(其中对角线上的元素是 λ_i，未写出的元素都是 0)：

$$\begin{vmatrix} \lambda_1 & & & \\ & \lambda_2 & & \\ & & \ddots & \\ & & & \lambda_n \end{vmatrix}=\lambda_1\lambda_2\cdots\lambda_n;$$

$$\begin{vmatrix} & & & \lambda_1 \\ & & \lambda_2 & \\ & \iddots & & \\ \lambda_n & & & \end{vmatrix}=(-1)^{\frac{n(n-1)}{2}}\lambda_1\lambda_2\cdots\lambda_n.$$

证明：第一式是显然的，下面只证第二式，若记 $\lambda_i=a_{i,n-i+1}$，则依行列式定义

$$\begin{vmatrix} & & & \lambda_1 \\ & & \lambda_2 & \\ & \iddots & & \\ \lambda_n & & & \end{vmatrix}=\begin{vmatrix} & & & a_{1n} \\ & & a_{2,n-1} & \\ & \iddots & & \\ a_{n1} & & & \end{vmatrix}$$

$$=(-1)^t a_{1n}a_{2,n-1}\cdots a_{n1}=(-1)^t\lambda_1\lambda_2\cdots\lambda_n.$$

其中 t 为排列 $n(n-1)\cdots 2\cdot 1$ 的逆序数，故

$$t=0+1+2+\cdots+(n-1)=\frac{n(n-1)}{2}.$$

结论得证．

对角线以下(上)的元素都为 0 的行列式称为**上(下)三角形行列式**，它的值与对角行列式一样．

例 1.10 证明下三角形行列式

$$D=\begin{vmatrix} a_{11} & 0 & \cdots & 0 \\ a_{21} & a_{22} & \cdots & 0 \\ \vdots & \vdots & \ddots & \vdots \\ a_{n1} & a_{n2} & \cdots & a_{nn} \end{vmatrix}=a_{11}a_{22}\cdots a_{nn}.$$

证明：由于当 $j>i$ 时，$a_{ij}=0$，故分析 D 中可能不为 0 的项，其各个元素 a_{ip_i} 的下标应满足 $p_i\leqslant i$，即 $p_1\leqslant 1$，$p_2\leqslant 2$，…，$p_n\leqslant n$ 同时成立．

在所有排列 $p_1p_2\cdots p_n$ 中，能满足上述关系的排列只有一个自然排列 $12\cdots n$，所以 D 中可能不为 0 的项只有一项，$(-1)^t a_{11}a_{22}\cdots a_{nn}$，此项的符号 $(-1)^t=(-1)^0=1$，所以

$$D=a_{11}a_{22}\cdots a_{nn}.$$

第四节 对 换

为了研究 n 阶行列式的性质，先来讨论对换及它与排列的奇偶性的关系．

在排列中，将任意两个元素对调，其余的元素不动，这种作出新排列的顺序称为**对换**．将相邻两个元素对换，称为**相邻对换**．

定理 1.1 一个排列中的任意两个元素对换，排列改变奇偶性．

证明：先证相邻对换的情形．

设排列为 $a_1\cdots a_l abb_1\cdots b_m$，对换 a 与 b，变为 $a_1\cdots a_l bab_1\cdots b_m$．显然，$a_1\cdots a_l$；$b_1\cdots b_m$ 这些元素的逆序数经过对换并不改变，而 a，b 两元素的逆序数改变为：当 $a<b$ 时，经对换后 a 的逆序数增加 1 而 b 的逆序数不变；当 $a>b$ 时，经对换后 a 的逆序数不变而 b 的逆序数减少 1．所以排列 $a_1\cdots a_l abb_1\cdots b_m$ 与排列 $a_1\cdots a_l bab_1\cdots b_m$ 的奇偶性不同．

再证一般对换的情形．

设排列为 $a_1\cdots a_l ab_1\cdots b_m bc_1\cdots c_n$，把它作 m 次相邻对换，调成 $a_1\cdots a_l abb_1\cdots b_m c_1\cdots c_n$，再作 $m+1$ 次相邻对换，调成 $a_1\cdots a_l bb_1\cdots b_m ac_1\cdots c_n$．总之，经 $2m+1$ 次相邻对换，排列 $a_1\cdots a_l ab_1\cdots b_m bc_1\cdots c_n$ 调成排列 $a_1\cdots a_l bb_1\cdots b_m ac_1\cdots c_n$，所以这两个排列的奇偶性相反．

推论 1.1 奇排列调成标准排列的对换次数为奇数，偶排列调成标准排列的对换次数为偶数．

证明：由定理 1.1 知对换的次数就是排列奇偶性的变化次数，而标准排列是偶排列(逆序数为 0)，因此知推论成立．

利用定理 1.1，下面来讨论行列式定义的另一种表示法．

对于行列式的任一项

$$(-1)^t a_{1p_1}\cdots a_{ip_i}\cdots a_{jp_j}\cdots a_{np_n}$$

其中 $1\cdots i\cdots j\cdots n$ 为自然排列，t 为排列 $p_1\cdots p_i\cdots p_j\cdots p_n$ 的逆序数，对换元素 a_{ip_i} 与 a_{jp_j} 成

$$(-1)^t a_{1p_1}\cdots a_{jp_j}\cdots a_{ip_i}\cdots a_{np_n}$$

这时，这一项的值不变，而行标排列与列标排列同时作了一次相应的对换．设新的行标排列 $1\cdots j\cdots i\cdots n$ 的逆序数为 r，则 r 为奇数；设新的列标排列 $p_1\cdots p_j\cdots p_i\cdots p_n$ 的逆序数为 t_1，则

$$(-1)^{t_1}=-(-1)^t \text{ 故} (-1)^t=(-1)^{r+t_1},$$

于是

$$(-1)^t a_{1p_1}\cdots a_{ip_i}\cdots a_{jp_j}\cdots a_{np_n}=(-1)^{r+t_1} a_{1p_1}\cdots a_{jp_j}\cdots a_{ip_i}\cdots a_{np_n}.$$

这就表明，对换乘积项中两元素的次序，从而行标排列与列标排列同时作了相应的对换，则行标排列与列标排列的逆序数之和并不改变奇偶性．经一次对换是如此，经多次对换当然还是如此．于是，经过若干次对换，使得：

列标排列 $p_1p_2\cdots p_n$(逆序数为 t)变为自然排列(逆序数为 0)；行标排列则相应地从自然排列变为某个新的排列，设此新排列为 $q_1q_2\cdots q_n$，其逆序数为 s，则有

$$(-1)^t a_{1p_1} a_{2p_2} \cdots a_{np_n} = (-1)^s a_{q_1 1} a_{q_2 2} \cdots a_{q_n n}.$$

又，若 $p_i=j$，则 $p_j=i(a_{ip_i}=a_{ij}=a_{q_j j})$，可见排列 $q_1 q_2 \cdots q_n$ 由排列 $p_1 p_2 \cdots p_n$ 唯一确定．由此可得如下定理．

定理 1.2　n 阶行列式也可定义为

$$\sum (-1)^t a_{p_1 1} a_{p_2 2} \cdots a_{p_n n}\text{，其中 } t \text{ 为行标排列 } p_1 p_2 \cdots p_n \text{ 的逆序数．}$$

证明： 按行列式定义有

$$D = \sum (-1)^t a_{1p_1} a_{2p_2} \cdots a_{np_n},$$

记

$$D_1 = \sum (-1)^t a_{p_1 1} a_{p_2 2} \cdots a_{p_n n},$$

按上面讨论知：对于 D 中任一项 $(-1)^t a_{1p_1} a_{2p_2} \cdots a_{np_n}$，总有且仅有 D_1 中的某一项 $(-1)^s a_{q_1 1} a_{q_2 2} \cdots a_{q_n n}$ 与之对应并相等；反之，对于 D_1 中的任一项 $(-1)^t a_{p_1 1} a_{p_2 2} \cdots a_{p_n n}$ 也总有且仅有 D 中的某一项 $(-1)^s a_{1q_1} a_{2q_2} \cdots a_{nq_n}$ 与之对应并相等，于是 D 与 D_1 中的项可以一一对应并相等，从而 $D=D_1$．

第五节　行列式的性质

记

$$D=\begin{vmatrix} a_{11} & a_{12} & \cdots & a_{1n} \\ a_{21} & a_{22} & \cdots & a_{2n} \\ \vdots & \vdots & & \vdots \\ a_{n1} & a_{n2} & \cdots & a_{nn} \end{vmatrix},\quad D^{\mathrm{T}}=\begin{vmatrix} a_{11} & a_{21} & \cdots & a_{n1} \\ a_{12} & a_{22} & \cdots & a_{n2} \\ \vdots & \vdots & & \vdots \\ a_{1n} & a_{2n} & \cdots & a_{nn} \end{vmatrix}$$

微课视频：行列式的性质——化 0 性质

行列式 D^{T} 称为行列式 D 的**转置行列式**．

性质 1.1　行列式与它的转置行列式相等，即 $D=D^{\mathrm{T}}$.

证明： 记 $D=\det(a_{ij})$ 的转置行列式

$$D^{\mathrm{T}}=\begin{vmatrix} b_{11} & b_{12} & \cdots & b_{1n} \\ b_{21} & b_{22} & \cdots & b_{2n} \\ \vdots & \vdots & & \vdots \\ b_{n1} & b_{n2} & \cdots & b_{nn} \end{vmatrix},$$

即 $b_{ij}=a_{ji}(i,\ j=1,\ 2,\ \cdots,\ n)$，按定义

$$D^{\mathrm{T}} = \sum (-1)^t b_{1p_1} b_{2p_2} \cdots b_{np_n} = \sum (-1)^t a_{p_1 1} a_{p_2 2} \cdots a_{p_n n},$$

而由定理 1.2，有

$$D = \sum (-1)^t a_{p_1 1} a_{p_2 2} \cdots a_{p_n n},$$

故

$$D^{\mathrm{T}}=D.$$

由此性质可知，行列式中的行与列具有同等的地位，行列式的性质凡是对行成立的对列也同样成立，反之亦然．

性质 1.2 互换行列式的两行(列)，行列式变号.

证明：设行列式

$$D_1=\begin{vmatrix} b_{11} & b_{12} & \cdots & b_{1n} \\ b_{21} & b_{22} & \cdots & b_{2n} \\ \vdots & \vdots & \vdots & \vdots \\ b_{n1} & b_{n2} & \cdots & b_{nn} \end{vmatrix}$$

是由行列式 $D=\det(a_{ij})$ 交换 i，j 两行得到的，即当 $k\neq i$，j 时，$b_{kp}=a_{kp}$；当 $k=i$，j 时，$b_{ip}=a_{jp}$，$b_{jp}=a_{ip}$，于是

$$\begin{aligned} D_1 &= \sum(-1)^t b_{1p_1}\cdots b_{ip_i}\cdots b_{jp_j}\cdots b_{np_n} \\ &= \sum(-1)^t a_{1p_1}\cdots a_{jp_i}\cdots a_{ip_j}\cdots a_{np_n} \\ &= \sum(-1)^t a_{1p_1}\cdots a_{ip_j}\cdots a_{jp_i}\cdots a_{np_n}. \end{aligned}$$

其中 $1\cdots i\cdots j\cdots n$ 为自然排列，t 为排列 $p_1\cdots p_j\cdots p_i\cdots p_n$ 的逆序数.
设排列 $p_1\cdots p_i\cdots p_j\cdots p_n$ 的逆序数为 t_1，则 $(-1)^t=-(-1)^{t_1}$，
故

$$D_1=-\sum(-1)^t b_{1p_1}\cdots b_{ip_j}\cdots b_{jp_i}\cdots b_{np_n}=-D.$$

以 r_i 表示行列式的第 i 行，以 c_i 表示第 i 列. 交换 i，j 两行记为 $r_i\leftrightarrow r_j$，交换 i，j 两列记为 $c_i\leftrightarrow c_j$.

推论 1.2 如果行列式有两行(列)完全相同，则此行列式等于零.

证明：把这两行互换，有 $D=-D$，故 $D=0$.

性质 1.3 行列式的某一行(列)中所有的元素都乘以同一数 k，等于用数 k 乘此行列式.

第 i 行(或列)乘以 k，记为 $r_i\times k$(或 $c_i\times k$).

推论 1.3 行列式中某一行(列)的所有元素的公因子可以提到行列式符号的外面. 第 i 行(或列)提出公因子 k，记为 $r_i\div k$(或 $c_i\div k$).

性质 1.4 行列式中如果有两行(列)元素成比例，则此行列式等于零.

性质 1.5 若行列式的某一列(行)的元素都是两数之和. 例如第 i 列的元素都是两数之和：

$$D=\begin{vmatrix} a_{11} & a_{12} & \cdots & (a_{1i}+a'_{1i}) & \cdots & a_{1n} \\ a_{21} & a_{22} & \cdots & (a_{2i}+a'_{2i}) & \cdots & a_{2n} \\ & \vdots & & \vdots & & \vdots \\ a_{n1} & a_{n2} & \cdots & (a_{ni}+a'_{ni}) & \cdots & a_{nn} \end{vmatrix}.$$

则 D 等于下列两个行列式之和：

$$D=\begin{vmatrix} a_{11} & a_{12} & \cdots & a_{1i} & \cdots & a_{1n} \\ a_{21} & a_{22} & \cdots & a_{2i} & \cdots & a_{2n} \\ \vdots & \vdots & & \vdots & & \vdots \\ a_{n1} & a_{n2} & \cdots & a_{ni} & \cdots & a_{nn} \end{vmatrix}+\begin{vmatrix} a_{11} & a_{12} & \cdots & a'_{1i} & \cdots & a_{1n} \\ a_{21} & a_{22} & \cdots & a'_{2i} & \cdots & a_{2n} \\ & \vdots & & \vdots & & \vdots \\ a_{n1} & a_{n2} & \cdots & a'_{ni} & \cdots & a_{nn} \end{vmatrix}.$$

性质 1.6 把行列式的某一列(行)的各元素乘以同一数然后加到另一列(行)对应的元素上去，行列式值不变.

例如，以数 k 乘第 j 列加到第 i 列上(记作 c_i+kc_j)，有

$$\begin{vmatrix} a_{11} & \cdots & a_{1i} & \cdots & a_{1j} & \cdots & a_{1n} \\ a_{21} & \cdots & a_{2i} & \cdots & a_{2j} & \cdots & a_{2n} \\ \vdots & & \vdots & & \vdots & & \vdots \\ a_{n1} & \cdots & a_{ni} & \cdots & a_{nj} & \cdots & a_{nn} \end{vmatrix} \xlongequal{c_i+kc_j} \begin{vmatrix} a_{11} & \cdots & (a_{1i}+ka_{1j}) & \cdots & a_{1j} & \cdots & a_{1n} \\ a_{21} & \cdots & (a_{2i}+ka_{2j}) & \cdots & a_{2j} & \cdots & a_{2n} \\ \vdots & & \vdots & & \vdots & & \vdots \\ a_{n1} & \cdots & (a_{ni}+ka_{nj}) & \cdots & a_{nj} & \cdots & a_{nn} \end{vmatrix} \quad (i\neq j)$$

(以数 k 乘第 j 行加到第 i 行上，记作 r_i+kr_j).

以上诸性质请读者证明之.

上述性质 1.5 表明，当某一行(或列)的元素为两数之和时，行列式关于该行(或列)可分解为两个行列式. 若 n 阶行列式每个元素都表示成两数之和，则它可分解成 2^n 个行列式. 例如二阶行列式

$$\begin{vmatrix} a+x & b+y \\ c+z & d+w \end{vmatrix} = \begin{vmatrix} a & b+y \\ c & d+w \end{vmatrix} + \begin{vmatrix} x & b+y \\ z & d+w \end{vmatrix} = \begin{vmatrix} a & b \\ c & d \end{vmatrix} + \begin{vmatrix} a & y \\ c & w \end{vmatrix} + \begin{vmatrix} x & b \\ z & d \end{vmatrix} + \begin{vmatrix} x & y \\ z & w \end{vmatrix}.$$

性质 1.2、1.3、1.6 介绍了行列式关于行和列的三种运算，即 $r_i\leftrightarrow r_j$、$r_i\times k$、r_i+kr_j 和 $c_i\leftrightarrow c_j$、$c_i\times k$、c_i+kc_j，利用这些运算可简化行列式的计算，特别是利用运算 r_i+kr_j(或 c_i+kc_j)可以把行列式中许多元素化为 0. 计算行列式常用的一种方法就是利用运算 r_i+kr_j 把行列式化为上(下)三角形行列式，从而计算行列式的值.

例 1.11 计算 $D=\begin{vmatrix} 3 & 1 & -1 & 2 \\ -5 & 1 & 3 & -4 \\ 2 & 0 & 1 & -1 \\ 1 & -5 & 3 & -3 \end{vmatrix}$.

解：

$$D \xlongequal{c_1\leftrightarrow c_2} -\begin{vmatrix} 1 & 3 & -1 & 2 \\ 1 & -5 & 3 & -4 \\ 0 & 2 & 1 & -1 \\ -5 & 1 & 3 & -3 \end{vmatrix} \xlongequal[r_4+5r_1]{r_2-r_1} -\begin{vmatrix} 1 & 3 & -1 & 2 \\ 0 & -8 & 4 & -6 \\ 0 & 2 & 1 & -1 \\ 0 & 16 & -2 & 7 \end{vmatrix}$$

$$\xlongequal{r_2\leftrightarrow r_3} \begin{vmatrix} 1 & 3 & -1 & 2 \\ 0 & 2 & 1 & -1 \\ 0 & -8 & 4 & -6 \\ 0 & 16 & -2 & 7 \end{vmatrix} \xlongequal[r_4-8r_2]{r_3+4r_2} \begin{vmatrix} 1 & 3 & -1 & 2 \\ 0 & 2 & 1 & -1 \\ 0 & 0 & 8 & -10 \\ 0 & 0 & -10 & 15 \end{vmatrix}$$

$$\xlongequal{r_4+\frac{5}{4}r_3} \begin{vmatrix} 1 & 3 & -1 & 2 \\ 0 & 2 & 1 & -1 \\ 0 & 0 & 8 & -10 \\ 0 & 0 & 0 & \frac{5}{2} \end{vmatrix} =40.$$

上述解法中，先用了运算 $c_1\leftrightarrow c_2$，其目的是把 a_{11} 换成 1，从而利用运算 $r_i-a_{i1}r_1$，把 $a_{i1}(i=2,3,4,)$变为 0. 如果不先作 $c_1\leftrightarrow c_2$，则由于原式中 $a_{11}=3$，需用运算 $r_i-\frac{a_{i1}}{3}r_1$ 把 a_{i1}变为 0，这样计算时就比较麻烦. 第二步把 r_2-r_1 和 r_4+5r_1 写在一起，这是两次运算，并把第一次运算结果的书写省略了.

通过上述运算，我们可以归结出一般的**化行列式为上三角行列式的一般方法**：

(1)利用第一行 r_1 作为工具行，选择合适的数值 k，采用 r_i+kr_1，$i=2, 3, \cdots, n$ 将元素 a_{11} 下方各元素化为 0[注意：若元素 a_{11} 的数值不利于计算，可通过交换两行(列)，或者 r_1+kr_j 等变形方式将元素化为 1 或 -1，以方便变形].

(2)第一步完成后，利用第二行 r_2 作为工具行，选择合适的数值 k，采用 r_i+kr_2，$i=3, \cdots, n$ 将元素 a_{22} 下方各元素化为 0.

(3)同理，利用第 j 行 r_j 作为工具行，选择合适的数值 k，采用 r_i+kr_j，$i=j+1, j+2, \cdots, n$ 将元素 a_{jj} 下方各元素化为 0.

(4)若变形过程中出现 $a_{jj}=0$，而其下方元素不为 0，可交换两行.

(5)注意交换两行(列)后，行列式要变号.

例 1.12 计算

$$D=\begin{vmatrix}3&1&1&1\\1&3&1&1\\1&1&3&1\\1&1&1&3\end{vmatrix}.$$

解：这个行列式的特点是各列 4 个数之和都是 6. 把第 2、3、4 行同时加到第 1 行，提出公因子 6，然后各行均减去第一行：

$$D\xlongequal[r_1+r_4]{\substack{r_1+r_2\\ r_1+r_3}}\begin{vmatrix}6&6&6&6\\1&3&1&1\\1&1&3&1\\1&1&1&3\end{vmatrix}\xlongequal{r_1\times\frac{1}{6}}6\begin{vmatrix}1&1&1&1\\1&3&1&1\\1&1&3&1\\1&1&1&3\end{vmatrix}\xlongequal[r_4-r_1]{\substack{r_2-r_1\\ r_3-r_1}}6\begin{vmatrix}1&1&1&1\\0&2&0&0\\0&0&2&0\\0&0&0&2\end{vmatrix}=48.$$

例 1.13 计算

$$D=\begin{vmatrix}a&b&c&d\\a&a+b&a+b+c&a+b+c+d\\a&2a+b&3a+2b+c&4a+3b+2c+d\\a&3a+b&6a+3b+c&10a+6b+3c+d\end{vmatrix}.$$

解：从第 4 行开始，后行减去前行：

$$D\xlongequal[r_2-r_1]{\substack{r_4-r_3\\ r_3-r_2}}\begin{vmatrix}a&b&c&d\\0&a&a+b&a+b+c\\0&a&2a+b&3a+2b+c\\0&a&3a+b&6a+3b+c\end{vmatrix}\xlongequal{\substack{r_4-r_3\\ r_3-r_2}}\begin{vmatrix}a&b&c&d\\0&a&a+b&a+b+c\\0&0&a&2a+b\\0&0&a&3a+b\end{vmatrix}$$

$$\xlongequal{r_4-r_3}\begin{vmatrix}a&b&c&d\\0&a&a+b&a+b+c\\0&0&a&2a+b\\0&0&0&a\end{vmatrix}=a^4.$$

说明：(1)上述诸例中都用到把几个运算写在一起的省略写法，这里要注意各个运算的次序一般不能颠倒，这是由于后一次运算是作用在前一次运算结果上的缘故. 例如

$$\begin{vmatrix}a&b\\c&d\end{vmatrix}\xlongequal{r_1+r_2}\begin{vmatrix}a+c&b+d\\c&d\end{vmatrix}\xlongequal{r_2-r_1}\begin{vmatrix}a+c&b+d\\-a&-b\end{vmatrix},$$

$$\begin{vmatrix} a & b \\ c & d \end{vmatrix} \xlongequal{r_2-r_1} \begin{vmatrix} a & b \\ c-a & d-b \end{vmatrix} \xlongequal{r_1+r_2} \begin{vmatrix} c & d \\ c-a & d-b \end{vmatrix}.$$

可见两次运算当次序不同时所得结果不同．忽视后一次运算是作用在前一次运算的结果上，就会出错，例如

$$\begin{vmatrix} a & b \\ c & d \end{vmatrix} \xlongequal[r_2-r_1]{r_1+r_2} \begin{vmatrix} a+c & b+d \\ c-a & d-b \end{vmatrix}$$

这样给出的运算结果是错误的，出错的原因在于第二次运算找错了对象．

(2)此外，还要注意运算 r_i+r_j 与 r_j+r_i 的区别，记号 r_i+kr_j 不能写作 kr_j+r_i(这里不能套用加法的交换律)．

(3)上述诸例都是利用运算 r_i+kr_j 把行列式化为上三角形行列式．用归纳法不难证明(这里不证)，任何 n 阶行列式总能利用运算 r_i+kr_j 化为上三角形行列式，或化为下三角形行列式(这时要先把 a_{1n}，…，$a_{n-1,n}$化为 0)．类似地，利用列运算 c_i+kc_j，也可把行列式化为上三角形行列式或下三角形行列式．

例 1.14 设

$$D=\begin{vmatrix} a_{11} & \cdots & a_{1k} & & & \\ \vdots & & \vdots & & 0 & \\ a_{k1} & \cdots & a_{kk} & & & \\ c_{11} & \cdots & c_{1k} & b_{11} & \cdots & b_{1n} \\ \vdots & & \vdots & \vdots & & \vdots \\ c_{n1} & \cdots & c_{nk} & b_{n1} & \cdots & b_{nn} \end{vmatrix},$$

$$D_1=\det(a_{ij})=\begin{vmatrix} a_{11} & \cdots & a_{1k} \\ \vdots & & \vdots \\ a_{k1} & \cdots & a_{kk} \end{vmatrix},\ D_2=\det(b_{ij})=\begin{vmatrix} b_{11} & \cdots & b_{1n} \\ \vdots & & \vdots \\ b_{n1} & \cdots & b_{nn} \end{vmatrix},$$

证明：$D=D_1D_2$．

证明：对 D_1 作运算 r_i+kr_j，把 D_1 化为下三角形行列式，设为

$$D_1=\begin{vmatrix} p_{11} & & 0 \\ \vdots & \ddots & \\ p_{k1} & \cdots & p_{kk} \end{vmatrix}=p_{11}\cdots p_{kk};$$

对 D_2 作运算 c_i+kc_j，把 D_2 化为下三角形行列式，设为

$$D_2=\begin{vmatrix} q_{11} & & 0 \\ \vdots & \ddots & \\ q_{n1} & \cdots & q_{nn} \end{vmatrix}=q_{11}\cdots q_{nn}.$$

于是，对 D 的前 k 行作运算 r_i+kr_j，再对后 n 列作运算 c_i+kc_j，把 D 化为下三角形行列式

$$D=\begin{vmatrix} p_{11} & & & & & \\ \vdots & \ddots & & & 0 & \\ p_{k1} & \cdots & p_{kk} & & & \\ c_{11} & \cdots & c_{1k} & q_{11} & & \\ \vdots & & \vdots & \vdots & \ddots & \\ c_{n1} & \cdots & c_{nk} & q_{n1} & \cdots & q_{nn} \end{vmatrix},$$

微课视频：行列式的性质

故
$$D=p_{11}\cdots p_{kk}\cdot q_{11}\cdots q_{nn}=D_1D_2.$$

第六节　行列式的按行(列)展开

一般说来，低阶行列式的计算比高阶行列式的计算要简便．于是，我们自然地考虑用低阶行列式来表示高阶行列式的问题．为此，先引进余子式和代数余子式的概念．

在 n 阶行列式中，把元素所在的第 i 行和第 j 列划去后，留下来元素按照原先的位置排列成的 $n-1$ 阶行列式称为元素 a_{ij} 的**余子式**，记作M_{ij}．

记
$$A_{ij}=(-1)^{i+j}M_{ij},$$
则 A_{ij} 称为元素 a_{ij} 的**代数余子式**．

例如，四阶行列式
$$D=\begin{vmatrix} a_{11} & a_{12} & a_{13} & a_{14} \\ a_{21} & a_{22} & a_{23} & a_{24} \\ a_{31} & a_{32} & a_{33} & a_{34} \\ a_{41} & a_{42} & a_{43} & a_{44} \end{vmatrix}$$
中元素 a_{32} 的余子式和代数余子式分别为
$$M_{32}=\begin{vmatrix} a_{11} & a_{13} & a_{14} \\ a_{21} & a_{23} & a_{24} \\ a_{41} & a_{43} & a_{44} \end{vmatrix},$$
$$A_{32}=(-1)^{3+2}M_{32}=-M_{32}.$$

引理 1.1　一个 n 阶行列式，如果其中第 i 行所有元素除 a_{ij} 外都为零．那么这个行列式等于 a_{ij} 与它的代数余子式的乘积，即
$$D=a_{ij}A_{ij}.$$

证明：先证 a_{ij} 位于第 1 行第 1 列的情形，此时
$$D=\begin{vmatrix} a_{11} & 0 & \cdots & 0 \\ a_{21} & a_{22} & \cdots & a_{2n} \\ \vdots & \vdots & & \vdots \\ a_{n1} & a_{n2} & \cdots & a_{nn} \end{vmatrix}$$

这是例 1.14 中当 $k=1$ 时的特殊情形，按例 1.14 的结论，即有

$$D=a_{11}M_{11},$$

又
$$A_{11}=(-1)^{1+1}M_{11}=M_{11},$$

从而
$$D=a_{11}A_{11}.$$

再证一般情形，此时

$$D=\begin{vmatrix} a_{11} & \cdots & a_{1j} & \cdots & a_{1n} \\ \vdots & & \vdots & & \vdots \\ 0 & \cdots & a_{ij} & \cdots & 0 \\ \vdots & & \vdots & & \vdots \\ a_{n1} & \cdots & a_{nj} & \cdots & a_{nn} \end{vmatrix}$$

为了利用前面的结果，把 D 的行列作如下调换：把 D 的第 i 行依次与第 $i-1$ 行、第 $i-2$ 行、…、第 1 行对调，这样 a_{ij} 就调到原来 a_{1j} 的位置上，调换的次数为 $i-1$. 再把第 j 列依次与第 $j-1$ 列、第 $j-2$ 列、…、第 1 列对调，这样 a_{ij} 就调到左上角，调换的次数为 $j-1$. 总之，经 $i+j-2$ 次调换，把 a_{ij} 调到左上角，所得的行列式 $D_1=(-1)^{i+j-2}D=(-1)^{i+j}D$，而元素 a_{ij} 在 D_1 中的余子式仍然是 a_{ij} 在 D 中的余子式 M_{ij}.

由于 a_{ij} 位于 D_1 的左上角，利用前面的结果，有

$$D_1=a_{ij}M_{ij},$$

于是
$$D=(-1)^{i+j}D_1=(-1)^{i+j}a_{ij}M_{ij}=a_{ij}A_{ij}.$$

定理 1.3 行列式等于它的任一行(列)的各元素与其对应的代数余子式乘积之和，即

$$D=a_{i1}A_{i1}+a_{i2}A_{i2}+\cdots+a_{in}A_{in}\quad(i=1,2,\cdots,n),$$

或
$$D=a_{1j}A_{1j}+a_{2j}A_{2j}+\cdots+a_{nj}A_{nj}\quad(j=1,2,\cdots,n).$$

证明：

$$D=\begin{vmatrix} a_{11} & a_{12} & \cdots & a_{1n} \\ \vdots & \vdots & & \vdots \\ a_{i1}+0+\cdots+0 & 0+a_{i2}+\cdots+0 & \cdots & 0+\cdots+0+a_{in} \\ \vdots & \vdots & & \vdots \\ a_{n1} & a_{n2} & \cdots & a_{nn} \end{vmatrix}$$

$$=\begin{vmatrix} a_{11} & a_{12} & \cdots & a_{1n} \\ \vdots & \vdots & & \vdots \\ a_{i1} & 0 & \cdots & 0 \\ \vdots & \vdots & & \vdots \\ a_{n1} & a_{n2} & \cdots & a_{nn} \end{vmatrix}+\begin{vmatrix} a_{11} & a_{12} & \cdots & a_{1n} \\ \vdots & \vdots & & \vdots \\ 0 & a_{i2} & \cdots & 0 \\ \vdots & \vdots & & \vdots \\ a_{n1} & a_{n2} & \cdots & a_{nn} \end{vmatrix}+\cdots+\begin{vmatrix} a_{11} & a_{12} & \cdots & a_{1n} \\ \vdots & \vdots & & \vdots \\ 0 & 0 & \cdots & a_{in} \\ \vdots & \vdots & & \vdots \\ a_{n1} & a_{n2} & \cdots & a_{nn} \end{vmatrix},$$

根据引理，即得

$$D=a_{i1}A_{i1}+a_{i2}A_{i2}+\cdots+a_{in}A_{in}\quad(i=1,2,\cdots,n).$$

类似地，若按列证明，可得

$$D=a_{1j}A_{1j}+a_{2j}A_{2j}+\cdots+a_{nj}A_{nj}\quad(j=1,2,\cdots,n).$$

这个定理称为**行列式按行(列)展开法则**.

利用这一法则并结合行列式的性质，可以简化行列式的计算．

下面结合此法则和行列式的性质来计算例 1.11 的

$$D=\begin{vmatrix} 3 & 1 & -1 & 2 \\ -5 & 1 & 3 & -4 \\ 2 & 0 & 1 & -1 \\ 1 & -5 & 3 & -3 \end{vmatrix}.$$

保留 a_{33}，把第 3 行其余元素变为 0，然后按第 3 行展开：

$$D\xlongequal[c_4+c_3]{c_1-2c_3}\begin{vmatrix} 5 & 1 & -1 & 1 \\ -11 & 1 & 3 & -1 \\ 0 & 0 & 1 & 0 \\ -5 & -5 & 3 & 0 \end{vmatrix}=(-1)^{3+3}\begin{vmatrix} 5 & 1 & 1 \\ -11 & 1 & -1 \\ -5 & -5 & 0 \end{vmatrix}\xlongequal{r_1+r_2}\begin{vmatrix} 5 & 1 & 1 \\ -6 & 2 & 0 \\ -5 & -5 & 0 \end{vmatrix}$$

$$=(-1)^{1+3}\begin{vmatrix} -6 & 2 \\ -5 & -5 \end{vmatrix}\xlongequal{c_1-c_2}\begin{vmatrix} -8 & 2 \\ 0 & -5 \end{vmatrix}=40.$$

例 1.15 计算

$$D_{2n}=\underbrace{\begin{vmatrix} a & 0 & 0 & \cdots & \cdots & 0 & 0 & b \\ 0 & a & 0 & \cdots & \cdots & 0 & b & 0 \\ \vdots & & \ddots & & & \iddots & & \vdots \\ \vdots & & & a & b & & & \vdots \\ \vdots & & & c & d & & & \vdots \\ \vdots & & \iddots & & & \ddots & & \vdots \\ 0 & c & 0 & \cdots & \cdots & 0 & d & \vdots \\ c & 0 & \cdots & \cdots & \cdots & \cdots & 0 & d \end{vmatrix}}_{2n}.$$

解：按第 1 行展开，有

$$D_{2n}=a\begin{vmatrix} a & 0 & 0 & \cdots & \cdots & \cdots & 0 & b & 0 \\ & a & & & & & b & & 0 \\ & & \ddots & & & \iddots & & & \vdots \\ & & & a & b & & & & \vdots \\ & & & c & d & & & & \vdots \\ & & \iddots & & & \ddots & & & \vdots \\ & c & & & & & d & & \vdots \\ c & & & & & & & d & 0 \\ 0 & \cdots & \cdots & \cdots & \cdots & \cdots & \cdots & 0 & d \end{vmatrix}+$$

$\underbrace{\qquad\qquad}_{2(n-1)}$

$$b(-1)^{1+2n}\begin{vmatrix} 0 & a & 0 & \cdots & \cdots & \cdots & \cdots & 0 & b \\ 0 & 0 & a & & & & & \iddots & 0 \\ \vdots & & & \ddots & & & b & & \vdots \\ \vdots & & & & a & b & & & \vdots \\ \vdots & & & & c & d & & & \vdots \\ \vdots & & & & & & \ddots & & \vdots \\ \vdots & 0 & & & & & & d & 0 \\ 0 & c & & & & & & & d \\ c & \underbrace{0 & \cdots & \cdots & \cdots & \cdots & \cdots & 0 & 0}_{2(n-1)} \end{vmatrix}$$

$$=adD_{2(n-1)}-bc(-1)^{2n-1+1}D_{2(n-1)}$$
$$=(ad-bc)D_{2(n-1)},$$

以此作递推公式，即可得

$$D_{2n}=(ad-bc)D_{2(n-1)}=(ad-bc)^2D_{2(n-2)}=\cdots$$
$$=(ad-bc)^{n-1}D_2=(ad-bc)^{n-1}\begin{vmatrix} a & b \\ c & d \end{vmatrix}=(ad-bc)^n.$$

例 1.16 证明范德蒙德(Vandemonde)行列式

$$D_n=\begin{vmatrix} 1 & 1 & \cdots & 1 \\ x_1 & x_2 & \cdots & x_n \\ x_1^2 & x_2^2 & \cdots & x_n^2 \\ \vdots & & & \vdots \\ x_1^{n-1} & & \cdots & x_n^{n-1} \end{vmatrix}=\prod_{1\leqslant j<i\leqslant n}(x_i-x_j), \tag{1.7}$$

其中记号“$\prod$”表示全体同类因子的乘积.

证明：用数学归纳法. 因为

$$D_2=\begin{vmatrix} 1 & 1 \\ x_1 & x_2 \end{vmatrix}=x_2-x_1=\prod_{1\leqslant j<i\leqslant 2}(x_i-x_j).$$

所以当 $n=2$ 时式(1.7)成立. 现在假设式(1.7)对于 $n-1$ 阶范德蒙德行列式成立，要证明式(1.7)对 n 阶范德蒙德行列式也成立.

为此，设法把 D_n 降阶：从第 n 行开始，后行减去前行的 x_1 倍，有

$$D_n=\begin{vmatrix} 1 & 1 & 1 & \cdots & 1 \\ 0 & x_2-x_1 & x_3-x_1 & \cdots & x_n-x_1 \\ 0 & x_2(x_2-x_1) & x_3(x_3-x_1) & \cdots & x_n(x_n-x_1) \\ \vdots & \vdots & \vdots & & \vdots \\ 0 & x_2^{n-2}(x_2-x_1) & x_3^{n-2}(x_3-x_1) & \cdots & x_n^{n-2}(x_n-x_1) \end{vmatrix}.$$

按第 1 列展开，并把每列的公因子(x_i-x_1)提出，就有

$$D_n=(x_2-x_1)(x_3-x_1)\cdots(x_n-x_1)\begin{vmatrix}1&1&\cdots&1\\x_2&x_3&&x_n\\\vdots&\vdots&\cdots&\vdots\\x_2^{n-2}&x_3^{n-2}&\cdots&x_n^{n-2}\end{vmatrix}.$$

上式右端的行列式是 $n-1$ 阶范德蒙德行列式，按归纳法假设，它等于所有 (x_i-x_j) 因子的乘积，其中，$2\leqslant j<i\leqslant n$. 故

$$D_n=(x_2-x_1)(x_3-x_1)\cdots(x_n-x_1)\prod_{2\leqslant j<i\leqslant n}(x_i-x_j)=\prod_{1\leqslant j<i\leqslant n}(x_i-x_j).$$

例 1.15 和例 1.16 都是计算 n 阶行列式．计算 n 阶行列式，常要使用数学归纳法，不过在比较简单的情形(如例 1.15)，可省略归纳法的叙述格式，但归纳法的主要步骤是不可省略的．主要步骤是：导出递推公式[例 1.15 中导出 $D_{2n}=(ad-bc)D_{2(n-1)}$]及检验 $n=1$ 时结论成立(例 1.11 中最后用到 $\begin{vmatrix}a&b\\c&d\end{vmatrix}=ad-bc$).

由定理 1.3，还可得下述重要推论．

推论 1.4 行列式某一行(列)的元素与另一行(列)的对应元素的代数余子式乘积之和等于零．即

$$a_{i1}A_{j1}+a_{i2}A_{j2}+\cdots+a_{in}A_{jn}=0,\ i\neq j,$$

或

$$a_{1i}A_{1j}+a_{2i}A_{2j}+\cdots+a_{ni}A_{nj}=0,\ i\neq j.$$

证明：把行列式 $D=\det(a_{ij})$ 按第 j 行展开，有

$$a_{j1}A_{j1}+a_{j2}A_{j2}+\cdots+a_{jn}A_{jn}=\begin{vmatrix}a_{11}&\cdots&a_{1n}\\\vdots&&\vdots\\a_{i1}&\cdots&a_{in}\\\vdots&&\vdots\\a_{j1}&\cdots&a_{jn}\\\vdots&&\vdots\\a_{n1}&\cdots&a_{nn}\end{vmatrix}$$

在上式中把 a_{jk} 换成 $a_{ik}(k=1,\cdots,n)$，可得

$$a_{i1}A_{j1}+a_{i2}A_{j2}+\cdots+a_{in}A_{jn}=\begin{vmatrix}a_{11}&\cdots&a_{1n}\\\vdots&&\vdots\\a_{i1}&\cdots&a_{in}\\\vdots&&\vdots\\a_{i1}&\cdots&a_{in}\\\vdots&&\vdots\\a_{n1}&\cdots&a_{nn}\end{vmatrix}\begin{matrix}\\\\\leftarrow\text{第 } i \text{ 行}\\\\\leftarrow\text{第 } j \text{ 行}\\\\\\\end{matrix}$$

当 $i\neq j$ 时，上式右端行列式中有两行对应元素相同，故行列式等于零，即得

$$a_{i1}A_{j1}+a_{i2}A_{j2}+\cdots+a_{in}A_{jn}=0,\ (i\neq j).$$

上述证法若按列进行，即可得

$$a_{1i}A_{1j}+a_{2i}A_{2j}+\cdots+a_{ni}A_{nj}=0,\ (i\neq j).$$

综合定理 1.3 及其推论，有关于代数余子式的重要性质：

$$\sum_{k=1}^{n}a_{ki}A_{kj}=D\delta_{ij}=\begin{cases}D,\text{当 } i=j,\\0,\text{当 } i\neq j;\end{cases}$$

或
$$\sum_{k=1}^{n} a_{ik}A_{jk} = D\delta_{ij} = \begin{cases} D, 当\ i=j, \\ 0, 当\ i\neq j. \end{cases}$$

其中
$$\delta_{ij} = \begin{cases} 1, & 当\ i=j, \\ 0, & 当\ i\neq j. \end{cases}$$

例 1.17 已知三阶行列式

$$D=\begin{vmatrix} 1 & -1 & 2 \\ 2 & 3 & -1 \\ 0 & 1 & 2 \end{vmatrix},$$

试求 $A_{11}+A_{12}+A_{13}$.

解：我们将 $A_{11}+A_{12}+A_{13}$ 转化成一个新的行列式

$$A_{11}+A_{12}+A_{13}=\begin{vmatrix} 1 & 1 & 1 \\ 2 & 3 & -1 \\ 0 & 1 & 2 \end{vmatrix} \xlongequal{r_2-2r_1} \begin{vmatrix} 1 & 1 & 1 \\ 0 & 1 & -3 \\ 0 & 1 & 2 \end{vmatrix} \xlongequal{r_3-r_2} \begin{vmatrix} 1 & 1 & 1 \\ 0 & 1 & -3 \\ 0 & 0 & 5 \end{vmatrix}=5.$$

第七节 克拉默法则

行列式应用

含有 n 个未知数 x_1，x_2，…，x_n 的 n 个线性方程的方程组为

$$\begin{cases} a_{11}x_1+a_{12}x_2+\cdots+a_{1n}x_n=b_1 \\ a_{21}x_1+a_{22}x_2+\cdots+a_{2n}x_n=b_2 \\ \cdots\cdots\cdots\cdots\cdots\cdots\cdots\cdots\cdots \\ a_{n1}x_1+a_{n2}x_2+\cdots+a_{nn}x_n=b_n \end{cases}, \tag{1.8}$$

与二、三元线性方程组相类似，它的解可以用 n 阶行列式表示，即有

克拉默法则 如果线性方程组(1.8)的系数行列式不等于零，即

$$D=\begin{vmatrix} a_{11} & \cdots & a_{1n} \\ \vdots & & \vdots \\ a_{n1} & \cdots & a_{nn} \end{vmatrix}\neq 0,$$

那么，方程组(1.8)有唯一解

$$x_1=\frac{D_1}{D},\ x_2=\frac{D_2}{D},\ \cdots,\ x_n=\frac{D_n}{D}, \tag{1.9}$$

其中 $D_j\,(j=1,2,\cdots,n)$ 是把系数行列式 D 中第 j 列的元素用方程组右端的常数项替代后所得到的 n 阶行列式，即

$$D_j=\begin{vmatrix} a_{11} & \cdots & a_{1,j-1} & b_1 & a_{1,j+1} & \cdots & a_{1n} \\ \vdots & & \vdots & \vdots & \vdots & & \vdots \\ a_{n1} & \cdots & a_{n,j-1} & b_n & a_{n,j+1} & \cdots & a_{nn} \end{vmatrix}.$$

证明：用 D 中第 j 列元素的代数余子式 A_{1j}，A_{2j}，…，A_{nj} 依次乘方程组(1.8)的 n 个方程，再把它们相加，得

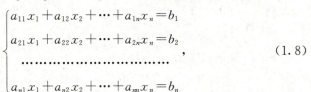

$$(\sum_{k=1}^{n}a_{k1}A_{kj})x_1+\cdots+(\sum_{k=1}^{n}a_{kj}A_{kj})x_j+\cdots+(\sum_{k=1}^{n}a_{kn}A_{kj})x_n=\sum_{k=1}^{n}b_kA_{kj}.$$

根据代数余子式的重要性质可知，上式中 x_j 的系数等于 D，而其余 $x_i(i\neq j)$ 的系数均为 0. 又等式右端即是 D_j，于是

$$Dx_j=D_j,\ (j=1,\ 2,\ \cdots,\ n). \tag{1.10}$$

当 $D\neq 0$ 时，方程组(1.10)有唯一的一个解(1.9).

由于方程组(1.10)是由方程组(1.8)经乘法与相加两种运算而得，故(1.8)的解一定是(1.10)的解．今(1.10)仅有一个解(1.9)，故方程组(1.8)如果有解，就只可能是解(1.9).

为证解(1.9)是方程组(1.8)的唯一解，还需验证解(1.9)确是方程组(1.8)的解，也就是要证明

$$a_{i1}\frac{D_1}{D}+a_{i2}\frac{D_2}{D}+\cdots+a_{in}\frac{D_n}{D}=b_i,\ (i=1,\ 2,\ \cdots,\ n).$$

为此，考虑有两行相同 $n+1$ 阶行列式

$$\begin{vmatrix} b_i & a_{i1} & \cdots & a_{in} \\ b_1 & a_{11} & \cdots & a_{in} \\ \vdots & \vdots & & \vdots \\ b_n & a_{n1} & \cdots & a_{nn} \end{vmatrix}(i=1,\ 2,\ \cdots,\ n),$$

它的值为 0. 把它按第 1 行展开，由于第 1 行中 a_{ij} 的代数余子式为

$$(-1)^{1+j+1}\begin{vmatrix} b_1 & a_{11} & \cdots & a_{1,j-1} & a_{1,j+1} & \cdots & a_{1n} \\ \vdots & \vdots & & \vdots & \vdots & & \vdots \\ b_n & a_{n1} & \cdots & a_{n,j-1} & a_{n,j+1} & \cdots & a_{nn} \end{vmatrix}$$

$$=(-1)^{j+2}(-1)^{j-1}D_i=-D_j$$

所以有

$$0=b_iD-a_{i1}D_1-\cdots-a_{in}D_n,$$

即

$$a_{i1}\frac{D_1}{D}+a_{i2}\frac{D_2}{D}+\cdots+a_{in}\frac{D_n}{D}=b_i,\ (i=1,\ 2,\ \cdots,\ n).$$

例 1.18 解线性方程组 $\begin{cases} 2x_1+x_2-5x_3+x_4=8 \\ x_1-3x_2-6x_4=9 \\ 2x_2-x_3+2x_4=-5 \\ x_1+4x_2-7x_3+6x_4=0 \end{cases}$.

解：

$$D=\begin{vmatrix} 2 & 1 & -5 & 1 \\ 1 & -3 & 0 & -6 \\ 0 & 2 & -1 & 2 \\ 1 & 4 & -7 & 6 \end{vmatrix}\xlongequal[r_4-r_2]{r_1-2r_2}\begin{vmatrix} 0 & 7 & -5 & 13 \\ 1 & -3 & 0 & -6 \\ 0 & 2 & -1 & 2 \\ 0 & 7 & -7 & 12 \end{vmatrix}=-\begin{vmatrix} 7 & -5 & 13 \\ 2 & -1 & 2 \\ 7 & -7 & 12 \end{vmatrix}$$

$$\xlongequal[c_3+2c_2]{c_1+2c_2}-\begin{vmatrix} -3 & -5 & 3 \\ 0 & -1 & 0 \\ -7 & -7 & -2 \end{vmatrix}=\begin{vmatrix} -3 & 3 \\ -7 & -2 \end{vmatrix}=27;$$

$$D_1=\begin{vmatrix}8&1&-5&1\\9&-3&0&-6\\-5&2&-1&2\\0&4&-7&6\end{vmatrix}=81;\ D_2=\begin{vmatrix}2&8&-5&1\\1&9&0&-6\\0&-5&-1&2\\1&0&-7&6\end{vmatrix}=-108;$$

$$D_3=\begin{vmatrix}2&1&8&1\\1&-3&9&-6\\0&2&-5&2\\1&4&0&6\end{vmatrix}=-27;\ D_4=\begin{vmatrix}2&1&-5&8\\1&-3&0&9\\0&2&-1&-5\\1&4&-7&0\end{vmatrix}=27,$$

于是得$\begin{cases}x_1=3\\x_2=-4\\x_3=-1\\x_4=1\end{cases}$.

克拉默法则有重大的理论价值，撇开求解公式(1.9)，克拉默法则可叙述为下面的重要定理.

定理 1.4 如果线性方程组(1.8)的系数行列式 $D\neq 0$，则线性方程组(1.8)一定有解，且解是唯一的.

定理 1.4 的逆否定理为：如果线性方程组(1.8)无解或有两个不同的解，则它的系数行列式必为零.

线性方程组(1.8)右端的常数项 b_1，b_2，…，b_n 不全为零时，线性方程组(1.8)称为**非齐次线性方程组**，当 b_1，b_2，…，b_n 全为零时，线性方程组(1.8)称为**齐次线性方程组**.

对于齐次线性方程组

$$\begin{cases}a_{11}x_1+a_{12}x_2+\cdots+a_{1n}x_n=0\\a_{21}x_1+a_{22}x_2+\cdots+a_{2n}x_n=0\\\cdots\cdots\cdots\cdots\cdots\cdots\cdots\cdots\cdots\cdots\\a_{n1}x_1+a_{n2}x_2+\cdots+a_{nn}x_n=0\end{cases}\tag{1.11}$$

$x_1=x_2=\cdots=x_n=0$ 一定是它的解，这个解叫作齐次线性方程组(1.11)的零解. 如果一组不全为零的数是(1.11)的解，则它叫作齐次线性方程组(1.11)的非零解. 齐次线性方程组(1.11)一定有零解，但不一定有非零解.

把定理 1.4 应用于齐次线性方程组(1.11)，可得

定理 1.5 如果齐次线性方程组(1.11)的系数行列式 $D\neq 0$，则齐次线性方程组(1.11)没有非零解.

定理 1.5 的等价表示：如果齐次线性方程组(1.11)有非零解，则它的系数行列式必为零.

定理 1.5 说明系数行列式 $D=0$ 是齐次线性方程组(1.11)有非零解的必要条件.

例 1.19 问 λ 取何值时，齐次线性方程组

$$\begin{cases}(5-\lambda)x+2y+2z=0\\2x+(6-\lambda)y=0\\2x+(4-\lambda)z=0\end{cases}\tag{1.12}$$

有非零解？

解：由定理1.5的等价表示可知，若齐次线性方程组(1.12)有非零解，则(1.12)的系数行列式 $D=0$. 而

$$D=\begin{vmatrix}5-\lambda & 2 & 2\\ 2 & 6-\lambda & 0\\ 2 & 0 & 4-\lambda\end{vmatrix}=(5-\lambda)(6-\lambda)(4-\lambda)-4(4-\lambda)-4(6-\lambda)$$

$$=(5-\lambda)(2-\lambda)(8-\lambda),$$

由 $D=0$，得 $\lambda=2$，$\lambda=5$ 或 $\lambda=8$.

不难验证，当 $\lambda=2$、5、8时，齐次线性方程组(1.12)确有非零解.

例1.20 （行列式的应用——支路电流问题）

如图1.5所示，求各支路电流 i_1，i_2，i_3.

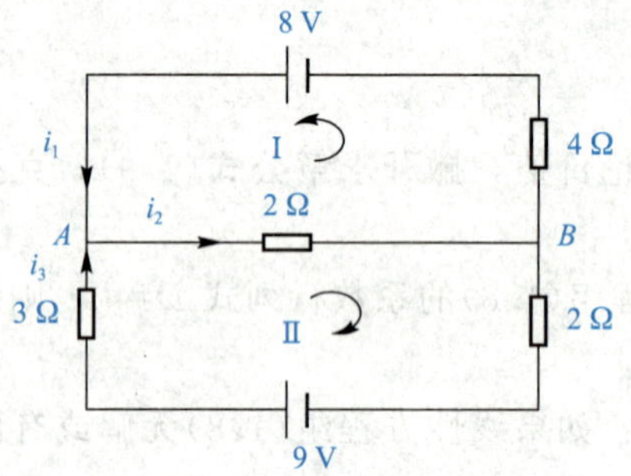

图1.5 直流电路图

解：由电路理论知，在每一结点处，流入的电流的和等于流出的电流的和；在每一个闭合回路，电压的代数和等于电压降的代数和.

故有：（B 点处与 A 点处方程同）

$$\begin{cases}i_1-i_2+i_3=0 & (A\text{ 点处})\\ 4i_1+2i_2=8 & (\text{Ⅰ 回路}),\\ 2i_2+5i_3=9 & (\text{Ⅱ 回路})\end{cases}$$

此方程的系数行列式 $D=\begin{vmatrix}1 & -1 & 1\\ 4 & 2 & 0\\ 0 & 2 & 5\end{vmatrix}=38$，又 $D_1=38$，$D_2=76$，$D_3=38$，故得

$$i_1=\frac{D_1}{D}=1,\ i_2=\frac{D_2}{D}=2,\ i_3=\frac{D_3}{D}=1.$$

数学实验——行列式

一、求行列式

行列式是由方阵中的元素按照某种规定的运算求得的一个结果，是判断方阵性质的一

个工具，也是求解线性方程组的一个有效工具．

命令：det(A)，返回结果为行列式的值．

1. 求元素为数值的行列式的值

例 1.21 求行列式 $\begin{vmatrix} 1 & 1 & 1 & 1 \\ 1 & 2 & 4 & 8 \\ 1 & 3 & 9 & 27 \\ 1 & 4 & 16 & 64 \end{vmatrix}$ 的值．

解： 编写 Matlab 程序如下：

```
A=[1 1 1 1; 1 2 4 8; 1 3 9 27; 1 4 16 64]
det(A)
```

结果：ans=12

2. 求元素为未知数(符号)的行列式的值

例 1.22 求 $\begin{vmatrix} -ab & ac & ae \\ bd & -cd & de \\ bf & cf & -ef \end{vmatrix}$ 的值．

解： 编写 Matlab 程序如下：

```
syms  a b c d e f;
B=[-a*b  a*c  a*e; b*d  -c*d  d*e; b*f  c*f  -e*f]
det(B)
```

结果：ans=4*a*b*c*d*e*f

3. 求行列式阶数未定，元素为未知数的行列式的值

例 1.23 求 $\begin{vmatrix} a\cdots\cdots 1 \\ \ddots \\ 1\cdots\cdots a \end{vmatrix}$，对角线为 a，未写出为 0，任给一个 n，可以求出该行列式的值．

解： 编写 Matlab 程序如下：

```
syms  a;
syms  A;
n=input('please input an integer: ');
for  i=1:n
     for j=1:n
      if i==j
         A(i,j)=a;
      else
         A(i,j)=0;
      end
     end
end
A(1,n)=1;
A(n,1)=1;
```

```
det(A)
```

结果：例如输入阶数 5，

```
ans=a^3*(a^2-1)
```

例 1.24 实现任给阶数 n 的值，可求出该行列式 $\begin{vmatrix} x & a & \cdots & a \\ a & x & \cdots & a \\ \vdots & \vdots & & \vdots \\ a & a & \cdots & x \end{vmatrix}$ 的值.

解：编写 Matlab 程序如下：

```
syms  x a A;
n=input('please input an integer: ');
for  i=1:n
   for  j=1:n
      if i==j
         A(i,j)=x;
      else
         A(i,j)=a;
      end
   end
end
det(A)
```

结果：例如输入阶数 5，

```
ans=4*a^5-15*a^4*x+20*a^3*x^2-10*a^2*x^3+x^5
```

本章小结

从本质上来说，行列式也是一个函数，它的函数值由其中那些由数字按照一定方式排成的方形数表决定，当方形数表确定时，函数值就是唯一确定的.

行列式的定义、性质和按行按列展开定理是我们进行行列式计算的基础，利用行列式的性质可以将行列式简化，再结合按行(列)展开定理就可以利用低阶行列式求解高阶行列式.对于特殊行列式，其计算方法有着特定的规律，在进行计算时应注意分析其特征和结构.克拉默法则是求解线性方程组的一种方法，但由于其计算过程用到了多个行列式的值，故在手动计算线性方程组的解时基本只能解决四元及以下线性方程组的解，但在之后的章节，我们将借助克拉默法则判断线性方程组解的情况.

本章的重点是三阶、四阶行列式以及特殊形式行列式的计算，对于 n 阶行列式的定义只需了解其定义即可.对行列式各条性质的证明只需要了解其基本思路，要注重学会利用行列式的各个性质及按行(列)展开定理等基本方法来简化行列式的计算，并掌握利用行交换、某行乘常数、某行加上另外一行的 k 倍这三类运算来求解行列式的方法，并根据行列式的具体表达选取较为简便的变形方法.对于高阶行列式，需关注特殊行列式的计算方法.

拓展阅读

行列式是伴随着线性方程组研究而引入和发展的.

行列式的概念最早是由17世纪日本数学家关孝和提出来的.1683年，关孝和写了一部叫作《解伏题之法》的著作，意思是“解行列式问题的方法”，书里对行列式的概念和它的展开已经有了清楚的叙述.

欧洲第一个提出行列式概念的是德国数学家、微积分学奠基人之一的莱布尼茨(Leibniz，1693).他在研究线性方程组的解法时，开始用指标的系统集合来表示线性方程组的系数，并得到现在称为结式的一个行列式.

这些关于行列式的早期工作大都是为了解方程组，以求得紧凑简单的表达式.对行列式理论做专门研究(不单纯作为工具)的第一人是范德蒙德(Vandermonde).

行列式的发展史上，第一个对行列式理论做出连贯的逻辑的阐述，即把行列式理论与线性方程组求解相分离的人，是法国数学家范德蒙德(A. T. Vandermonde，1735—1796).范德蒙德自幼在父亲的指导下学习音乐，但对数学有浓厚的兴趣，后来终于成为法兰西科学院院士.特别地，1772年，他给出了用二阶子式和它们的余子式来展开行列式的法则.就对行列式本身这一点来说，他是这门理论的奠基人.1772年，拉普拉斯在一篇论文中证明了范德蒙德提出的一些规则，推广了他的展开行列式的方法.

继范德蒙德之后，在行列式的理论方面，又一位做出突出贡献的是另一位法国大数学家柯西.1815年，柯西在一篇论文中给出了行列式的第一个系统的、几乎是近代的处理.其中主要结果之一是行列式的乘法定理.另外，他第一个把行列式的元素排成方阵，采用双足标记法；引进了行列式特征方程的术语；给出了相似行列式概念；改进了拉普拉斯的行列式展开定理并给出了一个证明等.

19世纪的半个多世纪中，对行列式理论研究始终不渝的作者之一是詹姆士·西尔维斯特(J. Sylvester，1814—1894).他是一个活泼、敏感、兴奋、热情，甚至容易激动的人，然而由于是犹太人的缘故，他受到剑桥大学的不平等对待.西尔维斯特用火一般的热情介绍他的学术思想，他的重要成就之一是改进了从一个n次和一个m次的多项式中消去x的方法，他称之为配析法，并给出形成的行列式为零时这两个多项式方程有公共根充分必要条件这一结果，但没有给出证明.

人物简介(来源于网络)

柯西

柯西(Augustin Louis Cauchy，1789—1857)，出生于巴黎，他的父亲路易·弗朗索瓦·柯西是法国波旁王朝的官员，在法国动荡的政治漩涡中一直担任公职.由于家庭的原因，柯西本人属于拥护波旁王朝的正统派，是一位虔诚的天主教徒，并且在数学领域，有很高的建树和造诣.很多数学的定理和公式也都以他的名字来称呼，如柯西不等式、柯西积分公式.

莱布尼茨

莱布尼茨(Gottfriend Wilhelm Leibniz，1646—1716，德国)是一位伟大的数学家、自然科学家、哲学家，与牛顿(Isaac Newton，1643—1727)并称“微积分之父”.他是行列式概念的发明者.

西尔维斯特

英国数学家西尔维斯特(James Joseph Sylvester，1814—1897)为了将数字的矩形阵列区别于行列式而首先使用了“矩阵”一词.他同凯莱一起，发展了行列式理论.实际上，矩阵的许多基本性质也是在行列式的发展中建立起来的.在逻辑上，矩阵的概念应先于行列式的概念，然而在历史上次序正好相反.

西尔维斯特名言：置身于数学领域中不断地探索和追求，能把人类的思维活动升华到纯净而和谐的境界.

习题一

A组

1. 计算下列二阶行列式.

(1)$D_1=\begin{vmatrix} 12 & -7 \\ -5 & 3 \end{vmatrix}$；(2)$D_2=\begin{vmatrix} a & a^2 \\ b & ab \end{vmatrix}$.

2. 分别用行列式的性质和对角线法则计算下列三阶行列式.

(1)$D_1=\begin{vmatrix} 2 & -1 & -3 \\ 3 & 4 & 1 \\ -2 & 6 & 5 \end{vmatrix}$；(2)$D_2=\begin{vmatrix} a & b & c \\ b & c & a \\ c & a & b \end{vmatrix}$.

3. 用克拉默法则解下列方程组.

(1)$\begin{cases} x_1-2x_2+x_3=-2 \\ 2x_1+x_2-3x_3=1 \\ -x_1+x_2-x_3=0 \end{cases}$；(2)$\begin{cases} x_1+x_2+x_3=2 \\ x_1+2x_2=1 \\ x_1-x_3=4 \end{cases}$

4. 计算下列行列式.

(1)$\begin{vmatrix} 1 & 3 & -2 \\ -3 & -9 & 6 \\ 11 & 7 & 5 \end{vmatrix}$；(2)$\begin{vmatrix} 2 & 0 & 0 & 0 \\ 4 & 6 & 0 & 0 \\ 8 & 10 & 12 & 0 \\ 14 & 16 & 18 & 20 \end{vmatrix}$；

(3)$\begin{vmatrix} -1 & 1 & 1 & 1 \\ 1 & -1 & 1 & 1 \\ 1 & 1 & -1 & 1 \\ 1 & 1 & 1 & -1 \end{vmatrix}$；(4)$\begin{vmatrix} 1 & 1 & 1 & 0 \\ 1 & 1 & 0 & 1 \\ 1 & 0 & 1 & 1 \\ 0 & 1 & 1 & 1 \end{vmatrix}$；

(5)$\begin{vmatrix} 1 & 5 & 0 \\ 2 & 4 & -1 \\ 0 & -2 & 0 \end{vmatrix}$；(6)$\begin{vmatrix} 1 & 2 & -1 & 2 \\ 3 & 0 & 1 & 5 \\ 1 & -2 & 0 & 3 \\ -2 & 4 & 1 & 6 \end{vmatrix}$.

5. 计算下列各行列式.

(1) $\begin{vmatrix} x & y & x+y \\ y & x+y & x \\ x+y & x & y \end{vmatrix}$；(2) $\begin{vmatrix} 0 & x & y & z \\ x & 0 & y & z \\ y & z & 0 & x \\ z & y & x & 0 \end{vmatrix}$；

(3) $\begin{vmatrix} 1 & -1 & 1 & x-1 \\ 1 & -1 & x+1 & -1 \\ 1 & x-1 & 1 & -1 \\ x+1 & -1 & 1 & -1 \end{vmatrix}$；(4) $\begin{vmatrix} 0 & 1 & 1 & a \\ 1 & 0 & 1 & b \\ 1 & 1 & 0 & c \\ a & b & c & d \end{vmatrix}$；

(5) $\begin{vmatrix} 2+a & 3 & 5 \\ 2+b & 3 & 5 \\ 2+c & 3 & 5 \end{vmatrix}$.

6. 用克拉默法则解下列方程组.

(1) $\begin{cases} x_1+x_2+2x_3+3x_4=1 \\ 3x_1-x_2-x_3-2x_4=-4 \\ 2x_1+3x_2-x_3-x_4=-6 \\ x_1+2x_2+3x_3-x_4=-4 \end{cases}$；(2) $\begin{cases} 3x_1+2x_2=1 \\ x_1+3x_2+2x_3=0 \\ x_2+3x_3+2x_4=0 \\ x_3+3x_4=-2 \end{cases}$

7. 设曲线 $y=a_0+a_1x+a_2x^2+a_3x^3$，通过 4 个点(1，3)，(2，4)，(3，3)和(4，−3)，求曲线方程.

8. 当 k 取何值时，齐次线性方程组

$$\begin{cases} kx_1+x_2+x_3=0 \\ (1+k)x_1+2x_2+7x_3=0 \\ 2x_1+(4-k)x_3=0 \end{cases}$$

有非零解？

9. 证明：

(1) $\begin{vmatrix} a^2 & ab & b^2 \\ 2a & a+b & 2b \\ 1 & 1 & 1 \end{vmatrix}=(a-b)^3$；

(2) $\begin{vmatrix} x & a & \cdots & a \\ a & x & \cdots & a \\ \vdots & \vdots & & \vdots \\ a & a & \cdots & x \end{vmatrix}=[x+(n-1)a](x-a)^{n-1}$.

B组

1. 指出函数 $f(x)=\begin{vmatrix} x & 1 & 0 \\ 0 & 2 & x \\ x^2 & 1 & 1 \end{vmatrix}$ 是几次多项式，其 x^2 项的系数是多少？

2. 计算行列式

(1) $\begin{vmatrix} 0 & 0 & 0 & 4 & 0 \\ 0 & 0 & 3 & 0 & 0 \\ 0 & 2 & 10 & 0 & 0 \\ 1 & 11 & 0 & 12 & 0 \\ 9 & 8 & 7 & 6 & 5 \end{vmatrix}$；(2) $\begin{vmatrix} 1 & 2 & 3 & 4 \\ 2 & 3 & 4 & 1 \\ 3 & 4 & 1 & 2 \\ 4 & 1 & 2 & 3 \end{vmatrix}$.

3. 解方程组

$$\begin{cases} x_1 + x_2 + x_3 - x_4 = 5 \\ 2x_1 + x_2 - 3x_3 - 14x_4 = -1 \\ -3x_1 + 2x_2 + x_3 - 5x_4 = 3 \\ 7x_1 - 4x_2 - 3x_3 + 2x_4 = -2 \end{cases}.$$

4. 当 λ，μ 取何值时，齐次线性方程组

$$\begin{cases} \lambda x_1 + x_2 + x_3 = 0 \\ x_1 + \mu x_2 + x_3 = 0 \\ x_1 + 2\mu x_2 + x_3 = 0 \end{cases}$$

有非零解？

5. 证明：

(1) $D_n = \begin{vmatrix} a & & 1 \\ & \ddots & \\ 1 & & a \end{vmatrix} = a^{n-2}(a^2-1)$（$D_n$ 主对角线上元素都是 a，其他没有写出的元素都是 0）.

(2) $\begin{vmatrix} a^2 & (a+1)^2 & (a+2)^2 & (a+3)^2 \\ b^2 & (b+1)^2 & (b+2)^2 & (b+3)^2 \\ c^2 & (c+1)^2 & (c+2)^2 & (c+3)^2 \\ d^2 & (d+1)^2 & (d+2)^2 & (d+3)^2 \end{vmatrix} = 0$.

第二章 矩 阵

矩阵是最基本的数学概念之一，贯穿线性代数的各个方面，矩阵及其运算是线性代数的重要内容，许多领域中的数量关系都可以用矩阵来描述，因而它也是数学研究与应用的一个重要工具，特别是在自然科学、工程技术、经济管理等领域有着广泛的应用．

本章正是从实际出发，引出矩阵的概念，然后介绍矩阵的线性运算、乘法、逆矩阵、分块矩阵等内容．

第一节 矩阵的概念

微课视频：矩阵和行列式的区别 1

一、矩阵的定义

例 2.1 田忌赛马是一个广为人知的故事，传说中战国时期，齐王及其手下大将田忌各有上、中、下三匹马，同等级的马中，齐王的马比田忌的马强，但田忌的上、中等马分别比齐王的中、下等马强．有一天，齐王要与田忌赛马，双方约定：比赛三局，每局各出一匹马，每匹马赛一次，赢得两局者为胜．田忌采用了孙膑的建议：用下等马对付齐王的上等马，用上等马对付齐王的中等马，用中等马对付齐王的下等马．结果三场比赛完后，田忌 1 负 2 胜，最终赢得齐王的千金赌注．

事实上这是一个对策问题，在比赛中，齐王和田忌的马可以随机出阵，每次比赛双方的胜负情况，要根据双方的对阵情况来定．双方出阵的可能策略为：策略 1(上、中、下)、策略 2(中、上、下)、策略 3(下、中、上)、策略 4(上、下、中)、策略 5(中、下、上)、策略 6(下、上、中)．

说明：策略 1(上、中、下)表示按照先后出阵的顺序派上等马、中等马、下等马，其他策略类似．每场比赛中，如果齐王的马三战全胜，则用数“3”表示；如果两胜一负，则用数“1”表示；如果一胜两负，则用数“-1”表示．如果齐王和田忌依次使用上面 6 种策略进行比赛，那么齐王的胜、负情况就可以用下面数表形式表示出来．其中齐王采用的策略用横向行表示，田忌采用的策略用纵向列表示，如图 2.1 所示．

田忌策略

齐王策略

$$\begin{array}{c|cccccc} & 1 & 2 & 3 & 4 & 5 & 6 \\ \hline 1 & 3 & 1 & 1 & 1 & 1 & -1 \\ 2 & 1 & 3 & 1 & -1 & 1 & 1 \\ 3 & 1 & -1 & 3 & 1 & 1 & 1 \\ 4 & 1 & 1 & -1 & 3 & 1 & 1 \\ 5 & -1 & 1 & 1 & 1 & 3 & 1 \\ 6 & 1 & 1 & 1 & 1 & -1 & 3 \end{array}.$$

图 2.1　策略说明

图 2.1 中第四行第三列的数是－1，意即齐王采用的策略 4，即以上、下、中顺序出马，而田忌采用策略 3，即以下、中、上顺序出马，则比赛结果齐王一胜两负；第三行第三列的数是 3，意即齐王和田忌均采用策略 3，即以下、中、上顺序出马，即比赛结果齐王三战全胜；第一行第三列的数是 1，意即齐王采用策略 1，即以上、中、下顺序出马，而田忌采用策略 3，即以下、中、上顺序出马，则比赛结果齐王两胜一负．可见，齐王与田忌的胜负关系从上面的数表中一目了然．

例 2.2　某航空公司在 A、B、C、D 四城市之间开辟了若干航线，如图 2.2 所示表示了四城市间的航班图，并且四个城市之间的连线和箭头表示城市之间航线的线路及方向．

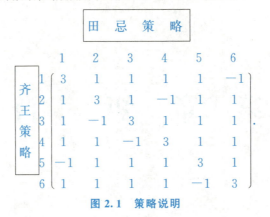

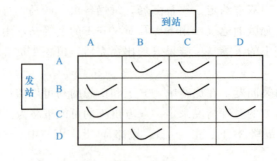

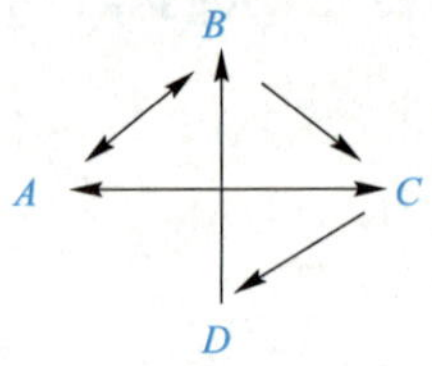

图 2.2　四城市间的航班图

四城市间的航班图情况可用图表来表示，如图 2.3 所示．

到站 / 发站

发站＼到站	A	B	C	D
A		√	√	
B	√		√	
C	√			√
D		√		

图 2.3　航班图情况

表格中如果某两个城市之间有航线即可用数“1”表示，如果无航线可用“0”表示，那么表格就对应着如下一个 4 行 4 列的数表，从这个数表中也可以清楚地看到这四个城市之间

的航线情况 .

$$\begin{array}{c} \\ A \\ B \\ C \\ D \end{array}\begin{array}{c} \begin{matrix} A & B & C & D \end{matrix} \\ \begin{pmatrix} 0 & 1 & 1 & 0 \\ 1 & 0 & 1 & 0 \\ 1 & 0 & 0 & 1 \\ 0 & 1 & 0 & 0 \end{pmatrix} \end{array}.$$

例 2.3 线性方程组

$$\begin{cases} x_1 + x_2 - 3x_3 = -1 \\ 2x_1 + 3x_2 + x_3 = 2 \\ x_1 + 6x_2 - 4x_3 = 3 \end{cases}$$

的解由未知量的系数和常数项决定，即方程组与矩形数表

$$\begin{pmatrix} 1 & 1 & -3 & -1 \\ 2 & 3 & 1 & 2 \\ 1 & 6 & -4 & 3 \end{pmatrix}$$

一一对应，故对方程组的研究可转化为对此数表的研究 .

我们将上面各例数表中数据的具体含义去掉，就得到了矩阵的概念 .

定义 2.1 由 $m\times n$ 个数 $a_{ij}(i=1, 2, \cdots, m; j=1, 2, \cdots, n)$排成 m 行 n 列的矩形数表

$$\begin{pmatrix} a_{11} & a_{12} & \cdots & a_{1n} \\ a_{21} & a_{22} & \cdots & a_{2n} \\ \vdots & \vdots & & \vdots \\ a_{m1} & a_{m2} & \cdots & a_{mn} \end{pmatrix}$$

称为 $m\times n$ **矩阵**，记作 $\boldsymbol{A}=(a_{ij})_{m\times n}$，其中 a_{ij} 称为矩阵 $\boldsymbol{A}$ 第 i 行第 j 列的**元素**，简称为矩阵的 (i, j)**元** .

一般情况下，我们用大写字母 $\boldsymbol{A}$、$\boldsymbol{B}$、$\boldsymbol{C}$ 表示矩阵，为了表明矩阵的行数 m 和列数 n，可用 $\boldsymbol{A}_{m\times n}$ 表示，或记作 $(a_{ij})_{m\times n}$ 或 (a_{ij}).

特别地，当 $m=n$ 时，矩阵 $A=(a_{ij})_{m\times n}$ 或 $\boldsymbol{A}_{n\times n}$ 称为 $\boldsymbol{n}$ **阶方阵**，记作 $\boldsymbol{A}_n$. 方阵从左上角元素到右下角元素这条对角线称为**主对角线**，从右上角元素到左下角元素这条对角线称为**次对角线** . 方阵在矩阵理论中占有重要地位 .

注意：矩阵与行列式比较，除了符号的记法以及行数可以不等于列数以外，还有更本质的区别，即行列式可以展开，它的值是表示一个数或者一个算式，行列式经过计算可求出值来，而矩阵仅仅是一个数的矩形数表，它不表示一个数或者一个算式，也不能展开，例如二阶方阵 $\begin{pmatrix} 1 & 3 \\ 0 & 4 \end{pmatrix}$ 是矩形数表，但二阶行列式 $\begin{vmatrix} 1 & 3 \\ 0 & 4 \end{vmatrix}$ 是一个数，值为 4.

两个矩阵的行数相等、列数也相等时，就称它们是同型矩阵 . 如果 $\boldsymbol{A}=(a_{ij})_{m\times n}$，$\boldsymbol{B}=(b_{ij})_{m\times n}$，并且它们的对应元素相等，即

$$a_{ij}=b_{ij}(i=1, 2, \cdots, m; j=1, 2, \cdots, n)$$

则称矩阵 $\boldsymbol{A}$ 与 $\boldsymbol{B}$ 相等，记作

$$\boldsymbol{A}=\boldsymbol{B}.$$

二、几种特殊类型的矩阵

下面介绍几种特殊的矩阵，它们都是以后会经常碰到的．

1. 行矩阵和列矩阵

仅有一行的矩阵

$$\boldsymbol{A}=(a_1 a_2 \cdots a_n)$$

称为**行矩阵**，又称为 n **维行向量**．

仅有一列的矩阵

$$\boldsymbol{B}=\begin{pmatrix} b_1 \\ b_2 \\ \vdots \\ b_m \end{pmatrix}$$

称为**列矩阵**，又称为 m **维列向量**．

当行数和列数都为 1 时，称矩阵 $\boldsymbol{A}_{1\times 1}=(a_{11})$ 为 1×1 **矩阵**，此时矩阵 $\boldsymbol{A}$ 可看成与普通的数 a_{11} 相同，即 $\boldsymbol{A}=a_{11}$．

2. 零矩阵

若矩阵 $\boldsymbol{A}=(a_{ij})_{m\times n}$ 的所有元素都为零，则称该矩阵为**零矩阵**．记作 $\boldsymbol{O}$ 或 $\boldsymbol{O}_{m\times n}$.

例如 $\boldsymbol{O}_{2\times 3}=\begin{pmatrix} 0 & 0 & 0 \\ 0 & 0 & 0 \end{pmatrix}$ 和 $\boldsymbol{O}_{2\times 2}=\begin{pmatrix} 0 & 0 \\ 0 & 0 \end{pmatrix}$ 均为零矩阵．

注：不同型的零矩阵含义不同．

3. 单位矩阵

若一个 n 阶数量矩阵主对角线上的元素均为 1，则称该矩阵为**单位矩阵**，记作 $\boldsymbol{E}$ 或 $\boldsymbol{E}_n$.

即

$$\boldsymbol{E}=\begin{pmatrix} 1 & 0 & \cdots & 0 \\ 0 & 1 & \cdots & 0 \\ \vdots & \vdots & & \vdots \\ 0 & 0 & \cdots & 1 \end{pmatrix} \text{或 } \boldsymbol{E}=\begin{pmatrix} 1 & & & \\ & 1 & & \\ & & \ddots & \\ & & & 1 \end{pmatrix}.$$

如三阶单位矩阵 $\boldsymbol{E}_3=\begin{pmatrix} 1 & 0 & 0 \\ 0 & 1 & 0 \\ 0 & 0 & 1 \end{pmatrix}$，二阶单位矩阵 $\boldsymbol{E}_2=\begin{pmatrix} 1 & 0 \\ 0 & 1 \end{pmatrix}$.

同样，不同阶的单位矩阵含义不同．

4. 对角矩阵

若一个 n 阶方阵的主对角线以外的元素均为零，则称该矩阵为**对角矩阵**，简称**对角阵**，简记为

$$\boldsymbol{\Lambda}=\mathrm{diag}(a_{11},\ a_{22},\ \cdots,\ a_{nn}),$$

即 $\boldsymbol{\Lambda}=\begin{pmatrix} a_{11} & 0 & \cdots & 0 \\ 0 & a_{22} & \cdots & 0 \\ \vdots & \vdots & & \vdots \\ 0 & 0 & \cdots & a_{nn} \end{pmatrix}$，有时也简记作 $\boldsymbol{\Lambda}=\begin{pmatrix} a_{11} & & & \\ & a_{22} & & \\ & & \ddots & \\ & & & a_{nn} \end{pmatrix}$.

5. 数量矩阵

若一个 n 阶方阵主对角线上的元素都相等且不为零，则称该对角矩阵为**数量矩阵**，即当 $a_{11}=a_{22}=\cdots=a_{nn}=a\neq 0$ 时，$\boldsymbol{\Lambda}=\begin{pmatrix} a & & & \\ & a & & \\ & & \ddots & \\ & & & a \end{pmatrix}$.

6. 三角矩阵

若一个 n 阶方阵主对角线以下(上)的元素均为零，则称该方阵为**上(或下)三角矩阵**，即

$$\begin{pmatrix} a_{11} & a_{12} & \cdots & a_{1n} \\ 0 & a_{22} & \cdots & a_{2n} \\ \vdots & \vdots & & \vdots \\ 0 & 0 & \cdots & a_{nn} \end{pmatrix} \text{或} \begin{pmatrix} a_{11} & 0 & \cdots & 0 \\ a_{21} & a_{22} & \cdots & 0 \\ \vdots & \vdots & & \vdots \\ a_{n1} & a_{n2} & \cdots & a_{nn} \end{pmatrix},$$

上三角矩阵和下三角矩阵统称为**三角矩阵**.

7. 对称矩阵

若 n 阶方阵 $\boldsymbol{A}_n$，满足 $a_{ij}=a_{ji}(i, j=1, 2, \cdots, n)$，则称 $\boldsymbol{A}_n$ 为 n 阶**对称矩阵**，简称**对称阵**，即

$$\begin{pmatrix} a_{11} & a_{12} & \cdots & a_{1n} \\ a_{12} & a_{22} & \cdots & a_{2n} \\ \vdots & \vdots & & \vdots \\ a_{1n} & a_{2n} & \cdots & a_{nn} \end{pmatrix}, \text{如 } \boldsymbol{B}=\begin{pmatrix} 1 & -2 & 4 \\ -2 & 8 & 6 \\ 4 & 6 & 5 \end{pmatrix}.$$

显然，对称矩阵中关于主对角线对称位置的元素对应相等．对角矩阵与单位矩阵都是对称矩阵．

8. 反对称矩阵

若 n 阶方阵 $\boldsymbol{A}_n$，满足 $a_{ii}=0$，$a_{ij}=-a_{ji}(i, j=1, 2, \cdots, n, i\neq j)$，则称 $\boldsymbol{A}_n$ 为 n 阶**反对称矩阵**，简称**反对称阵**，即 $\begin{pmatrix} 0 & a_{12} & \cdots & a_{1n} \\ -a_{12} & 0 & \cdots & a_{2n} \\ \vdots & \vdots & & \vdots \\ -a_{1n} & -a_{2n} & \cdots & 0 \end{pmatrix}$，如 $\boldsymbol{C}=\begin{pmatrix} 0 & -2 & 4 \\ 2 & 0 & 6 \\ -4 & -6 & 0 \end{pmatrix}$.

显然，反对称矩阵中主对角线上的元素均为 0 且关于主对角线对称位置的元素互为相反数．

三、矩阵与线性变换

n 个变量 $x_1, x_2, \cdots, x_n$ 与 m 个变量 $y_1, y_2, \cdots, y_m$ 之间的线性关系式

$$
\begin{cases}
y_1 = a_{11}x_1 + a_{12}x_2 + \cdots + a_{1n}x_n \\
y_2 = a_{21}x_1 + a_{22}x_2 + \cdots + a_{2n}x_n \\
\cdots\cdots\cdots\cdots\cdots\cdots\cdots\cdots\cdots \\
y_m = a_{m1}x_1 + a_{m2}x_2 + \cdots + a_{mn}x_n
\end{cases}
\tag{2.1}
$$

称为一个从变量 x_1，x_2，…，x_n 到变量 y_1，y_2，…，y_m 的**线性变换**，其中 a_{ij} 为常数，线性变换(2.1)的系数 a_{ij} 构成矩阵 $\mathbf{A}=(a_{ij})_{m\times n}$，称为**系数矩阵**，给定了线性变换(1.1)，它的系数矩阵也就确定；反之，如果给出一个矩阵作为线性变换的系数矩阵，则线性变换也就确定了．在这种意义下，线性变换与系数矩阵一一对应．因而可以利用矩阵来研究线性变换，亦可利用线性变换来研究矩阵．

第二节　矩阵的运算

矩阵的意义不仅在于将一些数据排成阵列形式，而且在于对它定义了一些有理论意义和实际意义的运算，从而使它成为进行理论研究或解决实际问题的有力工具．

微课视频：矩阵和行列式的区别 2

一、矩阵的线性运算

矩阵的基本运算是线性运算，矩阵的线性运算是指矩阵的加法(减法)和数乘矩阵．

1. 矩阵的加法

例 2.4　2014 年 5 月中国南部地区遭遇大范围暴雨天气，导致甲、乙、丙三个城市遭受洪水灾害，某慈善机构决定向这三个城市分三天发放棉被、饼干、饮用水三种救援物资，第一天的发放情况见表 2.1.

表 2.1　第一天物资发放情况表

城市	物资种类		
	棉被/万床	饼干/万箱	饮用水/万箱
甲	3	5	4
乙	3	3	2
丙	5	3	4

我们把甲、乙、丙三个城市分别记作 1，2，3；棉被、饼干、饮用水三种物资分别记作 1，2，3，那么上面的信息可以用下列矩阵表示：

$$
\mathbf{A}=\begin{pmatrix} 3 & 5 & 4 \\ 3 & 3 & 2 \\ 5 & 3 & 4 \end{pmatrix},
$$

其中 a_{ij}(i，$j=1$，2，3)表示向第 i 个城市发放第 j 种救援物资的数量．

如果把第二天的发放情况(表 2.2)也用矩阵表示为

$$\boldsymbol{B}=\begin{pmatrix}2 & 3 & 7\\3 & 6 & 8\\0 & 4 & 5\end{pmatrix},$$

表 2.2　第二天物资发放情况表

城市	物资种类		
	棉被/万床	饼干/万箱	饮用水/万箱
甲	2	3	7
乙	3	6	8
丙	0	4	8

则前两天累计发放救援物资量见表 2.3.

表 2.3　前两天累计物资发放情况表

城市	物资种类		
	棉被/万床	饼干/万箱	饮用水/万箱
甲	5	8	11
乙	6	9	10
丙	5	7	9

可用矩阵表示为

$$\boldsymbol{C}=\begin{pmatrix}3+2 & 5+3 & 4+7\\3+3 & 3+6 & 2+8\\5+0 & 3+4 & 4+5\end{pmatrix}=\begin{pmatrix}5 & 8 & 11\\6 & 9 & 10\\5 & 7 & 9\end{pmatrix}.$$

从上面的例子我们不难理解下面给出的矩阵加法的定义．

定义 2.2　设 $\boldsymbol{A}=(a_{ij})_{m\times n}$，$\boldsymbol{B}=(b_{ij})_{m\times n}$ 为同型矩阵，则 $\boldsymbol{A}$ 与 $\boldsymbol{B}$ 的 $\boldsymbol{A}+\boldsymbol{B}$ 定义为

$$\boldsymbol{A}+\boldsymbol{B}=(a_{ij}+b_{ij})_{m\times n}=\begin{bmatrix}a_{11} & a_{12} & \cdots & a_{1n}\\a_{21} & a_{22} & \cdots & a_{2n}\\\vdots & \vdots & & \vdots\\a_{m1} & a_{m2} & \cdots & a_{mn}\end{bmatrix}+\begin{bmatrix}b_{11} & b_{12} & \cdots & b_{1n}\\b_{21} & b_{22} & \cdots & b_{2n}\\\vdots & \vdots & & \vdots\\b_{m1} & b_{m2} & \cdots & b_{mn}\end{bmatrix}$$

$$=\begin{bmatrix}a_{11}+b_{11} & a_{12}+b_{12} & \cdots & a_{1n}+b_{1n}\\a_{21}+b_{21} & a_{22}+b_{22} & \cdots & a_{2n}+b_{2n}\\\vdots & \vdots & & \vdots\\a_{m1}+b_{m1} & a_{m2}+b_{m2} & \cdots & a_{mn}+b_{mn}\end{bmatrix}.$$

容易验证矩阵的加法满足下述运算规律($\boldsymbol{A}$，$\boldsymbol{B}$，$\boldsymbol{C}$，$\boldsymbol{O}$ 均为同型矩阵)：

(1)加法交换律：$\boldsymbol{A}+\boldsymbol{B}=\boldsymbol{B}+\boldsymbol{A}$；

(2)加法结合律：$(\boldsymbol{A}+\boldsymbol{B})+\boldsymbol{C}=\boldsymbol{A}+(\boldsymbol{B}+\boldsymbol{C})$；

(3)零矩阵满足：$\boldsymbol{A}+\boldsymbol{O}=\boldsymbol{A}$；

由定义 2.2 可知，只有行数与列数分别相同的两个矩阵(即同型矩阵)才能相加，所以在进行矩阵加法的运算时，首先应检验两个矩阵的行数与列数是否相同，如果行数与列数都分别相同，则只要将两个矩阵的对应元素相加即可．

例 2.5 设 $\boldsymbol{A}=\begin{pmatrix}1 & 0 & 3\\ 2 & -5 & 0\end{pmatrix}$，$\boldsymbol{B}=\begin{pmatrix}0 & 0 & 4\\ 8 & -2 & 1\end{pmatrix}$，求 $\boldsymbol{A}+\boldsymbol{B}$.

解：因为矩阵 $\boldsymbol{A}$ 与 $\boldsymbol{B}$ 均是 2×3 矩阵，所以

$$\boldsymbol{A}+\boldsymbol{B}=\begin{pmatrix}1 & 0 & 3\\ 2 & -5 & 0\end{pmatrix}+\begin{pmatrix}0 & 0 & 4\\ 8 & -2 & 1\end{pmatrix}=\begin{pmatrix}1 & 0 & 7\\ 10 & -7 & 1\end{pmatrix}.$$

例 2.6 设 $\boldsymbol{O}=\begin{pmatrix}0 & 0\\ 0 & 0\\ 0 & 0\end{pmatrix}$，$\boldsymbol{A}=\begin{pmatrix}2 & 3\\ -1 & 0\\ 1 & 4\end{pmatrix}$，计算 $\boldsymbol{A}+\boldsymbol{O}$.

解：$\boldsymbol{A}+\boldsymbol{O}=\begin{pmatrix}2 & 3\\ -1 & 0\\ 1 & 4\end{pmatrix}+\begin{pmatrix}0 & 0\\ 0 & 0\\ 0 & 0\end{pmatrix}=\begin{pmatrix}2+0 & 3+0\\ -1+0 & 0+0\\ 1+0 & 4+0\end{pmatrix}=\begin{pmatrix}2 & 3\\ -1 & 0\\ 1 & 4\end{pmatrix}$.

2. 数与矩阵的乘法

在例 2.4 中，如果第三天发放的每种救援物资量都是第一天发放量的 3 倍，则很显然第三天发放的救援物资量可以用如下矩阵来表示：

$$\boldsymbol{D}=\begin{pmatrix}3\times3 & 3\times5 & 3\times4\\ 3\times3 & 3\times3 & 3\times2\\ 3\times5 & 3\times3 & 3\times4\end{pmatrix}=\begin{pmatrix}9 & 15 & 12\\ 9 & 9 & 6\\ 15 & 9 & 12\end{pmatrix}.$$

更一般地，有数与矩阵的乘法定义．

定义 2.3 设矩阵 $\boldsymbol{A}=(a_{ij})_{m\times n}$，$k$ 是一个实数，则 $k\boldsymbol{A}$ 是实数 k 乘以矩阵 $\boldsymbol{A}$ 的每一个元素而形成的矩阵，称为数与矩阵的乘法，简称**数乘矩阵**，记作 $k\boldsymbol{A}$，即

$$k\boldsymbol{A}=\begin{pmatrix}ka_{11} & ka_{12} & \cdots & ka_{1n}\\ ka_{21} & ka_{22} & \cdots & ka_{2n}\\ \vdots & \vdots & & \vdots\\ ka_{m1} & ka_{m2} & \cdots & ka_{mn}\end{pmatrix}.$$

特别地，$(-1)\boldsymbol{A}=-\boldsymbol{A}$，其中 $-\boldsymbol{A}=(-a_{ij})_{m\times n}$ 称为 $\boldsymbol{A}$ 的**负矩阵**．
显然

$$\boldsymbol{A}+(-\boldsymbol{A})=\boldsymbol{O}.$$

利用负矩阵，矩阵的减法可定义为

$$\boldsymbol{A}-\boldsymbol{B}=\boldsymbol{A}+(-\boldsymbol{B})=(a_{ij}-b_{ij})_{m\times n}.$$

很明显，数乘矩阵与数乘行列式不同．

根据定义容易验证，数与矩阵的乘法满足如下运算律(设 k、m 为实数，$\boldsymbol{A}$、$\boldsymbol{B}$ 为同型矩阵)：

(1)数对矩阵的分配律：$k(\boldsymbol{A}+\boldsymbol{B})=k\boldsymbol{A}+k\boldsymbol{B}$；

(2)矩阵对数的分配律：$(k+m)\boldsymbol{A}=k\boldsymbol{A}+m\boldsymbol{A}$；

(3)数乘矩阵的交换律：$k\boldsymbol{A}=\boldsymbol{A}k$；

(4)矩阵对数的结合律：$(km)\boldsymbol{A}=k(m\boldsymbol{A})$；

(5)左边是数 1：$1\cdot\boldsymbol{A}=\boldsymbol{A}$.

例 2.7 设 $\boldsymbol{A}=\begin{pmatrix}1 & -3\\0 & 2\\3 & 0\end{pmatrix}$，$\boldsymbol{B}=\begin{pmatrix}0 & 1\\1 & 2\\-3 & 3\end{pmatrix}$，计算 $2\boldsymbol{A}-3\boldsymbol{B}$.

解： $2\boldsymbol{A}-3\boldsymbol{B}=2\begin{pmatrix}1 & -3\\0 & 2\\3 & 0\end{pmatrix}-3\begin{pmatrix}0 & 1\\1 & 2\\-3 & 3\end{pmatrix}=\begin{pmatrix}2 & -6\\0 & 4\\6 & 0\end{pmatrix}-\begin{pmatrix}0 & 3\\3 & 6\\-9 & 9\end{pmatrix}=\begin{pmatrix}2 & -9\\-3 & -2\\15 & -9\end{pmatrix}$.

例 2.8 设 $\boldsymbol{O}=\begin{pmatrix}0 & 0 & 0\\0 & 0 & 0\end{pmatrix}$，$k=-2$，计算 $k\boldsymbol{A}$.

解： $k\boldsymbol{A}=(-2)\begin{pmatrix}0 & 0 & 0\\0 & 0 & 0\end{pmatrix}=\begin{pmatrix}-2\times0 & -2\times0 & -2\times0\\-2\times0 & -2\times0 & -2\times0\end{pmatrix}=\begin{pmatrix}0 & 0 & 0\\0 & 0 & 0\end{pmatrix}$.

同样地，若 $k\boldsymbol{A}=\boldsymbol{O}$，则必有 $k=0$ 或 $\boldsymbol{A}=\boldsymbol{O}$.

由例 2.6 和例 2.8 可知，零矩阵在矩阵代数中所起的作用类似于数 0 在普通代数中所起的作用.

例 2.9 已知 $\boldsymbol{A}=\begin{pmatrix}1 & 2 & -3\\4 & 2 & 5\end{pmatrix}$，$\boldsymbol{B}=\begin{pmatrix}-1 & 3 & 6\\2 & 1 & 4\end{pmatrix}$，求矩阵 $\boldsymbol{X}$，使 $3\boldsymbol{X}+\boldsymbol{B}=2\boldsymbol{A}$.

解： 将方程 $3\boldsymbol{X}+\boldsymbol{B}=2\boldsymbol{A}$ 两边同时加上 $-\boldsymbol{B}$ 得 $3\boldsymbol{X}=2\boldsymbol{A}-\boldsymbol{B}$，两边再同时乘以 $\frac{1}{3}$，则有

$$\begin{aligned}\boldsymbol{X}=\frac{1}{3}(2\boldsymbol{A}-\boldsymbol{B})&=\frac{1}{3}\left[2\begin{pmatrix}1 & 2 & -3\\4 & 2 & 5\end{pmatrix}-\begin{pmatrix}-1 & 3 & 6\\2 & 1 & 4\end{pmatrix}\right]\\&=\frac{1}{3}\begin{pmatrix}2 & 4 & -6\\8 & 4 & 10\end{pmatrix}-\begin{pmatrix}-1 & 3 & 6\\2 & 1 & 4\end{pmatrix}\\&=\frac{1}{3}\begin{pmatrix}3 & 1 & -12\\6 & 3 & 6\end{pmatrix}=\begin{pmatrix}1 & \frac{1}{3} & -4\\2 & 1 & 2\end{pmatrix}.\end{aligned}$$

应用矩阵的加法及数乘，线性方程组

$$\begin{cases}a_{11}x_1+a_{12}x_2+\cdots+a_{1n}x_n=b_1\\a_{21}x_1+a_{22}x_2+\cdots+a_{2n}x_n=b_2\\\cdots\cdots\cdots\cdots\cdots\cdots\cdots\cdots\cdots\\a_{m1}x_1+a_{m2}x_2+\cdots+a_{mn}x_n=b_m\end{cases},$$

可以表示成 $\boldsymbol{a}_1x_1+\boldsymbol{a}_2x_2+\cdots+\boldsymbol{a}_nx_n=\boldsymbol{b}$ 的形式，其中列矩阵

$$\boldsymbol{a}_j=\begin{bmatrix}a_{1j}\\a_{2j}\\\vdots\\a_{mj}\end{bmatrix}(j=1,\ 2,\ \cdots,\ n),\ \boldsymbol{b}=\begin{bmatrix}b_1\\b_2\\\vdots\\b_n\end{bmatrix}.$$

二、矩阵的乘法

在例 2.4 中，如果已知棉被的价格为 100 元/床，运费为 0.5 元/床；饼干的价格为 200 元/箱，运费为 0.5 元/箱；饮用水的价格为 20 元/箱，运费为 0.3 元/箱．我们可以把上面的价格和运费用一个矩阵表示为

$$\boldsymbol{P}=\begin{pmatrix}100 & 0.5\\ 200 & 0.5\\ 20 & 0.3\end{pmatrix},$$

第一天发放的三种物资量为

$$\boldsymbol{A}=\begin{pmatrix}3 & 5 & 4\\ 3 & 3 & 2\\ 5 & 3 & 4\end{pmatrix},$$

显然，第一天慈善机构向甲城市发放的物资价值为

$$3\times100+5\times200+4\times20=1380(\text{元}),$$

运费为

$$3\times0.5+5\times0.5+4\times0.3=5.2(\text{元}).$$

用同样的方法可以算出向乙、丙两个城市发放的救援物资价值和运费．这样，慈善机构第一天向三个城市发放救援物资的价值和运费写成矩阵的形式为

$$\begin{aligned}\boldsymbol{AP}&=\begin{pmatrix}3 & 5 & 4\\ 3 & 3 & 2\\ 5 & 3 & 4\end{pmatrix}\begin{pmatrix}100 & 0.5\\ 200 & 0.5\\ 20 & 0.3\end{pmatrix}\\ &=\begin{pmatrix}3\times100+5\times200+4\times20 & 3\times0.5+5\times0.5+4\times0.3\\ 3\times100+3\times200+2\times20 & 3\times0.5+3\times0.5+2\times0.3\\ 5\times100+3\times200+4\times20 & 5\times0.5+3\times0.5+4\times0.3\end{pmatrix}\\ &=\begin{pmatrix}1380 & 5.2\\ 940 & 3.6\\ 1180 & 5.2\end{pmatrix}.\end{aligned}$$

由此引出矩阵乘法的定义．

定义 2.4 设矩阵 $\boldsymbol{A}$ 的列数等于矩阵 $\boldsymbol{B}$ 的行数，$\boldsymbol{A}=(a_{ij})_{m\times s}$，$\boldsymbol{B}=(b_{ij})_{s\times n}$，定义矩阵 $\boldsymbol{C}=(c_{ij})_{m\times n}$ 为矩阵 $\boldsymbol{A}$ 与 $\boldsymbol{B}$ 的乘积，记作 $\boldsymbol{C}=\boldsymbol{AB}$，其中

$$c_{ij}=a_{i1}b_{1j}+a_{i2}b_{2j}+\cdots+a_{is}b_{sj}=\sum_{k=1}^{s}a_{ik}b_{kj}\,(i=1,2,\cdots,m;j=1,2,\cdots,n),$$

即 c_{ij} 为 $\boldsymbol{A}$ 的第 i 行元素与 $\boldsymbol{B}$ 的第 j 列对应元素乘积之和．

从定义 2.4 可知，计算 $\boldsymbol{AB}$ 的法则的要点是：

(1)$\boldsymbol{A}$ 的列数等于 $\boldsymbol{B}$ 的行数时，$\boldsymbol{AB}$ 才有意义，且 $\boldsymbol{AB}$ 的行数等于 $\boldsymbol{A}$ 的行数，$\boldsymbol{AB}$ 的列数等于 $\boldsymbol{B}$ 的列数，可用下列式子来帮助记忆：

$$\underset{m\times s}{\boldsymbol{A}}\times\underset{s\times n}{\boldsymbol{B}}=\underset{m\times n}{\boldsymbol{C}}.$$

(2)$\boldsymbol{AB}$ 中元 c_{ij} 由左边矩阵 A 的第 i 行各元素与右边矩阵 B 的第 j 列的对应元素的乘积

的和所确定，即

$$c_{ij}=(a_{i1}\quad a_{i2}\quad \cdots \quad a_{is})\begin{pmatrix}b_{1j}\\b_{2j}\\\vdots\\b_{sj}\end{pmatrix}=a_{i1}b_{1j}+a_{i2}b_{2j}+\cdots+a_{is}b_{sj},$$

$$(i=1, 2, \cdots, m;\ j=1, 2, \cdots, n).$$

例 2.10 设 $\boldsymbol{A}=(3\quad 1\quad 0)$，$\boldsymbol{B}=\begin{pmatrix}2&1\\-4&0\\-3&5\end{pmatrix}$，求 $\boldsymbol{AB}$.

解： $\boldsymbol{AB}=(3\quad 1\quad 0)\begin{pmatrix}2&1\\-4&0\\-3&5\end{pmatrix}$

$$=(3\times2+1\times(-4)+0\times(-3)\quad 3\times1+1\times0+0\times5)=(2\quad 3).$$

注意： $\boldsymbol{BA}$ 没有意义，因为 $\boldsymbol{B}$ 的列数不等于 $\boldsymbol{A}$ 的行数，$\boldsymbol{BA}$ 不可进行运算．

例 2.11 设 $\boldsymbol{A}=\begin{pmatrix}1&2&3\\2&0&1\end{pmatrix}$，$\boldsymbol{B}=\begin{pmatrix}-2&1\\1&0\\0&-2\end{pmatrix}$，求 $\boldsymbol{AB}$，$\boldsymbol{BA}$.

解： $\boldsymbol{AB}=\begin{pmatrix}1&2&3\\2&0&1\end{pmatrix}\begin{pmatrix}-2&1\\1&0\\0&-2\end{pmatrix}$

$$=\begin{pmatrix}1\times(-2)+2\times1+3\times0 & 1\times1+2\times0+3\times(-2)\\2\times(-2)+0\times1+1\times0 & 2\times1+0\times0+1\times(-2)\end{pmatrix}=\begin{pmatrix}0&-5\\-4&0\end{pmatrix}$$

$$\boldsymbol{BA}=\begin{pmatrix}-2&1\\1&0\\0&-2\end{pmatrix}\begin{pmatrix}1&2&3\\2&0&1\end{pmatrix}$$

$$=\begin{pmatrix}(-2)\times1+1\times2 & (-2)\times2+1\times0 & (-2)\times3+1\times1\\1\times1+0\times2 & 1\times2+0\times0 & 1\times3+0\times1\\0\times1+(-2)\times2 & 0\times2+(-2)\times0 & 0\times3+(-2)\times1\end{pmatrix}=\begin{pmatrix}0&-4&-5\\1&2&3\\-4&0&-2\end{pmatrix}$$

例 2.11 说明，即使 $\boldsymbol{AB}$ 和 $\boldsymbol{BA}$ 都有意义，但 $\boldsymbol{AB}$ 是二阶方阵，$\boldsymbol{BA}$ 是三阶方阵，$\boldsymbol{AB}\neq\boldsymbol{BA}$.

例 2.12 设 $\boldsymbol{A}=\begin{pmatrix}2&4\\-3&-6\end{pmatrix}$，$\boldsymbol{B}=\begin{pmatrix}-2&4\\1&-2\end{pmatrix}$，求 $\boldsymbol{AB}$，$\boldsymbol{BA}$.

解： $\boldsymbol{AB}=\begin{pmatrix}2&4\\-3&-6\end{pmatrix}\begin{pmatrix}-2&4\\1&-2\end{pmatrix}=\begin{pmatrix}0&0\\0&0\end{pmatrix}$，

$$\boldsymbol{BA}=\begin{pmatrix}-2&4\\1&-2\end{pmatrix}\begin{pmatrix}2&4\\-3&-6\end{pmatrix}=\begin{pmatrix}-16&-32\\8&16\end{pmatrix}.$$

由例 2.11 和例 2.12 可以看出，**矩阵的乘法一般不满足交换律**．但并不是任何两个矩阵相乘都不可以交换，如下面的例 2.13，两个矩阵相乘就可以交换．但作为统一的运算法则，矩阵乘法交换律是不成立的．

由例 2.12 还附带看出，**两个非零矩阵相乘，可能是零矩阵**，从而不能从 $\boldsymbol{AB}=\boldsymbol{O}$ 必然

推出 $\boldsymbol{A}=\boldsymbol{O}$ 或 $\boldsymbol{B}=\boldsymbol{O}$.

例 2.13 设 $\boldsymbol{A}=\begin{pmatrix}2&5\\1&3\end{pmatrix}$，$\boldsymbol{B}=\begin{pmatrix}3&-5\\-1&2\end{pmatrix}$，求 $\boldsymbol{AB}$，$\boldsymbol{BA}$.

解：$\boldsymbol{AB}=\begin{pmatrix}2&5\\1&3\end{pmatrix}\begin{pmatrix}3&-5\\-1&2\end{pmatrix}=\begin{pmatrix}1&0\\0&1\end{pmatrix}$，

$\boldsymbol{BA}=\begin{pmatrix}3&-5\\-1&2\end{pmatrix}\begin{pmatrix}2&5\\1&3\end{pmatrix}=\begin{pmatrix}1&0\\0&1\end{pmatrix}$.

显然 $\boldsymbol{AB}=\boldsymbol{BA}$.

如果两矩阵 $\boldsymbol{A}$ 与 $\boldsymbol{B}$ 相乘，也有 $\boldsymbol{AB}=\boldsymbol{BA}$，则称矩阵 $\boldsymbol{A}$ 与矩阵 $\boldsymbol{B}$ 是**可交换矩阵**.

例 2.14 已知 $\boldsymbol{A}=\begin{pmatrix}a&a\\-a&-a\end{pmatrix}$，$\boldsymbol{B}=\begin{pmatrix}b&-b\\-b&b\end{pmatrix}$，$\boldsymbol{C}=\begin{pmatrix}k&0\\0&k\end{pmatrix}$，求 $\boldsymbol{AB}$，$\boldsymbol{BC}$ 与 $\boldsymbol{CB}$.

解：$\boldsymbol{AB}=\begin{pmatrix}a&a\\-a&-a\end{pmatrix}\begin{pmatrix}b&-b\\-b&b\end{pmatrix}=\begin{pmatrix}0&0\\0&0\end{pmatrix}$，

$\boldsymbol{BC}=\begin{pmatrix}b&-b\\-b&b\end{pmatrix}\begin{pmatrix}k&0\\0&k\end{pmatrix}=\begin{pmatrix}kb&-kb\\-kb&kb\end{pmatrix}$，

$\boldsymbol{CB}=\begin{pmatrix}k&0\\0&k\end{pmatrix}\begin{pmatrix}b&-b\\-b&b\end{pmatrix}=\begin{pmatrix}kb&-kb\\-kb&kb\end{pmatrix}$.

在此例中，两个非零矩阵 $\boldsymbol{A}$ 与 $\boldsymbol{B}$ 的乘积矩阵 $\boldsymbol{AB}$ 为零矩阵，这时称 $\boldsymbol{B}$ 是 $\boldsymbol{A}$ 的右零因子，$\boldsymbol{A}$ 是 $\boldsymbol{B}$ 的左零因子．由于 $\boldsymbol{a}$，$\boldsymbol{b}$ 可以取不同的实数，所以一个非零矩阵的右零因子与左零因子可以是不唯一的，这种现象在数的乘法中是不可能出现的，这说明矩阵的乘法运算不同于数的乘法运算．此外，由于 $\boldsymbol{BC}=\boldsymbol{CB}$，说明一个**数量矩阵可以与任何的同阶方阵交换**.

例 2.15 设 $\boldsymbol{A}=\begin{pmatrix}2&0&0\\0&2&0\end{pmatrix}$，$\boldsymbol{B}=\begin{pmatrix}1&0\\0&1\\1&0\end{pmatrix}$，$\boldsymbol{C}=\begin{pmatrix}1&0\\0&1\\0&0\end{pmatrix}$，求 $\boldsymbol{AB}$，$\boldsymbol{AC}$.

解：$\boldsymbol{AB}=\begin{pmatrix}2&0&0\\0&2&0\end{pmatrix}\begin{pmatrix}1&0\\0&1\\1&0\end{pmatrix}=\begin{pmatrix}2&0\\0&2\end{pmatrix}$，

$\boldsymbol{AC}=\begin{pmatrix}2&0&0\\0&2&0\end{pmatrix}\begin{pmatrix}1&0\\0&1\\0&0\end{pmatrix}=\begin{pmatrix}2&0\\0&2\end{pmatrix}$.

由此例可见，当 $\boldsymbol{AB}=\boldsymbol{AC}$ 时，矩阵 $\boldsymbol{B}$ 不一定等于矩阵 $\boldsymbol{C}$，**即矩阵乘法一般不满足消去律**．这是因为两个矩阵相乘表示的是两个数表相乘，它不同于两个数相乘，反映在运算律上也有一定的差异．但矩阵的乘法运算与数的乘法运算也有相同或类似的运算律．

读者可以直接验证，矩阵乘法满足下述运算规律：

(1)结合律：$(\boldsymbol{AB})\boldsymbol{C}=\boldsymbol{A}(\boldsymbol{BC})$；

(2)数乘结合律：$k(\boldsymbol{AB})=(k\boldsymbol{A})\boldsymbol{B}=\boldsymbol{A}(k\boldsymbol{B})$，其中 $\boldsymbol{A}$ 为实常数；

(3)分配律：$\boldsymbol{A}(\boldsymbol{B}+\boldsymbol{C})=\boldsymbol{AB}+\boldsymbol{AC}$，$(\boldsymbol{B}+\boldsymbol{C})\boldsymbol{A}=\boldsymbol{BA}+\boldsymbol{CA}$；

(4)单位矩阵在矩阵代数中的作用类似于数 1 在普通代数中所起的作用：

$$A_{m\times n}E_n=A_{m\times n},\ E_mA_{m\times n}=A_{m\times n},$$

特别地，当 $\boldsymbol{A}$ 为 n 阶方阵时，有 $\boldsymbol{AE}=\boldsymbol{EA}=\boldsymbol{A}$.

例 2.16(生产成本问题)

某工厂生产三种产品．每种产品的原料费、工资、管理费等见表 2.4，每季度生产每种产品的数量见表 2.5.

表 2.4　生产单位产品的成本　　美元

成本	产品		
	A	B	C
原料费	0.10	0.30	0.15
工资	0.30	0.40	0.25
管理费和其他	0.10	0.20	0.15

表 2.5　每季度产量

产品	季度			
	夏季	秋季	冬季	春季
A	4 000	4 500	4 500	4 000
B	2 000	2 600	2 400	2 200
C	5 800	6 200	6 000	6 000

该公司希望在股东会议上用一个表格展示出：

(1)每一季度中每类成本的数量；

(2)每一季度三类成本的总数量；

(3)四个季度每类成本的总数量．

解：我们用矩阵的方法考虑这个问题．这两个表格的每一个均可表示为一个矩阵

$$\boldsymbol{M}=\begin{pmatrix}0.10 & 0.30 & 0.15\\ 0.30 & 0.40 & 0.25\\ 0.10 & 0.20 & 0.15\end{pmatrix}\quad \boldsymbol{P}=\begin{pmatrix}4\,000 & 4\,500 & 4\,500 & 4\,000\\ 2\,000 & 2\,600 & 2\,400 & 2\,200\\ 5\,800 & 6\,200 & 6\,000 & 6\,000\end{pmatrix}$$

计算 $\boldsymbol{MP}$ 得

$$\boldsymbol{MP}=\begin{pmatrix}1\,870 & 2\,160 & 2\,070 & 1\,960\\ 3\,450 & 3\,940 & 3\,810 & 3\,580\\ 1\,670 & 1\,900 & 1\,830 & 1\,740\end{pmatrix},$$

$\boldsymbol{MP}$ 中的每一个元素分别表示每个季度每一类成本的数量．

$\boldsymbol{MP}$ 的第一列表示夏季生产三种产品的总成本，$\boldsymbol{MP}$ 的第二列表示秋季生产三种产品

的总成本，**MP** 的第三列表示冬季生产三种产品的总成本，**MP** 第四列表示春季生产三种产品的总成本.

MP 第一行元素表示四个季度中每一季度原料的总成本，第二行元素表示四个季度中每一季度工资的总成本，第三行元素表示四个季度中每一季度管理的总成本.

例 2.17 试用矩阵乘法表示线性方程组

$$\begin{cases} a_{11}x_1+a_{12}x_2+\cdots+a_{1n}x_n=b_1 \\ a_{21}x_1+a_{22}x_2+\cdots+a_{2n}x_n=b_2 \\ \cdots\cdots\cdots\cdots\cdots\cdots\cdots\cdots\cdots\cdots \\ a_{m1}x_1+a_{m2}x_2+\cdots+a_{mn}x_n=b_m \end{cases}.$$

解：记 $\boldsymbol{A}=\begin{pmatrix} a_{11} & a_{12} & \cdots & a_{1n} \\ a_{21} & a_{22} & \cdots & a_{2n} \\ \vdots & \vdots & & \vdots \\ a_{m1} & a_{m2} & \cdots & a_{mn} \end{pmatrix}$，$\boldsymbol{x}=\begin{pmatrix} x_1 \\ x_2 \\ \vdots \\ x_n \end{pmatrix}$，$\boldsymbol{b}=\begin{pmatrix} b_1 \\ b_2 \\ \vdots \\ b_n \end{pmatrix}$

分别称为线性方程组的系数矩阵、未知量列矩阵、常数列矩阵，则由矩阵乘法及矩阵相等的定义，该线性方程组可以表示为 $\begin{pmatrix} a_{11} & a_{12} & \cdots & a_{1n} \\ a_{21} & a_{22} & \cdots & a_{2n} \\ \vdots & \vdots & & \vdots \\ a_{m1} & a_{m2} & \cdots & a_{mn} \end{pmatrix}\begin{pmatrix} x_1 \\ x_2 \\ \vdots \\ x_n \end{pmatrix}=\begin{pmatrix} b_1 \\ b_2 \\ \vdots \\ b_n \end{pmatrix}$，或简记为 $\boldsymbol{Ax}=\boldsymbol{b}$.

一般地，对于 s 个矩阵 A_1，A_2，…，A_s，只要前一个矩阵的列数等于后一个相邻矩阵的行数，就可以把它们依次相乘，特别地，对于 n 阶方阵 $\boldsymbol{A}$，规定 $\boldsymbol{A}^k=\underbrace{\boldsymbol{AAAA}\cdots\boldsymbol{A}}_{k个}$（其中 k 为正整数），称 $\boldsymbol{A}^k$ **为** $\boldsymbol{A}$ **的** k **次幂或** $\boldsymbol{A}$ **的** k **次方**. 约定 $\boldsymbol{A}^0=\boldsymbol{E}$，且有

$$\boldsymbol{A}^m\boldsymbol{A}^k=\boldsymbol{A}^{m+k}，(\boldsymbol{A}^m)^k=\boldsymbol{A}^{mk}（其中 m、k 为正整数）.$$

因为矩阵乘法一般不满足交换律，所以对于两个 n 阶矩阵 $\boldsymbol{A}$ 与 $\boldsymbol{B}$，一般 $(\boldsymbol{AB})^k\neq\boldsymbol{A}^k\boldsymbol{B}^k$.

例 2.18(婚姻状况)

美国某个城镇中，每年有 30% 的已婚女性离婚，20% 的单身女性结婚. 城镇中有 8000 位已婚女性和 2000 位单身女性. 假设所有女性的总数为一常数，一年后有多少已婚女性和单身女性呢？2 年后呢？

解：可构造矩阵 $\boldsymbol{A}$：第一行元素分别为 1 年后仍处于婚姻状态的已婚女性和已婚的单身女性的百分比. 第二行元素分别为 1 年后离婚的已婚女性和未婚的单身女性的百分比. 因此

$$\boldsymbol{A}=\begin{pmatrix} 0.7 & 0.2 \\ 0.3 & 0.8 \end{pmatrix}，令 \boldsymbol{x}=\begin{pmatrix} 8000 \\ 2000 \end{pmatrix},$$

一年后已婚女性和单身女性人数可以用 $\boldsymbol{A}$ 乘以 $\boldsymbol{x}$ 计算，

$$\boldsymbol{Ax}=\begin{pmatrix} 0.7 & 0.2 \\ 0.3 & 0.8 \end{pmatrix}\begin{pmatrix} 8000 \\ 2000 \end{pmatrix}=\begin{pmatrix} 6000 \\ 4000 \end{pmatrix},$$

一年后将有 6000 位已婚女性和 4000 位单身女性.

要求两年后已婚女性和单身女性人数的数量，计算

$$A^2 x=A(Ax)=\begin{pmatrix}0.7 & 0.2\\0.3 & 0.8\end{pmatrix}\begin{pmatrix}6000\\4000\end{pmatrix}=\begin{pmatrix}5000\\5000\end{pmatrix}.$$

一般地，n 年后已婚女性和单身女性人数的数量为 $A^n x$.

三、矩阵的转置

定义 2.5 矩阵 A 的行与列互换，并且不改变原来行、列中各元素的顺序得到的矩阵称为 A 的**转置矩阵**，记作 A^{T} 或 A'.

即

$$\text{若 } A=\begin{bmatrix}a_{11} & a_{12} & \cdots & a_{1n}\\a_{21} & a_{22} & \cdots & a_{2n}\\\vdots & \vdots & & \vdots\\a_{m1} & a_{m2} & \cdots & a_{mn}\end{bmatrix}_{m\times n}，\text{则 } A^{\mathrm{T}}=\begin{bmatrix}a_{11} & a_{21} & \cdots & a_{m1}\\a_{12} & a_{22} & \cdots & a_{m2}\\\vdots & \vdots & & \vdots\\a_{1n} & a_{2n} & \cdots & a_{mn}\end{bmatrix}_{n\times m}.$$

由对称矩阵定义可知，对称矩阵 A 满足 $A^{\mathrm{T}}=A$. 而反对称矩阵 $A^{\mathrm{T}}=-A$，矩阵的转置也是一种运算，满足下述运算规律(假设运算都是可行的)：

(1) $(A^{\mathrm{T}})^{\mathrm{T}}=A$；

(2) $(A+B)^{\mathrm{T}}=A^{\mathrm{T}}+B^{\mathrm{T}}$；

(3) $(kA)^{\mathrm{T}}=kA^{\mathrm{T}}$；

(4) $(AB)^{\mathrm{T}}=B^{\mathrm{T}}A^{\mathrm{T}}$.

例 2.19 已知 $A=\begin{pmatrix}2 & 0 & -1\\1 & 3 & 2\end{pmatrix}$，$B=\begin{pmatrix}1 & 7 & -1\\4 & 2 & 3\\2 & 0 & 1\end{pmatrix}$，求 $(AB)^{\mathrm{T}}$.

解法 1：$AB=\begin{pmatrix}2 & 0 & -1\\1 & 3 & 2\end{pmatrix}\begin{pmatrix}1 & 7 & -1\\4 & 2 & 3\\2 & 0 & 1\end{pmatrix}=\begin{pmatrix}0 & 14 & -3\\17 & 13 & 10\end{pmatrix}$，

所以 $(AB)^{\mathrm{T}}=\begin{pmatrix}0 & 17\\14 & 13\\-3 & 10\end{pmatrix}$.

解法 2：$(AB)^{\mathrm{T}}=B^{\mathrm{T}}A^{\mathrm{T}}=\begin{pmatrix}1 & 4 & 2\\7 & 2 & 0\\-1 & 3 & 1\end{pmatrix}\begin{pmatrix}2 & 1\\0 & 3\\-1 & 2\end{pmatrix}=\begin{pmatrix}0 & 17\\14 & 13\\-3 & 10\end{pmatrix}$.

四、方阵的行列式

定义 2.6 由 n 阶方阵 A 的元素所构成的行列式(各元素的位置不变)，称为**方阵 A 的行列式**，记作 $|A|$ 或 $\det(A)$.

如 n 阶单位方阵 E_n 的行列式

$$|\boldsymbol{E}_n| = \begin{vmatrix} 1 & 0 & \cdots & 0 \\ 0 & 1 & \cdots & 0 \\ \vdots & \vdots & & \vdots \\ 0 & 0 & \cdots & 1 \end{vmatrix} = 1.$$

方阵的行列式满足下述运算规律(设 $\boldsymbol{A}$，$\boldsymbol{B}$ 为 n 阶方阵，k 为实数)：

(1) $|\boldsymbol{A}^{\mathrm{T}}| = |\boldsymbol{A}|$；

(2) $|k\boldsymbol{A}| = k^n |\boldsymbol{A}|$；

(3) $|\boldsymbol{AB}| = |\boldsymbol{A}||\boldsymbol{B}|$.

例 2.20 设 $\boldsymbol{A}$ 为 2 阶方阵，$|\boldsymbol{A}|=4$，$k=3$，求 $|k\boldsymbol{A}|$，$||\boldsymbol{A}|\boldsymbol{A}|$.

解： $|k\boldsymbol{A}| = k^2|\boldsymbol{A}| = 3^2|\boldsymbol{A}| = 3^2\times 4 = 36$；

$||\boldsymbol{A}|\boldsymbol{A}| = |4\boldsymbol{A}| = 4^2|\boldsymbol{A}| = 4^2\times 4 = 64$.

第三节　逆矩阵

由数的运算律知，当数 $a\neq 0$ 时，存在唯一实数 a^{-1}，使 $aa^{-1}=a^{-1}a=1$. 利用这个运算律，可以求解一次方程 $ax=b(a\neq 0)$的解为 $x=a^{-1}b$. 那么，矩阵有没有类似的运算呢？也就是说，对非零矩阵 $\boldsymbol{A}$，是否存在矩阵 $\boldsymbol{A}^{-1}$，它起着“除数”的作用，使得矩阵方程$\boldsymbol{AX}=\boldsymbol{B}$的解也可表示 $\boldsymbol{X}=\boldsymbol{A}^{-1}\boldsymbol{B}$ 呢？为了探讨此问题，本节引入逆矩阵 $\boldsymbol{A}^{-1}$ 的定义，并讨论逆矩阵的性质、逆矩阵存在的条件以及求逆矩阵的方法．逆矩阵在矩阵代数中所起的作用类似于倒数在实数运算中所起的作用．所以，逆矩阵在矩阵理论和应用中都起着重要的作用．

矩阵运算的应用

一、逆矩阵的概念及性质

定义 2.7 对于 n 阶方阵 $\boldsymbol{A}$，如果存在 n 阶方阵 $\boldsymbol{B}$，满足

$$\boldsymbol{AB}=\boldsymbol{BA}=\boldsymbol{E},$$

则称矩阵 $\boldsymbol{A}$ 为**可逆矩阵**，简称 $\boldsymbol{A}$ 可逆．这时称 $\boldsymbol{B}$ 为 $\boldsymbol{A}$ 的**逆矩阵**，记作 $\boldsymbol{A}^{-1}$，且 $\boldsymbol{A}^{-1}=\boldsymbol{B}$，于是 $\boldsymbol{AA}^{-1}=\boldsymbol{A}^{-1}\boldsymbol{A}=\boldsymbol{E}$. 因为定义中 $\boldsymbol{A}$ 与 $\boldsymbol{B}$ 的地位是等同的，所以也称 $\boldsymbol{A}$ 是 $\boldsymbol{B}$ 的逆矩阵，且 $\boldsymbol{B}^{-1}=\boldsymbol{A}$. 所以通常称 $\boldsymbol{A}$、$\boldsymbol{B}$ **互为逆矩阵**，或 $\boldsymbol{A}$、$\boldsymbol{B}$ **互逆**．

例如，因为 $\begin{pmatrix}1 & 2\\ 2 & 3\end{pmatrix}\begin{pmatrix}-3 & 2\\ 2 & -1\end{pmatrix} = \begin{pmatrix}-3 & 2\\ 2 & -1\end{pmatrix}\begin{pmatrix}1 & 2\\ 2 & 3\end{pmatrix} = \begin{pmatrix}1 & 0\\ 0 & 1\end{pmatrix}$，则 $\begin{pmatrix}1 & 2\\ 2 & 3\end{pmatrix}$ 与 $\begin{pmatrix}-3 & 2\\ 2 & -1\end{pmatrix}$互为逆矩阵，即有

$$\begin{pmatrix}1 & 2\\ 2 & 3\end{pmatrix}^{-1} = \begin{pmatrix}-3 & 2\\ 2 & -1\end{pmatrix}\text{及}\begin{pmatrix}-3 & 2\\ 2 & -1\end{pmatrix}^{-1} = \begin{pmatrix}1 & 2\\ 2 & 3\end{pmatrix}.$$

定义 2.8 若方阵 $\boldsymbol{A}$ 可逆，则称 $\boldsymbol{A}$ 是**非奇异矩阵**；反之，若矩阵 $\boldsymbol{A}$ 不可逆，则称 $\boldsymbol{A}$ 是**奇异矩阵**.

例 2.21 设 $\boldsymbol{A}=\begin{pmatrix}2&0\\0&3\end{pmatrix}$，求矩阵 $\boldsymbol{A}$ 的逆矩阵 $\boldsymbol{A}^{-1}$.

解：因为 $\begin{pmatrix}2&0\\0&3\end{pmatrix}\begin{pmatrix}\frac{1}{2}&0\\0&\frac{1}{3}\end{pmatrix}=\begin{pmatrix}\frac{1}{2}&0\\0&\frac{1}{3}\end{pmatrix}\begin{pmatrix}2&0\\0&3\end{pmatrix}=\begin{pmatrix}1&0\\0&1\end{pmatrix}$，所以 $\boldsymbol{A}^{-1}=\begin{pmatrix}\frac{1}{2}&0\\0&\frac{1}{3}\end{pmatrix}$.

即此时，$\boldsymbol{AA}^{-1}=\boldsymbol{A}^{-1}\boldsymbol{A}=\boldsymbol{E}$.

例 2.22 设对角矩阵 $\boldsymbol{A}=\begin{pmatrix}a_{11}&&&\\&a_{22}&&\\&&\ddots&\\&&&a_{nn}\end{pmatrix}$ 满足 $a_{ii}\neq 0(i=1,2\cdots,n)$，可以验证其逆矩阵存在，为 $\boldsymbol{A}^{-1}=\begin{pmatrix}a_{11}^{-1}&&&\\&a_{22}^{-1}&&\\&&\ddots&\\&&&a_{nn}^{-1}\end{pmatrix}$，所以 $\boldsymbol{A}$ 是非奇异矩阵.

由此例可知，对角矩阵若有逆，它的逆矩阵仍为同阶对角矩阵.

利用逆矩阵的定义容易验证，逆矩阵满足下列性质：

(1)可逆矩阵的逆矩阵是唯一的；

(2)可逆矩阵 $\boldsymbol{A}$ 的逆矩阵 $\boldsymbol{A}^{-1}$ 也可逆，并且 $(\boldsymbol{A}^{-1})^{-1}=\boldsymbol{A}$；

(3)若 n 阶方阵 $\boldsymbol{A}$、$\boldsymbol{B}$ 均可逆，则 $\boldsymbol{AB}$ 也可逆，并且 $(\boldsymbol{AB})^{-1}=\boldsymbol{B}^{-1}\boldsymbol{A}^{-1}$；

(4)可逆矩阵 $\boldsymbol{A}$ 的转置矩阵 $\boldsymbol{A}^{\mathrm{T}}$ 也可逆，并且 $(\boldsymbol{A}^{\mathrm{T}})^{-1}=(\boldsymbol{A}^{-1})^{\mathrm{T}}$；

(5)非零常数 k 与可逆矩阵 $\boldsymbol{A}$ 的乘积 $k\boldsymbol{A}$ 也可逆，并且 $(k\boldsymbol{A})^{-1}=\frac{1}{k}\boldsymbol{A}^{-1}$；

(6)可逆矩阵 $\boldsymbol{A}$ 的逆矩阵 $\boldsymbol{A}^{-1}$ 的行列式 $|\boldsymbol{A}^{-1}|=|\boldsymbol{A}|^{-1}=\frac{1}{|\boldsymbol{A}|}$.

例 2.23 证明：若 $\boldsymbol{A}$ 是可逆的对称矩阵，则 $\boldsymbol{A}^{-1}$ 也是对称矩阵；若 $\boldsymbol{A}$ 是可逆的反对称矩阵，则 $\boldsymbol{A}^{-1}$ 也是反对称矩阵.

证明：因为若 $\boldsymbol{A}$ 是对称矩阵，则 $\boldsymbol{A}=\boldsymbol{A}^{\mathrm{T}}$，所以 $(\boldsymbol{A}^{-1})^{\mathrm{T}}=(\boldsymbol{A}^{\mathrm{T}})^{-1}=\boldsymbol{A}^{-1}$，即 $\boldsymbol{A}^{-1}$ 是对称矩阵.

又因为若 $\boldsymbol{A}$ 是反对称矩阵，则 $\boldsymbol{A}=-\boldsymbol{A}^{\mathrm{T}}$，所以 $(\boldsymbol{A}^{-1})^{\mathrm{T}}=(\boldsymbol{A}^{\mathrm{T}})^{-1}=(-\boldsymbol{A})^{-1}=-\boldsymbol{A}^{-1}$，即 $\boldsymbol{A}^{-1}$ 是反对称矩阵.

二、矩阵可逆的条件

要直接求一个矩阵的逆矩阵比较麻烦，如何简单地判断一个矩阵是否可逆，若可逆，怎样求得其逆矩阵呢？为此先引入伴随矩阵的概念.

定义 2.9 设 n 阶方阵

$$\boldsymbol{A}=\begin{pmatrix} a_{11} & a_{12} & \cdots & a_{1n} \\ a_{21} & a_{22} & \cdots & a_{2n} \\ \vdots & \vdots & & \vdots \\ a_{n1} & a_{n2} & \cdots & a_{nn} \end{pmatrix},$$

由 $\boldsymbol{A}$ 的行列式 $|\boldsymbol{A}|$ 中元素 a_{ij} 的代数余子式 $\boldsymbol{A}_{ij}$ $(i, j=1, 2, \cdots, n)$ 构成的一个 n 阶方阵，记为 $\boldsymbol{A}^*$，

$$\boldsymbol{A}^*=\begin{pmatrix} \boldsymbol{A}_{11} & \boldsymbol{A}_{21} & \cdots & \boldsymbol{A}_{n1} \\ \boldsymbol{A}_{12} & \boldsymbol{A}_{22} & \cdots & \boldsymbol{A}_{n2} \\ \vdots & \vdots & & \vdots \\ \boldsymbol{A}_{1n} & \boldsymbol{A}_{2n} & \cdots & \boldsymbol{A}_{nn} \end{pmatrix}$$

称 $\boldsymbol{A}^*$ 为 $\boldsymbol{A}$ 的**伴随矩阵**.

对于 $|\boldsymbol{A}|$ 中元素 a_{ij} 的代数余子式 $\boldsymbol{A}_{ij}$，由于

$$a_{i1}\boldsymbol{A}_{j1}+a_{i2}\boldsymbol{A}_{j2}+\cdots+a_{in}\boldsymbol{A}_{jn}=\begin{cases} |\boldsymbol{A}|, & i=j \\ 0, & i\neq j \end{cases},$$

$$a_{1i}\boldsymbol{A}_{1j}+a_{2i}\boldsymbol{A}_{2j}+\cdots+a_{ni}\boldsymbol{A}_{nj}=\begin{cases} |\boldsymbol{A}|, & i=j \\ 0, & i\neq j \end{cases}.$$

所以

$$\boldsymbol{A}\boldsymbol{A}^*=\boldsymbol{A}^*\boldsymbol{A}=\begin{pmatrix} |\boldsymbol{A}| & & & \\ & |\boldsymbol{A}| & & \\ & & \ddots & \\ & & & |\boldsymbol{A}| \end{pmatrix}=|\boldsymbol{A}|\boldsymbol{E},$$

因此，只要 $|\boldsymbol{A}|\neq 0$，就有

$$\boldsymbol{A}\cdot\frac{\boldsymbol{A}^*}{|\boldsymbol{A}|}=\frac{\boldsymbol{A}^*}{|\boldsymbol{A}|}\boldsymbol{A}=\boldsymbol{E},$$

于是有下面定理.

定理 2.1 n 阶方阵 $\boldsymbol{A}$ 可逆的充分必要条件是行列式 $|\boldsymbol{A}|\neq 0$（或 $\boldsymbol{A}$ 为非奇异矩阵），且当 $\boldsymbol{A}$ 可逆时，$\boldsymbol{A}$ 的逆矩阵为

$$\boldsymbol{A}^{-1}=\frac{1}{|\boldsymbol{A}|}\boldsymbol{A}^*.$$

证明：充分性 由于 $\boldsymbol{A}\boldsymbol{A}^*=\boldsymbol{A}^*\boldsymbol{A}=|\boldsymbol{A}|\boldsymbol{E}$，又 $|\boldsymbol{A}|\neq 0$，故

$$\boldsymbol{A}\cdot\frac{\boldsymbol{A}^*}{|\boldsymbol{A}|}=\frac{\boldsymbol{A}^*}{|\boldsymbol{A}|}\boldsymbol{A}=\boldsymbol{E}.$$

按逆矩阵的定义可知，$\boldsymbol{A}$ 可逆，且 $\boldsymbol{A}^{-1}=\frac{1}{|\boldsymbol{A}|}\boldsymbol{A}^*$.

必要性 因为 $\boldsymbol{A}$ 可逆，故存在 $\boldsymbol{A}^{-1}$，使得 $\boldsymbol{A}\boldsymbol{A}^{-1}=\boldsymbol{E}$，两边取行列式，得

$$|\boldsymbol{A}||\boldsymbol{A}^{-1}|=|\boldsymbol{E}|=1,$$

故 $|\boldsymbol{A}|\neq 0$.

对于 $\boldsymbol{A}$，$\boldsymbol{A}^*$，$\boldsymbol{A}^{-1}$，有下列结论成立，读者应牢记之：

(1) $\boldsymbol{A}\boldsymbol{A}^*=|\boldsymbol{A}|\boldsymbol{E}$；

(2) $|AA^*|=|A|^n$；

(3) $|A^*|=|A|^{n-1}$；

(4) $A^{-1}=\frac{1}{|A|}A^*$；

(5) $|A^{-1}|=\frac{1}{|A|}$.

定理 2.1 不仅给出了矩阵可逆的充要条件，而且提供了一种利用伴随矩阵求逆矩阵的方法 .

例 2.24 判断矩阵 $A=\begin{pmatrix}1&2\\0&3\end{pmatrix}$ 是否可逆？若可逆，求其逆矩阵 .

解： 因为 $|A|=\begin{vmatrix}1&2\\0&3\end{vmatrix}=3\neq0$，所以 A 可逆 . 又因为 $|A|=|(a_{ij})_{2\times2}|$ 的各元素 a_{ij} 的代数余子式为

$$A_{11}=(-1)^{1+1}|3|=3,\ A_{21}=(-1)^{2+1}|2|=-2,$$
$$A_{12}=(-1)^{1+2}|0|=0,\ A_{22}=(-1)^{2+2}|1|=1,$$

于是

$$A^*=\begin{pmatrix}A_{11}&A_{21}\\A_{12}&A_{22}\end{pmatrix}=\begin{pmatrix}3&-2\\0&1\end{pmatrix},$$

从而

$$A^{-1}=\frac{1}{|A|}A^*=\frac{1}{3}\begin{pmatrix}3&-2\\0&1\end{pmatrix}=\begin{pmatrix}1&-\frac{2}{3}\\0&\frac{1}{3}\end{pmatrix}.$$

一般地，三角矩阵的逆矩阵，仍是一个同样类型的三角矩阵 .

例 2.25 判断矩阵 $A=\begin{pmatrix}3&2&1\\1&1&1\\1&0&1\end{pmatrix}$ 是否可逆？若可逆，求其逆矩阵 .

解： 因为 $|A|=2\neq0$，所以 A 可逆，又因为 $|A|=|(a_{ij})_{3\times3}|$ 的各元素 a_{ij} 的代数余子式为

$$A_{11}=(-1)^{1+1}\begin{vmatrix}1&1\\0&1\end{vmatrix}=1,\ A_{21}=(-1)^{2+1}\begin{vmatrix}2&1\\0&1\end{vmatrix}=-2,\ A_{31}=(-1)^{3+1}\begin{vmatrix}2&1\\1&1\end{vmatrix}=1,$$

$$A_{12}=(-1)^{1+2}\begin{vmatrix}1&1\\1&1\end{vmatrix}=0,\ A_{22}=(-1)^{2+2}\begin{vmatrix}3&1\\1&1\end{vmatrix}=2,\ A_{32}=(-1)^{3+2}\begin{vmatrix}3&1\\1&1\end{vmatrix}=-2,$$

$$A_{13}=(-1)^{1+3}\begin{vmatrix}1&1\\1&0\end{vmatrix}=-1,\ A_{23}=(-1)^{2+3}\begin{vmatrix}3&2\\1&0\end{vmatrix}=2,\ A_{33}=(-1)^{3+3}\begin{vmatrix}3&2\\1&1\end{vmatrix}=1,$$

于是

$$A^*=\begin{pmatrix}1&-2&1\\0&2&-2\\-1&2&1\end{pmatrix},$$

故

$$A^{-1}=\frac{1}{|A|}A^{*}=\frac{1}{2}\begin{pmatrix}1&-2&1\\0&2&-2\\-1&2&1\end{pmatrix}.$$

例 2.26 设 $\boldsymbol{n}$ 阶方阵 $\boldsymbol{A}$ 满足方程 $\boldsymbol{A}^2+3\boldsymbol{A}-2\boldsymbol{E}=\boldsymbol{O}$，证明 $\boldsymbol{A}$ 可逆，并求 $\boldsymbol{A}^{-1}$.

证明：由 $\boldsymbol{A}^2+3\boldsymbol{A}-2\boldsymbol{E}=\boldsymbol{O}$ 得 $\boldsymbol{A}(\boldsymbol{A}+3\boldsymbol{E})=2\boldsymbol{E}$，两边取行列式，得

$$|\boldsymbol{A}|\cdot|\boldsymbol{A}+3\boldsymbol{E}|=|2\boldsymbol{E}|=2^n\neq 0,$$

于是 $|\boldsymbol{A}|\neq 0$，所以 $\boldsymbol{A}$ 可逆．且由 $\boldsymbol{A}(\boldsymbol{A}+3\boldsymbol{E})=2\boldsymbol{E}$，得

$$\boldsymbol{A}\,\frac{1}{2}(\boldsymbol{A}+3\boldsymbol{E})=\boldsymbol{E},$$

即

$$\boldsymbol{A}^{-1}=\frac{1}{2}(\boldsymbol{A}+3\boldsymbol{E}).$$

例 2.27 设矩阵 $\boldsymbol{X}$ 满足 $\boldsymbol{XA}=\boldsymbol{B}$，其中 $\boldsymbol{A}=\begin{pmatrix}1&1&-1\\-2&1&1\\1&1&1\end{pmatrix}$，$\boldsymbol{B}=\begin{pmatrix}1&-1&1\\0&3&1\end{pmatrix}$，求矩阵 $\boldsymbol{X}$.

解：因为 $|\boldsymbol{A}|=\begin{vmatrix}1&1&-1\\-2&1&1\\1&1&1\end{vmatrix}=6\neq 0$，所以 $\boldsymbol{A}$ 可逆，且

$A_{11}=0$，$A_{21}=-2$，$A_{31}=2$，$A_{12}=3$，$A_{22}=2$，$A_{32}=1$，$A_{13}=-3$，$A_{23}=0$，$A_{33}=3$，故

$$\boldsymbol{A}^{-1}=\frac{\boldsymbol{A}^{*}}{|\boldsymbol{A}|}=\frac{1}{6}\begin{pmatrix}0&-2&2\\3&2&1\\-3&0&3\end{pmatrix},$$

将 $\boldsymbol{A}^{-1}$ 右乘矩阵方程 $\boldsymbol{XA}=\boldsymbol{B}$ 两边，得

$$\boldsymbol{X}=\boldsymbol{BA}^{-1}=\begin{pmatrix}1&-1&1\\0&3&1\end{pmatrix}\cdot\frac{1}{6}\begin{pmatrix}0&-2&2\\3&2&1\\-3&0&3\end{pmatrix}=\begin{pmatrix}-1&-\frac{2}{3}&\frac{2}{3}\\1&1&1\end{pmatrix}.$$

例 2.28 设 $\boldsymbol{P}^{-1}\boldsymbol{AP}=\boldsymbol{\Lambda}$，其中 $\boldsymbol{P}=\begin{pmatrix}-1&-4\\1&1\end{pmatrix}$，$\boldsymbol{\Lambda}=\begin{pmatrix}-1&0\\0&2\end{pmatrix}$，求 $\boldsymbol{A}^{11}$.

解：由 $\boldsymbol{P}^{-1}\boldsymbol{AP}=\boldsymbol{\Lambda}$，得

$$\boldsymbol{A}=\boldsymbol{P\Lambda P}^{-1};$$
$$\boldsymbol{A}^2=(\boldsymbol{P\Lambda P}^{-1})(\boldsymbol{P\Lambda P}^{-1})=\boldsymbol{P\Lambda}^2\boldsymbol{P}^{-1};$$
$$\boldsymbol{A}^3=(\boldsymbol{P\Lambda P}^{-1})(\boldsymbol{P\Lambda}^2\boldsymbol{P}^{-1})=\boldsymbol{P\Lambda}^3\boldsymbol{P}^{-1};$$

类似推出

$$\boldsymbol{A}^{11}=\boldsymbol{P\Lambda}^{11}\boldsymbol{P}^{-1}.$$

又

$$\boldsymbol{P}^{-1}=\frac{1}{3}\begin{pmatrix}1&4\\-1&-1\end{pmatrix},$$

则

$$\begin{aligned}
A^{11}&=\frac{1}{3}\begin{pmatrix}-1 & -4\\ 1 & 1\end{pmatrix}\begin{pmatrix}(-1)^{11} & 0\\ 0 & 2^{11}\end{pmatrix}\begin{pmatrix}1 & 4\\ -1 & -1\end{pmatrix}\\
&=\frac{1}{3}\begin{pmatrix}1 & -4\times 2^{11}\\ -1 & 2^{11}\end{pmatrix}\begin{pmatrix}1 & 4\\ -1 & -1\end{pmatrix}\\
&=\frac{1}{3}\begin{pmatrix}1+2^{13} & 4+2^{13}\\ -1-2^{11} & -4-2^{11}\end{pmatrix}.
\end{aligned}$$

例 2.29(密码编译与破解问题)

矩阵在密码学中有着广泛的应用，经常用来加密和解密密码．例如我们可以把汉字和数字之间建立一一对应的关系，如事先规定：

今	天	下	午	三	点	开	会
↓	↓	↓	↓	↓	↓	↓	↓
1	2	3	4	5	6	7	8

现在我们要发送信息“开会”，只需发送代码“7　8”即可．接收信息者只要根据编码规则，就可以知道“7　8”两个代码所代表的汉字．

但是我们知道，汉语中汉字较多，如果在汉字和数字之间建立编码规则，比较烦琐，而英语中，所有的单词均是由 26 个字母构成，建立编码规则相对来说比较简单．因此下面我们就以英语为例讲述加密和解密密码的问题．

如

A	B	C	D	E	F	G	H	I	J	K	L	M
↓	↓	↓	↓	↓	↓	↓	↓	↓	↓	↓	↓	↓
1	2	3	4	5	6	7	8	9	10	11	12	13
N	O	P	Q	R	S	T	U	V	W	X	Y	Z
↓	↓	↓	↓	↓	↓	↓	↓	↓	↓	↓	↓	↓
14	15	16	17	18	19	20	21	22	23	24	25	26

(2.2)

或

A	B	C	D	E	F	G	H	I	J	K	L	M
↓	↓	↓	↓	↓	↓	↓	↓	↓	↓	↓	↓	↓
26	25	24	23	22	21	20	19	18	17	16	15	14
N	O	P	Q	R	S	T	U	V	W	X	Y	Z
↓	↓	↓	↓	↓	↓	↓	↓	↓	↓	↓	↓	↓
13	12	11	10	9	8	7	6	5	4	3	2	1

(2.3)

等等．

如果我们要发送信息 TEST，根据编码规则(2.2)，只需要发送代码 20　5　19　20 即可；根据编码规则(2.3)，只需要发送代码 7　22　8　7 即可．接收信息者按照指定的编码规则，就可以根据代码的内容译出发送过来的信息．

若要发送信息 **action**，根据编码规则(2.2)，此信息的编码为 1　3　20　9　15　14.

用这种方法，在一个长信息中，根据数字出现的频率，容易估计它所代表的字母，因此容易被破译，可以利用矩阵乘法来对这个信息进行进一步加密.

现任选一个行列式等于±1的整数矩阵，如

$$\boldsymbol{A}=\begin{pmatrix}1&2&3\\1&1&2\\0&1&2\end{pmatrix}.$$

将传出信息的编码 1 3 20 9 15 14 写出两个传出信息向量$\begin{pmatrix}1\\3\\20\end{pmatrix}$，$\begin{pmatrix}9\\15\\14\end{pmatrix}$.

因为

$$\begin{pmatrix}1&2&3\\1&1&2\\0&1&2\end{pmatrix}\begin{pmatrix}1\\3\\20\end{pmatrix}=\begin{pmatrix}67\\44\\43\end{pmatrix},\quad\begin{pmatrix}1&2&3\\1&1&2\\0&1&2\end{pmatrix}\begin{pmatrix}9\\15\\14\end{pmatrix}=\begin{pmatrix}81\\52\\43\end{pmatrix},$$

所以将传出信息向量经过乘$\boldsymbol{A}$编成"密码"后发出，接收到的信息为 67 44 43 81 52 43. 又因为

$$\boldsymbol{A}^{-1}=\begin{pmatrix}0&1&-1\\2&-2&-1\\-1&1&1\end{pmatrix},\quad\boldsymbol{A}^{-1}\begin{pmatrix}67\\44\\43\end{pmatrix}=\begin{pmatrix}1\\3\\20\end{pmatrix},\quad\boldsymbol{A}^{-1}\begin{pmatrix}81\\52\\43\end{pmatrix}=\begin{pmatrix}9\\15\\14\end{pmatrix},$$

所以，将接收到的信息写成两个信息向量后，经过乘$\boldsymbol{A}^{-1}$给予解码为 1 3 20 9 15 14. 最后，利用使用的代码将密码恢复为明码，得到信息 **action**. 而经过这样变换过的信息，就难以按照其出现的频率来破解了.

上面讲的这些只是最基本的加密和解密密码的过程，随着科学技术的发展，现在的密码学常常要借助计算机和数学知识，使用较复杂的系统才能完成.

第四节　分块矩阵

在对行和列数较高的矩阵进行运算时，采用下面介绍的矩阵的"分块"方法，使得大矩阵的运算化为若干小矩阵的运算，使运算更加简单明了，这是矩阵运算中的一个重要技巧.

一、分块矩阵的概念

将矩阵$\boldsymbol{A}$用若干条纵线和横线分成许多个小矩阵，每一个小矩阵称为$\boldsymbol{A}$的**子块**，由这些子块作为元素组成的矩阵称为**分块矩阵**.

例如矩阵

$$A=\left(\begin{array}{cc:cc}1&0&0&0\\0&1&0&0\\ \hdashline -1&2&1&0\\1&1&0&1\end{array}\right)=\begin{pmatrix}E_2&O\\A_1&E_2\end{pmatrix},$$

其中 E_2 表示二阶单位矩阵，而 $A_1=\begin{pmatrix}-1&2\\1&1\end{pmatrix}$，$O=\begin{pmatrix}0&0\\0&0\end{pmatrix}$，$E_2$、$A_1$ 和 O 都是 A 的子块．同一块矩阵，根据其特点及不同的需求，可将其进行不同的分块．如上述矩阵还可以有如下的分法：

$$(1)\left(\begin{array}{c:ccc}1&0&0&0\\ \hdashline 0&1&0&0\\-1&2&1&0\\1&1&0&1\end{array}\right)\quad(2)\left(\begin{array}{cc:cc}1&0&0&0\\0&1&0&0\\-1&2&1&0\\ \hdashline 1&1&0&1\end{array}\right)\quad(3)\left(\begin{array}{c:cc:c}1&0&0&0\\0&1&0&0\\ \hdashline -1&2&1&0\\1&1&0&1\end{array}\right)$$

等等．对于分法(1)，(2)和(3)可分别记为

$$A=\begin{pmatrix}A_{11}&A_{12}\\A_{21}&A_{22}\end{pmatrix},\ A=\begin{pmatrix}B_{11}&B_{12}\\B_{21}&B_{22}\end{pmatrix}\text{和 }A=\begin{pmatrix}C_{11}&C_{12}&C_{13}\\C_{21}&C_{22}&C_{23}\end{pmatrix}$$

二、分块矩阵的计算

在对分块矩阵进行运算时，可将子块看作矩阵的元素，利用矩阵的运算法则进行运算即可．

1. 分块矩阵的加法

设 A 和 B 都是 $m\times n$ 矩阵，并且以相同方式分块：

$$A=\begin{pmatrix}A_{11}&A_{12}&\cdots&A_{1q}\\A_{21}&A_{22}&\cdots&A_{2q}\\\vdots&\vdots&&\vdots\\A_{p1}&A_{p2}&\cdots&A_{pq}\end{pmatrix},\ B=\begin{pmatrix}B_{11}&B_{12}&\cdots&B_{1q}\\B_{21}&B_{22}&\cdots&B_{2q}\\\vdots&\vdots&&\vdots\\B_{p1}&B_{p2}&\cdots&B_{pq}\end{pmatrix},$$

其中 A_{ij} 与 B_{ij} 的行列数相同($i=1, 2, \cdots, p$；$j=1, 2, \cdots, q$)，则

$$A+B=\begin{pmatrix}A_{11}+B_{11}&A_{12}+B_{12}&\cdots&A_{1q}+B_{1q}\\A_{21}+B_{21}&A_{22}+B_{22}&\cdots&A_{2q}+B_{2q}\\\vdots&\vdots&&\vdots\\A_{p1}+B_{p1}&A_{p2}+B_{p2}&\cdots&A_{pq}+B_{pq}\end{pmatrix}.$$

2. 数与分块矩阵相乘

$$\lambda A=\lambda\begin{pmatrix}A_{11}&A_{12}&\cdots&A_{1q}\\A_{21}&A_{22}&\cdots&A_{2q}\\\vdots&\vdots&&\vdots\\A_{p1}&A_{p2}&\cdots&A_{pq}\end{pmatrix}=\begin{pmatrix}\lambda A_{11}&\lambda A_{12}&\cdots&\lambda A_{1q}\\\lambda A_{21}&\lambda A_{22}&\cdots&\lambda A_{2q}\\\vdots&\vdots&&\vdots\\\lambda A_{p1}&\lambda A_{p2}&\cdots&\lambda A_{pq}\end{pmatrix}.$$

3. 分块矩阵的乘法

设 A 是 $m\times s$ 矩阵，B 是 $s\times n$ 矩阵，将 A 与 B 分块，使 A 的列的分法与 B 的行的分法一致，得

$$A=\begin{pmatrix}A_{11} & A_{12} & \cdots & A_{1q}\\ A_{21} & A_{22} & \cdots & A_{2q}\\ \vdots & \vdots & & \vdots\\ A_{p1} & A_{p2} & \cdots & A_{pq}\end{pmatrix},\ B=\begin{pmatrix}B_{11} & B_{12} & \cdots & B_{1r}\\ B_{21} & B_{22} & \cdots & B_{2r}\\ \vdots & \vdots & & \vdots\\ B_{q1} & B_{q2} & \cdots & B_{qr}\end{pmatrix},$$

其中 A_{11}，A_{12}，…，A_{1q}的列数分别与B_{11}，B_{21}，…，B_{q1}的行数相同，则

$$AB=\begin{pmatrix}C_{11} & C_{12} & \cdots & C_{1r}\\ C_{21} & C_{22} & \cdots & C_{2r}\\ \vdots & \vdots & & \vdots\\ C_{p1} & C_{p2} & \cdots & C_{pr}\end{pmatrix}.$$

其中

$$C_{ij}=\sum_{k=1}^{q}A_{ik}B_{kj}\,(i=1,2,\cdots,p;j=1,2,\cdots,r).$$

例 2.30 设$A=\begin{pmatrix}1 & 0 & 0 & 0\\ 0 & 1 & 0 & 0\\ -1 & 2 & 1 & 0\\ 1 & 1 & 0 & 1\end{pmatrix}$，$B=\begin{pmatrix}1 & 0 & 1 & 0\\ -1 & 2 & 0 & 1\\ 1 & 0 & 4 & 1\\ -1 & -1 & 2 & 0\end{pmatrix}$，求$AB$.

解：将A，B分块：

$$A=\left(\begin{array}{cc:cc}1 & 0 & 0 & 0\\ 0 & 1 & 0 & 0\\ \hdashline -1 & 2 & 1 & 0\\ 1 & 1 & 0 & 1\end{array}\right)=\begin{pmatrix}E_2 & O\\ A_1 & E_2\end{pmatrix},\ B=\left(\begin{array}{cc:cc}1 & 0 & 1 & 0\\ -1 & 2 & 0 & 1\\ \hdashline 1 & 0 & 4 & 1\\ -1 & -1 & 2 & 0\end{array}\right)=\begin{pmatrix}B_{11} & E_2\\ B_{21} & B_{22}\end{pmatrix},$$

则

$$AB=\begin{pmatrix}E_2 & O\\ A_1 & E_2\end{pmatrix}\begin{pmatrix}B_{11} & E_2\\ B_{21} & B_{22}\end{pmatrix}=\begin{pmatrix}B_{11} & E_2\\ A_1B_{11}+B_{21} & A_1+B_{22}\end{pmatrix},$$

而

$$A_1B_{11}+B_{21}=\begin{pmatrix}-1 & 2\\ 1 & 1\end{pmatrix}\begin{pmatrix}1 & 0\\ -1 & 2\end{pmatrix}+\begin{pmatrix}1 & 0\\ -1 & -1\end{pmatrix}=\begin{pmatrix}-2 & 4\\ -1 & 1\end{pmatrix},$$

$$A_1+B_{22}=\begin{pmatrix}-1 & 2\\ 1 & 1\end{pmatrix}+\begin{pmatrix}4 & 1\\ 2 & 0\end{pmatrix}=\begin{pmatrix}3 & 3\\ 3 & 1\end{pmatrix},$$

所以

$$AB=\left(\begin{array}{cc:cc}1 & 0 & 1 & 0\\ -1 & 2 & 0 & 1\\ \hdashline -2 & 4 & 3 & 3\\ -1 & 1 & 3 & 1\end{array}\right).$$

例 2.31 设 $A=\begin{pmatrix}3&2&0&0\\2&1&0&0\\-1&-3&1&8\\5&7&-1&-6\end{pmatrix}$，试用分块矩阵求 A^{-1}.

解： 由于 $|A|\neq 0$，故 A^{-1} 存在．将 A 分块，设 $\left(\begin{array}{cc|cc}3&2&0&0\\2&1&0&0\\\hline -1&-3&1&8\\5&7&-1&6\end{array}\right)=\begin{pmatrix}B&O\\C&D\end{pmatrix}$，

$$A^{-1}=\left(\begin{array}{cc|cc}x_{11}&x_{12}&x_{13}&x_{14}\\x_{21}&x_{22}&x_{23}&x_{24}\\\hline x_{31}&x_{32}&x_{33}&x_{34}\\x_{41}&x_{42}&x_{43}&x_{44}\end{array}\right)=\begin{pmatrix}X_{11}&X_{12}\\X_{21}&X_{22}\end{pmatrix},$$

于是有

$$\begin{pmatrix}B&O\\C&D\end{pmatrix}\begin{pmatrix}X_{11}&X_{12}\\X_{21}&X_{22}\end{pmatrix}=\begin{pmatrix}E_2&O\\O&E_2\end{pmatrix},$$

即

$$\begin{cases}BX_{11}=E_2\\BX_{12}=O\\CX_{11}+DX_{21}=O\\CX_{12}+DX_{22}=E_2\end{cases}\text{则}\begin{cases}X_{11}=B^{-1}\\X_{12}=O\\X_{21}=-D^{-1}CB^{-1}\\X_{22}=D^{-1}\end{cases},$$

所以

$$A^{-1}=\begin{pmatrix}B^{-1}&O\\-D^{-1}CB^{-1}&D^{-1}\end{pmatrix}=\begin{pmatrix}-1&2&0&0\\2&-3&0&0\\21&-23&-3&-4\\-2&2&\frac{1}{2}&\frac{1}{2}\end{pmatrix}.$$

在本例中，若 $C=O$，则 $\begin{pmatrix}B&O\\O&D\end{pmatrix}^{-1}=\begin{pmatrix}B^{-1}&O\\O&D^{-1}\end{pmatrix}$.

4. 分块矩阵的转置

若 $A=\begin{pmatrix}A_{11}&A_{12}&\cdots&A_{1q}\\A_{21}&A_{22}&\cdots&A_{2q}\\\vdots&\vdots&&\vdots\\A_{p1}&A_{p2}&\cdots&A_{pq}\end{pmatrix}$，则 $A^{T}=\begin{pmatrix}A_{11}^{T}&A_{21}^{T}&\cdots&A_{p1}^{T}\\A_{12}^{T}&A_{22}^{T}&\cdots&A_{p2}^{T}\\\vdots&\vdots&&\vdots\\A_{1q}^{T}&A_{2q}^{T}&\cdots&A_{pq}^{T}\end{pmatrix}$.

5. 若 n 阶矩阵 $\boldsymbol{A}$ 的分块形式为

$$\boldsymbol{A}=\begin{pmatrix}\boldsymbol{A}_1 & \boldsymbol{O} & \cdots & \boldsymbol{O}\\ \boldsymbol{O} & \boldsymbol{A}_2 & \cdots & \boldsymbol{O}\\ \vdots & \vdots & & \vdots\\ \boldsymbol{O} & \boldsymbol{O} & \cdots & \boldsymbol{A}_s\end{pmatrix},$$

其中 $\boldsymbol{A}_i(i=1,2,\cdots,s)$都是方阵时，则称 $\boldsymbol{A}$ 为**分块对角矩阵**.

分块对角矩阵的行列式具有下述性质：

$$|\boldsymbol{A}|=|\boldsymbol{A}_1||\boldsymbol{A}_2|\cdots|\boldsymbol{A}_n|.$$

若 $\boldsymbol{A}_i$ 都可逆时，则 $\boldsymbol{A}$ 也可逆，且

$$\boldsymbol{A}^{-1}=\begin{pmatrix}\boldsymbol{A}_1^{-1} & \boldsymbol{O} & \cdots & \boldsymbol{O}\\ \boldsymbol{O} & \boldsymbol{A}_2^{-1} & \cdots & \boldsymbol{O}\\ \vdots & \vdots & & \vdots\\ \boldsymbol{O} & \boldsymbol{O} & \cdots & \boldsymbol{A}_s^{-1}\end{pmatrix}.$$

数学实验——矩阵及其运算

1. 矩阵的加减运算

Matlab 中用＋(加)、－(减)表示，即假定两个矩阵 $\boldsymbol{A}$ 和 $\boldsymbol{B}$，由 $\boldsymbol{A}+\boldsymbol{B}$，$\boldsymbol{A}-\boldsymbol{B}$ 实现矩阵作加减运算.

2. 矩阵的数乘运算

Matlab 中假定矩阵 $\boldsymbol{A}$，用 $k\boldsymbol{A}$ 实现矩阵的数乘运算，其中 k 为实数. 数乘矩阵的命令为“*”.

3. 矩阵的乘法运算

假定矩阵 $\boldsymbol{A}$ 和 $\boldsymbol{B}$，若 $\boldsymbol{A}$ 为 $m\times s$ 矩阵，$\boldsymbol{B}$ 为 $s\times n$ 矩阵，则 $\boldsymbol{C}=\boldsymbol{A}*\boldsymbol{B}$ 为 $m\times n$ 矩阵.

4. 矩阵的除法运算

在矩阵运算中，是没有除法的，但是在 Matlab 中矩阵的除法运算有两种形式：“\”和“/”分别表示左除和右除.

例 2.32 已知 $\boldsymbol{A}=\begin{pmatrix}1 & 0 & -1\\ 3 & 4 & -2\\ 4 & 6 & 9\end{pmatrix}$，$\boldsymbol{B}=\begin{pmatrix}3 & -2 & 0\\ 5 & 6 & -1\\ 4 & 0 & 6\end{pmatrix}$，求 $\boldsymbol{A}+\boldsymbol{B}$，$2\boldsymbol{A}-3\boldsymbol{B}$，$\boldsymbol{AB}$，$\boldsymbol{BA}^{-1}$，$\boldsymbol{A}^{-1}\boldsymbol{B}$.

解：在 Matlab 命令窗口输入如下命令：

```
≫ A=[1 0 -1; 3 4 -2; 4 6 9]    % 定义矩阵
A =
      1       0       -1
      3       4       -2
      4       6       9
```

```
>> B=[3 - 2 0; 5 6 -1; 4 0 6]   % 定义矩阵
B =
       3       -2       0
       5        6      -1
       4        0       6
>> A+ B   % 矩阵的加法
ans =
       4       -2      -1
       8       10      -3
       8        6      15
>> 2*A-3*B   % 矩阵的数乘、减法
ans =
      -7        6      -2
      -9      -10      -1
      -4       12       0
>>A*B   % 矩阵的乘法
ans =
      -1       -2      -6
      21       18     -16
      78       28      48
>> B/A   % BA^-1,
ans =
       4.6522   -0.9565   0.3043
       0.6087    1.1739   0.2174
       4.4348   -1.3043   0.8696
>> A\ B   % A^-1B
ans =
         2.8261   -2.8696    0.6522
        -0.9565    3.2174   -0.4130
        -0.1739   -0.8696    0.6522
```

5. 矩阵的转置

在 Matlab 中，矩阵的转置运算用“'”.

例 2.33 已知 $\boldsymbol{A}=\begin{pmatrix}3 & 4 & 5\\1 & 2 & 4\end{pmatrix}$，求 $\boldsymbol{A}$ 的转置.

解：在 Matlab 命令窗口输入如下命令：

```
>> A= [3 4 5; 1 2 4]
A =
       3       4       5
       1       2       4
```

```
>> A'    % 矩阵的转置
ans =
     3     1
     4     2
     5     4
```

6. 矩阵的乘方运算

用"∧"表示，要求只有方阵才能进行乘方运算．

例 2.34　已知 $\boldsymbol{A}=\begin{pmatrix}1 & 0\\ 1 & 1\end{pmatrix}$，求 $\boldsymbol{A}^{20}$.

解：在 Matlab 命令窗口输入如下命令：

```
>> A= [1 0; 1 1]
A =
     1     0
     1     1
>> A^20    % 矩阵的乘方
ans =
      1     0
     20     1
```

7. 矩阵的逆矩阵

在 Matlab 中矩阵 **A** 的逆矩阵可调用函数 inv(**A**).

例 2.35　已知 $\boldsymbol{A}=\begin{pmatrix}2 & 1 & 1\\ 3 & 2 & 1\\ 2 & 1 & 2\end{pmatrix}$，求 **A** 的逆矩阵 $\boldsymbol{A}^{-1}$.

解：在 Matlab 命令窗口输入如下命令：

```
>> A= [2 1 1; 3 2 1; 2 1 2]
A =
     2     1     1
     3     2     1
     2     1     2
>> inv(A)        % 矩阵的逆矩阵
ans =
       3.000 0   -1.000 0   -1.000 0
      -4.000 0    2.000 0    1.000 0
      -1.000 0    0          1.000 0
```

8. 方阵的行列式

在 Matlab 中，求方阵 **A** 的行列式的值的函数是 det(**A**).

例 2.36　已知 $\boldsymbol{A}=\begin{vmatrix}4 & 1 & 2\\ 1 & 2 & 0\\ 10 & 5 & 2\end{vmatrix}$，求 **A** 的行列式．

解：在 Matlab 命令窗口输入如下命令：

```
≫ A=[4 1 2; 1 2 0; 10 5 2]
A =

     4   1   2
     1   2   0
    10   5   2

≫ c=det(A)   % 方阵的行列式
c =
   -16
```

本章小结

矩阵是本课程研究的主要对象，也是本课程讨论问题的主要工具．因此，本章所讲矩阵的概念及其运算都是最基本的，应切实掌握．矩阵的线性运算(即矩阵的加法和数乘)是容易掌握的．需要重点关注的是矩阵乘法和逆矩阵的概念．矩阵乘法除需熟练掌握外，还需理解它不满足交换律及消去律，明了由此特性带来的不同于实数乘法的运算规则．要理解逆矩阵的概念，熟悉矩阵可逆的条件，知道伴随矩阵的性质及利用伴随矩阵求逆矩阵的公式．知道分块矩阵的概念，着重了解按列分块矩阵和按行分块矩阵的运算规则，对于利用分块法简化矩阵运算的技巧，不必追究．

拓展阅读

矩阵(Matrix)的本意是子宫、控制中心的母体、孕育生命的地方．在数学上，矩阵是指纵横排列的二维数据表格，最早来自方程组的系数及常数所构成的方阵．这一概念由19世纪英国数学家凯利首先提出．

矩阵是高等代数学中的常见工具，也常见于统计分析等应用数学学科中．在物理学中，矩阵于电路学、力学、光学和量子物理中都有应用；计算机科学中，三维动画制作也需要用到矩阵．矩阵的运算是数值分析领域的重要问题．将矩阵分解为简单矩阵的组合可以在理论和实际应用上简化矩阵的运算．对一些应用广泛而形式特殊的矩阵，例如稀疏矩阵和准对角矩阵，有特定的快速运算算法．在天体物理、量子力学等领域，也会出现无穷维的矩阵，是矩阵的一种推广．

矩阵的研究历史悠久，拉丁方阵和幻方在史前年代已有人研究．作为解决线性方程的工具，矩阵也有不短的历史．成书最迟在东汉前期的《九章算术》中，用分离系数法表示线性方程组，得到了其增广矩阵．在消元过程中，使用的把某行乘以某一非零实数、从某行中减去另一行等运算技巧，相当于矩阵的初等变换．但那时并没有现今理解的矩阵概念，虽然它与现有的矩阵形式相同，但在当时只是作为线性方程组的标准表示与处理方式．矩阵正式作为数学中的研究对象出现，则是在行列式的研究发展起来后．逻辑上，矩阵的概念先于行列式，但在实际的历史上则恰好相反．

日本数学家关孝和(1683)与微积分的发现者之一戈特弗里德·威廉·莱布尼茨(1693)近乎同时地独立建立了行列式论．其后行列式作为解线性方程组的工具逐步发展．1750年，加布里尔·克拉默发现了克拉默法则．矩阵的现代概念在19世纪逐渐形成．1800年，高斯和威廉·若尔当建立了高斯—若尔当消去法．1844年，德国数学家费迪南·艾森斯坦(F. Eisenstein)讨论了“变换”(矩阵)及其乘积．1850年，英国数学家詹姆斯·约瑟夫·西尔维斯特(James Joseph Sylvester)首先使用“矩阵”一词．英国数学家凯利被公认为矩阵论的奠基人．他开始将矩阵作为独立的数学对象研究时，许多与矩阵有关的性质已经在行列式的研究中被发现了，这也使得凯利认为矩阵的引进是十分自然的．他说：“我决然不是通过四元数而获得矩阵概念的；它或是直接从行列式的概念而来，或是作为一个表达线性方程组的方便方法而来的．”他从1858年开始，发表了《矩阵论的研究报告》等一系列关于矩阵的专门论文，研究了矩阵的运算律、矩阵的逆以及转置和特征多项式方程．凯利还提出了凯利-哈密尔顿定理，并验证了3×3矩阵的情况，又说进一步的证明是不必要的．哈密尔顿证明了4×4矩阵的情况，而一般情况下的证明是德国数学家弗罗贝尼乌斯(F. G. Frohenius)于1898年给出的．1854年时法国数学家埃尔米特(C. Hermite)使用了“正交矩阵”这一术语，但他的正式定义直到1878年才由弗罗贝尼乌斯发表．1879年，弗罗贝尼乌斯引入矩阵秩的概念．至此，矩阵的体系基本上建立起来了．无限维矩阵的研究始于1884年．庞加莱在两篇不严谨地使用了无限维矩阵和行列式理论的文章后开始了对这一方面的专门研究．1906年，希尔伯特引入无限二次型(相当于无限维矩阵)对积分方程进行研究，极大地促进了无限维矩阵的研究．在此基础上，施密茨、赫林格和特普利茨发展出算子理论，而无限维矩阵成了研究函数空间算子的有力工具．矩阵的概念最早在1922年见于中文．1922年，程廷熙在一篇介绍文章中将矩阵译为“纵横阵”．1925年，科学名词审查会算学名词审查组在《科学》第十卷第四期刊登的审定名词表中，将矩阵翻译为“矩阵式”，方块矩阵翻译为“方阵式”，而各类矩阵如“正交矩阵”“伴随矩阵”中的“矩阵”则被翻译为“方阵”．1935年，中国数学会审查后，中华民国教育部审定的《数学名词》(并“通令全国各院校一律遵用，以昭划一”)中，“矩阵”作为译名首次出现．1938年，曹惠群在接受科学名词审查会委托就数学名词加以校订的《算学名词汇编》中，认为应当的译名是“长方阵”．中华人民共和国成立后编订的《数学名词》中，则将译名定为“(矩)阵”．1993年，中国自然科学名词审定委员会公布的《数学名词》中，“矩阵”被定为正式译名，并沿用至今．许多领域中的数量关系都可以用矩阵来描述，因而它也是数学研究与应用的一个重要工具，特别是在自然科学、工程技术、经济管理等领域有着广泛的应用．

本章正是从实际出发，引出矩阵的概念，然后介绍矩阵的线性运算、乘法、逆矩阵、分块矩阵等内容．建议类比生活中的实例来理解这些概念，从而发现其中的人生哲理．如前文给出的“田忌赛马”的例子，说明事物的质变，不但可以通过量的增减而引起，而且可以在量不变的情况下，通过调整内部的排列组合而引起．在事物发展变化过程中，构成事物的成分在排列次序上发生变化也会引起事物的质变，这是量变引起质变的又一种形式．再如前文所讲述的求逆矩阵的公式 $\boldsymbol{A}^{-1}=\frac{\boldsymbol{A}^*}{|\boldsymbol{A}|}$，我们根据行列式的值来判定矩阵的可逆性，这正是马克思主义哲学思想中的“以量定质”的辩证思想．我们在线性代数的学习中，要善于运用量变与质变的辩证关系．

习题二

A 组

1. 判断题：

(1)若方阵 $\boldsymbol{A}, \boldsymbol{B}, \boldsymbol{C}$ 满足 $\boldsymbol{AB}=\boldsymbol{AC}$，且 $\boldsymbol{A}\neq\boldsymbol{O}$，则 $\boldsymbol{B}=\boldsymbol{C}$.

(2)如果矩阵 $\boldsymbol{A}$ 的一切 k 阶子式均为零，则其任一 $k+1$ 阶子式(如果存在)也为零.

(3)对于 n 阶方阵 $\boldsymbol{A}, \boldsymbol{B}$，如果 $\boldsymbol{A}\neq\boldsymbol{O}$，$\boldsymbol{B}\neq\boldsymbol{O}$，则 $\boldsymbol{AB}\neq\boldsymbol{O}$.

(4)设 $\boldsymbol{A}^2=\boldsymbol{E}$，$\boldsymbol{E}$ 为单位矩阵，则 $\boldsymbol{A}\neq\boldsymbol{E}$ 时，$\boldsymbol{A}+\boldsymbol{E}$ 不可逆.

2. 计算下列矩阵的乘积.

(1)$\begin{pmatrix}4&3&1\\1&-2&3\\5&7&0\end{pmatrix}\begin{pmatrix}7\\2\\1\end{pmatrix}$；(2)$(1\quad 2\quad 3)\begin{pmatrix}3\\2\\1\end{pmatrix}$；

(3)$\begin{pmatrix}2\\1\\3\end{pmatrix}(-1\quad 2)$；(4)$\begin{pmatrix}2&1&4&0\\1&-1&3&4\end{pmatrix}\begin{pmatrix}1&3&1\\0&-1&2\\1&-3&1\\4&0&-2\end{pmatrix}$.

3. 设 $\boldsymbol{A}=\begin{pmatrix}1&1&1\\1&1&-1\\1&-1&1\end{pmatrix}$，$\boldsymbol{B}=\begin{pmatrix}1&2&3\\-1&-2&4\\0&5&1\end{pmatrix}$，求 $3\boldsymbol{AB}-2\boldsymbol{A}$ 及 $\boldsymbol{A}^{\mathrm{T}}\boldsymbol{B}$.

4. 已知$\begin{cases}x_1=2y_1+y_3\\x_2=-2y_1+3y_2+2y_3\\x_3=4y_1+y_2+5y_3\end{cases}$，$\begin{cases}y_1=-3z_1+z_2\\y_2=2z_1+z_3\\y_3=-z_1+3z_3\end{cases}$，求从变量 z_1, z_2, z_3 到变量 x_1, x_2, x_3 的线性变换.

5. 已知线性变换$\begin{cases}x_1=2y_1+2y_2+y_3\\x_2=3y_1+y_2+5y_3\\x_3=3y_1+2y_2+3y_3\end{cases}$，求从变量 y_1, y_2, y_3 到变量 x_1, x_2, x_3 的线性变换.

6. 设 $\boldsymbol{A}=\begin{pmatrix}1&2\\1&3\end{pmatrix}$，$\boldsymbol{B}=\begin{pmatrix}1&0\\1&2\end{pmatrix}$，问：

(1)$\boldsymbol{AB}=\boldsymbol{BA}$ 吗？

(2)$(\boldsymbol{A}+\boldsymbol{B})^2=\boldsymbol{A}^2+2\boldsymbol{AB}+\boldsymbol{B}^2$ 吗？

(3)$(\boldsymbol{A}+\boldsymbol{B})(\boldsymbol{A}-\boldsymbol{B})=\boldsymbol{A}^2-\boldsymbol{B}^2$ 吗？

7. 设 $\boldsymbol{A}=\begin{pmatrix}2&1\\-4&-2\end{pmatrix}$，$\boldsymbol{B}=\begin{pmatrix}3&-1\\-6&2\end{pmatrix}$，求 $\boldsymbol{AB}, \boldsymbol{BA}, \boldsymbol{A}^2$.

8. 设矩阵 $\boldsymbol{A}=\begin{pmatrix}0&2&3\\0&0&4\\0&0&0\end{pmatrix}$，求 $\boldsymbol{A}^2, \boldsymbol{A}^3$.

9. 设 $\boldsymbol{A}=(1\quad 2\quad 3)$，$\boldsymbol{B}=(3\quad 2\quad 1)$，$\boldsymbol{C}=\boldsymbol{A}^{\mathrm{T}}\boldsymbol{B}$，求 $\boldsymbol{C}^{10}$.

10. 证明：

(1)对任意的 $m\times n$ 矩阵 $\boldsymbol{A}$，$\boldsymbol{A}\boldsymbol{A}^{\mathrm{T}}$，$\boldsymbol{A}^{\mathrm{T}}\boldsymbol{A}$ 都是对称矩阵；

(2)对任意的 n 阶方阵 $\boldsymbol{A}$，$\boldsymbol{A}+\boldsymbol{A}^{\mathrm{T}}$ 是对称矩阵，$\boldsymbol{A}-\boldsymbol{A}^{\mathrm{T}}$ 是反对称矩阵.

11. 设 $\boldsymbol{A}$ 为 n 阶对称矩阵，$\boldsymbol{B}$ 为 n 阶反对称矩阵，证明：$\boldsymbol{AB}$ 为反对称矩阵的充要条件是 $\boldsymbol{A}$ 与 $\boldsymbol{B}$ 可交换.

12. 设 $\boldsymbol{A}$、$\boldsymbol{B}$ 均为 3 阶方阵，$|\boldsymbol{A}|=3$，$|\boldsymbol{B}|=-2$，求 $|-2\boldsymbol{A}^{\mathrm{T}}\boldsymbol{B}|$.

13. 若 $\boldsymbol{A}\boldsymbol{A}^{\mathrm{T}}=\boldsymbol{A}^{\mathrm{T}}\boldsymbol{A}=\boldsymbol{E}$，求 $\boldsymbol{A}$ 的行列式 $|\boldsymbol{A}|$.

14. 设 $\boldsymbol{A}$ 为 n 阶方阵，$\boldsymbol{A}\neq\boldsymbol{O}$，且存在正整数 $k\geqslant 2$，使 $\boldsymbol{A}^k=\boldsymbol{O}$. 证明：$\boldsymbol{E}-\boldsymbol{A}$ 可逆，且 $(\boldsymbol{E}-\boldsymbol{A})^{-1}=\boldsymbol{E}+\boldsymbol{A}+\boldsymbol{A}^2+\cdots+\boldsymbol{A}^{k-1}$.

15. 设 $\boldsymbol{A}$，$\boldsymbol{B}$，$\boldsymbol{C}$ 为同阶方阵，$\boldsymbol{C}$ 可逆，且满足 $\boldsymbol{B}=\boldsymbol{C}^{-1}\boldsymbol{AC}$，证明：对任意正整数 n，有 $\boldsymbol{B}^n=\boldsymbol{C}^{-1}\boldsymbol{A}^n\boldsymbol{C}$.

16. 判断下列矩阵是否可逆，若可逆，用伴随矩阵求其逆矩阵.

(1)$\begin{pmatrix}1&3\\2&4\end{pmatrix}$；(2)$\begin{pmatrix}1&0&0\\1&2&0\\1&2&1\end{pmatrix}$；(3)$\left(-\dfrac{2}{3}\right)$；(4)$\begin{pmatrix}3&2\\4&5\end{pmatrix}$；(5)$\begin{pmatrix}0&2&-1\\1&1&2\\-1&-1&-1\end{pmatrix}$.

17. 解下列矩阵方程：

(1)$\begin{pmatrix}2&5\\1&3\end{pmatrix}\boldsymbol{X}=\begin{pmatrix}4&-6\\2&1\end{pmatrix}$；

(2)$\boldsymbol{X}\begin{pmatrix}2&1&-1\\2&1&0\\1&-1&1\end{pmatrix}=\begin{pmatrix}1&-1&3\\4&3&2\end{pmatrix}$；

(3)$\begin{pmatrix}1&4\\-1&2\end{pmatrix}\boldsymbol{X}\begin{pmatrix}2&0\\-1&1\end{pmatrix}=\begin{pmatrix}3&1\\0&-1\end{pmatrix}$；

(4)$\begin{pmatrix}0&1&0\\1&0&0\\0&0&1\end{pmatrix}\boldsymbol{X}\begin{pmatrix}1&0&0\\0&0&1\\0&1&0\end{pmatrix}=\begin{pmatrix}1&-4&3\\2&0&-1\\1&-2&0\end{pmatrix}$.

18. 利用逆矩阵解下列线性方程组：

(1)$\begin{cases}x_1+2x_2+3x_3=1\\2x_1+2x_2+5x_3=2\\3x_1+5x_2+x_3=3\end{cases}$；(2)$\begin{cases}x_1-x_2-x_3=2\\2x_1-x_2-3x_3=1\\3x_1+2x_2-5x_3=0\end{cases}$.

19. 已知 $\boldsymbol{X}=\boldsymbol{XA}+\boldsymbol{B}$，其中 $\boldsymbol{A}=\begin{pmatrix}1&1\\1&1\end{pmatrix}$，$\boldsymbol{B}=\begin{pmatrix}1&2\\3&4\end{pmatrix}$，求 $\boldsymbol{X}$.

20. 解矩阵方程 $\boldsymbol{AX}=\boldsymbol{B}+2\boldsymbol{X}$，其中 $\boldsymbol{A}=\begin{pmatrix}4&2&3\\1&1&0\\-1&2&3\end{pmatrix}$，$\boldsymbol{B}=\begin{pmatrix}2&1\\2&0\\3&5\end{pmatrix}$.

21. 设有矩阵

$$A=\begin{pmatrix}2&0&0&0\\0&2&0&0\\0&0&5&2\\0&0&2&1\end{pmatrix},\quad B=\begin{pmatrix}2&-1&1&0\\-3&3&0&1\\0&0&3&4\\0&0&0&-1\end{pmatrix}$$

求(1)$\boldsymbol{AB}$；(2)$\boldsymbol{A}^{-1}$；(3)$\boldsymbol{B}^{-1}$.

B 组

1. 选择题：

(1)设方阵 $\boldsymbol{A}$，$\boldsymbol{B}$，$\boldsymbol{C}$ 满足 $\boldsymbol{ABC}=\boldsymbol{E}$，则必有(　　).

A. $\boldsymbol{ACB}=\boldsymbol{E}$　　B. $\boldsymbol{CBA}=\boldsymbol{E}$　　C. $\boldsymbol{BAC}=\boldsymbol{E}$　　D. $\boldsymbol{BCA}=\boldsymbol{E}$

(2)矩阵 $\boldsymbol{C}=\begin{pmatrix}\boldsymbol{A}&\boldsymbol{O}\\\boldsymbol{O}&\boldsymbol{B}\end{pmatrix}$的伴随矩阵 $\boldsymbol{C}^*=$(　　).

A. $\begin{pmatrix}|\boldsymbol{A}|\boldsymbol{A}^*&\boldsymbol{O}\\\boldsymbol{O}&|\boldsymbol{B}|\boldsymbol{B}^*\end{pmatrix}$　　B. $\begin{pmatrix}|\boldsymbol{B}|\boldsymbol{B}^*&\boldsymbol{O}\\\boldsymbol{O}&|\boldsymbol{A}|\boldsymbol{A}^*\end{pmatrix}$

C. $\begin{pmatrix}|\boldsymbol{A}|\boldsymbol{B}^*&\boldsymbol{O}\\\boldsymbol{O}&|\boldsymbol{B}|\boldsymbol{A}^*\end{pmatrix}$　　D. $\begin{pmatrix}|\boldsymbol{B}|\boldsymbol{A}^*&\boldsymbol{O}\\\boldsymbol{O}&|\boldsymbol{A}|\boldsymbol{B}^*\end{pmatrix}$

2. 设方阵 $\boldsymbol{A}$ 满足 $\boldsymbol{A}^2+2\boldsymbol{A}-3\boldsymbol{E}=\boldsymbol{O}$，证明：$\boldsymbol{A}$ 和 $\boldsymbol{A}+4\boldsymbol{E}$ 均可逆，并求其逆矩阵.

3. 设方阵 $\boldsymbol{A}$ 满足 $\boldsymbol{A}^2-\boldsymbol{A}-2\boldsymbol{E}=\boldsymbol{O}$，证明：$\boldsymbol{A}$ 及 $\boldsymbol{A}+2\boldsymbol{E}$ 都可逆，并求 $\boldsymbol{A}^{-1}$ 及 $(\boldsymbol{A}+2\boldsymbol{E})^{-1}$.

4. 设方阵 $\boldsymbol{A}$ 满足 $\boldsymbol{A}^2+\boldsymbol{A}=4\boldsymbol{E}$，证明：$\boldsymbol{A}-\boldsymbol{E}$ 可逆，并求其逆矩阵.

5. 设 n 阶矩阵 $\boldsymbol{A}$ 及 s 阶矩阵 $\boldsymbol{B}$ 都可逆，求：

(1)$\begin{pmatrix}\boldsymbol{A}&\boldsymbol{O}\\\boldsymbol{C}&\boldsymbol{B}\end{pmatrix}^{-1}$；(2)$\begin{pmatrix}\boldsymbol{A}&\boldsymbol{C}\\\boldsymbol{O}&\boldsymbol{B}\end{pmatrix}^{-1}$.

第三章 矩阵的初等变换与线性方程组

矩阵是研究线性方程组和其他相关问题的有力工具，也是线性代数的主要研究对象之一．它的理论和方法在自然科学、社会科学、工程技术等众多领域等都有极其广泛的应用．矩阵作为一些抽象数学的具体表现，在数学研究中占有极其重要的地位．本章将介绍两个关于矩阵的重要概念，即矩阵的初等变换与矩阵的秩，讨论矩阵的秩与线性方程组的解之间的关系，并介绍用初等变换解线性方程组的方法．

第一节 矩阵的初等变换与初等矩阵

一、矩阵的初等变换

矩阵的初等变换是一种非常重要的运算，在求解线性方程组，研究矩阵理论时都起着重要作用．在中学所学代数中我们学过用加减消元法和代入消元法解二元、三元方程组．实际上，消元法比用行列式求解方程组更具有普遍性，为了引入矩阵初等变换的概念，我们先分析消元法求解线性方程组的过程．

引例 求解线性方程组．

$$\begin{cases} 2x_1+5x_2+x_3=0 & <1> \\ x_1+x_2-x_3=1 & <2> \\ 4x_1+7x_2-x_3=2 & <3> \end{cases} \qquad (B_1)$$

解： Step1 对调方程组中的式$<1>$和式$<2>$，得

$$\begin{cases} x_1+x_2-x_3=1 & <4> \\ 2x_1+5x_2+x_3=0 & <5> \\ 4x_1+7x_2-x_3=2 & <3> \end{cases} \qquad (B_2)$$

Step2 用(-2)乘方程式$<4>$加到方程式$<5>$上，用(-4)乘方程式$<4>$加到方程式$<3>$上，得

$$\begin{cases} x_1+x_2-x_3=1 & <4> \\ 3x_2+3x_3=-2 & <6> \\ 3x_2+3x_3=-2 & <7> \end{cases} \qquad (B_3)$$

Step3　方程式＜7＞减去方程式＜6＞，得

$$\begin{cases} x_1 + x_2 - x_3 = 1 & \langle 4\rangle \\ \quad 3x_2 + 3x_3 = -2 & \langle 6\rangle \\ \qquad 0 = 0 & \langle 8\rangle \end{cases} \qquad (B_4)$$

Step4　方程式＜6＞左右两端同除以 3，得

$$\begin{cases} x_1 + x_2 - x_3 = 1 & \langle 4\rangle \\ \quad x_2 + x_3 = -\dfrac{2}{3} & \langle 9\rangle \\ \qquad 0 = 0 & \langle 8\rangle \end{cases} \qquad (B_5)$$

Step5　方程式＜4＞减去方程式＜9＞，得

$$\begin{cases} x_1 \quad - 2x_3 = \dfrac{5}{3} & \langle 10\rangle \\ \quad x_2 + x_3 = -\dfrac{2}{3} & \langle 9\rangle \\ \qquad 0 = 0 & \langle 8\rangle \end{cases} \qquad (B_6)$$

上述方程组 $(B_1)-(B_6)$ 是同解方程组．从方程组 (B_6) 可以看出，这是一个含有三个未知量两个有效方程的方程组，应有一个自由未知量．由于方程组 (B_6) 呈阶梯形，可把每个台阶的第一个未知量（x_1，x_2）选为非自由未知量，剩下的 x_3 选为自由未知量．这样，只需用“回代”的方法便能求出线性方程组的解：

$$\begin{cases} x_1 = 2x_3 + \dfrac{5}{3}, \\ x_2 = -x_3 - \dfrac{2}{3} \end{cases}$$

其中，x_3 可任意取值．令 $x_3 = c$，则方程组的解可记作

$$\boldsymbol{x} = \begin{pmatrix} x_1 \\ x_2 \\ x_3 \end{pmatrix} = \begin{pmatrix} 2c + \dfrac{5}{3} \\ -c - \dfrac{2}{3} \\ c \end{pmatrix},$$

即

$$\boldsymbol{x} = c\begin{pmatrix} 2 \\ -1 \\ 1 \end{pmatrix} + \begin{pmatrix} \dfrac{5}{3} \\ -\dfrac{2}{3} \\ 0 \end{pmatrix},$$

其中 c 为任意常数．

在上述消元过程中，始终把方程组看作一个整体，即不是着眼于某一个方程的变形，而是着眼于整个方程组变成另一个方程组．对方程组，我们实行了如下三种变换，即

(1)交换两个方程的位置；

(2)以一个不等于 0 的数乘某一个方程；

(3)一个方程加上另一个方程的 k 倍．

变换前的方程组与变换后的方程组是同解的，这三种变换都是方程组的同解变换，所以最后求得的解是方程组(B_1)的全部解．

在上述变换过程中，实际上只对方程组中未知量的系数和常数进行运算，未知量并未参与运算．因此，若记

$$\overline{\boldsymbol{A}}=(\boldsymbol{A}\,|\,\boldsymbol{b})=\begin{pmatrix}2 & 5 & 1 & 0\\1 & 1 & -1 & 1\\4 & 7 & -1 & 2\end{pmatrix},$$

那么上述对方程组的变换完全可以转换为对矩阵 $\overline{\boldsymbol{A}}$[方程组($B_1$)的增广矩阵]的变换．把方程组的上述三种同解变换移植到矩阵上，就得到矩阵的三种初等变换．

定义 3.1 下面三种变换称为**矩阵的初等行变换**：

(1)对调两行(对调 i，j 两行，记作 $r_i \leftrightarrow r_j$)；

(2)以数 $k\neq 0$ 乘某一行中的所有元素(第 i 行乘 k，记作 $r_i\times k$)；

(3)把某一行所有元素的 k 倍加到另一行对应的元素上去(第 j 行的 k 倍加到第 i 行上，记作 r_i+kr_j)．

把定义中的“行”换成“列”，即得矩阵的初等列变换的定义(所用记号是把“r”换成“c”)．

矩阵的初等行变换与初等列变换，统称为**矩阵的初等变换**．

显然，矩阵的三种初等变换都是可逆的，且其逆变换是同一类型的初等变换：

$r_i \leftrightarrow r_j$ 的逆变换为 $r_i \leftrightarrow r_j$，

$r_i\times k$ 的逆变换为 $r_i\times\left(\dfrac{1}{k}\right)$[也可记作($r_i\div k$)]，

r_i+kr_j 的逆变换为 $r_i+(-k)r_j$(或记作 r_i-kr_j)．

定义 3.2 如果矩阵 $\boldsymbol{A}$ 经有限次初等变换变成矩阵 $\boldsymbol{B}$，就称**矩阵 $\boldsymbol{A}$ 与矩阵 $\boldsymbol{B}$ 等价**，记作 $\boldsymbol{A}\cong\boldsymbol{B}$.

矩阵之间的等价关系具有如下性质：

(1)反身性：$\boldsymbol{A}\cong\boldsymbol{A}$；

(2)对称性：若 $\boldsymbol{A}\cong\boldsymbol{B}$，则 $\boldsymbol{B}\cong\boldsymbol{A}$；

(3)传递性：若 $\boldsymbol{A}\cong\boldsymbol{B}$，$\boldsymbol{B}\cong\boldsymbol{C}$，则 $\boldsymbol{A}\cong\boldsymbol{C}$.

数学中把具有上述三条性质的关系称为等价，例如两个线性方程组同解，就称这两个线性方程组等价．

下面我们用矩阵的初等行变换来解方程组(B_1)，其过程可与方程组(B_1)的消元过程一一对照：

$$\overline{\boldsymbol{A}}=(\boldsymbol{A}\,|\,\boldsymbol{b})=\left(\begin{array}{ccc|c}2 & 5 & 1 & 0\\1 & 1 & -1 & 1\\4 & 7 & -1 & 2\end{array}\right)\xrightarrow{r_1\leftrightarrow r_2}\left(\begin{array}{ccc|c}1 & 1 & -1 & 1\\2 & 5 & 1 & 0\\4 & 7 & -1 & 2\end{array}\right)=\boldsymbol{B}_1$$

$$\xrightarrow[r_3-4r_1]{r_2-2r_1}\left(\begin{array}{ccc|c}1 & 1 & -1 & 1\\0 & 3 & 3 & -2\\0 & 3 & 3 & -2\end{array}\right)=\boldsymbol{B}_2$$

$$\xrightarrow{r_3-r_2}\left(\begin{array}{ccc|c}1&1&-1&1\\0&3&3&-2\\0&0&0&0\end{array}\right)=\boldsymbol{B}_3$$

$$\xrightarrow{r_2\times\frac{1}{3}}\left(\begin{array}{ccc|c}1&1&-1&1\\0&1&1&-\frac{2}{3}\\0&0&0&0\end{array}\right)=\boldsymbol{B}_4$$

$$\xrightarrow{r_1-r_2}\left(\begin{array}{ccc|c}1&0&-2&\frac{5}{3}\\0&1&1&-\frac{2}{3}\\0&0&0&0\end{array}\right)=\boldsymbol{B}_5$$

矩阵 $\boldsymbol{B}_5$ 对应线性方程组

$$\begin{cases}x_1-2x_3\quad=\dfrac{5}{3} & \langle 10\rangle\\ x_2\ \ +x_3=-\dfrac{2}{3} & \langle 9\rangle\\ \qquad\ 0\quad=0 & \langle 8\rangle\end{cases}$$

取 x_3 为自由未知量，并令 $x_3=c$，即得

$$\boldsymbol{x}=\begin{pmatrix}x_1\\x_2\\x_3\end{pmatrix}=\begin{pmatrix}2c+\frac{5}{3}\\-c-\frac{2}{3}\\c\end{pmatrix}=c\begin{pmatrix}2\\-1\\1\end{pmatrix}+\begin{pmatrix}\frac{5}{3}\\-\frac{2}{3}\\0\end{pmatrix},$$

其中 c 为任意常数．

矩阵 $\boldsymbol{B}_3$，$\boldsymbol{B}_4$ 和 $\boldsymbol{B}_5$ 都称为行阶梯形矩阵，其特点是：可画出一条阶梯线，线的下方全为 0；每个台阶只有一行，台阶数即是非零行的行数，阶梯线的竖线(每段竖线的长度为一行)后面的第一个元素为非零元，也就是非零行的第一个非零元．

行阶梯形矩阵 $\boldsymbol{B}_5$ 还称为行最简形矩阵，其特点是：非零行的第一个非零元为 1，且这些非零元所在的列的其他元素都为 0.

由此我们给出如下定义：

定义 3.3 如果一个矩阵具有如下特征，则这个矩阵称为**行阶梯形矩阵**：

(1)零行(即元素全为零的行)位于全部非零行的下方(如果存在非零行)；

(2)非零行的首个非零元(即位于最左边的非零元)的列下标随其行下标的递增而严格递增．

定义 3.4 如果一个行阶梯形矩阵具有如下特征，则该矩阵称为**行最简形矩阵**：

(1)非零行的首个非零元为 1；

(2)非零行的首个非零元所在列的其余元素均为零．

定理 3.1 任何非零矩阵 $\boldsymbol{A}_{m\times n}$ 总可经过有限次的初等行变换变为行阶梯形矩阵和行最简形矩阵．

利用初等行变换，把一个矩阵化为行阶梯形矩阵和行最简形矩阵，是一种很重要的运

算．由引例可知，要解线性方程组，只需把线性方程组相应的增广矩阵化为行最简形矩阵．

由行最简形矩阵 $\boldsymbol{B}_5$，即可写出方程组的解，反之，由方程组的解也可写出矩阵 $\boldsymbol{B}_5$（只需把方程组的解也看成线性方程组，写出线性方程组的增广矩阵即可）．由此可猜想到一个矩阵的行最简形矩阵是唯一确定的（行阶梯形矩阵中非零行的行数也是唯一确定的）．

对行最简形矩阵再施以初等列变换，可变成一种形状更简单的矩阵，称为标准形．例如

$$\boldsymbol{B}\to\cdots\to\begin{pmatrix}1&0&-2&5/3\\0&1&1&-2/3\\0&0&0&0\end{pmatrix}\xrightarrow[c_4-\frac{5}{3}c_1]{c_3+2c_1}\begin{pmatrix}1&0&0&0\\0&1&1&-2/3\\0&0&0&0\end{pmatrix}\xrightarrow[c_4+\frac{2}{3}c_2]{c_3-c_2}\begin{pmatrix}1&0&0&0\\0&1&0&0\\0&0&0&0\end{pmatrix}=\boldsymbol{I}$$

矩阵 $\boldsymbol{I}$ 称为矩阵 $\boldsymbol{B}$ 的**标准形**，其特点是：$\boldsymbol{I}$ 的左上角是一个单位矩阵，其余元素全为 0.

定理 3.2 任何非零矩阵 $\boldsymbol{A}_{m\times n}$ 总可经过有限次的初等变换变为标准形矩阵，即

$$\boldsymbol{A}\to\cdots\to\boldsymbol{I}=\begin{pmatrix}\boldsymbol{E}_r&\boldsymbol{O}\\\boldsymbol{O}&\boldsymbol{O}\end{pmatrix}_{m\times n}.$$

矩阵的标准形由 m、n、r 三个数完全确定，其中 r 就是行阶梯形矩阵中非零行的行数．所有与 $\boldsymbol{A}$ 等价的矩阵组成的一个集合，称为一个等价类，标准形 $\boldsymbol{I}$ 就是这个等价类中形状最简单的矩阵．当 $\boldsymbol{A}\cong\boldsymbol{B}$ 时，则 $\boldsymbol{A}$ 与 $\boldsymbol{B}$ 具有相同的等价标准形．

特别地，当 $\boldsymbol{A}$ 为 n 阶可逆方阵时，$\boldsymbol{A}$ 的等价标准形为 $\boldsymbol{E}$，即 $\boldsymbol{A}\cong\boldsymbol{E}$.

二、初等矩阵

矩阵的初等变换与矩阵的乘法有着密切的关系，这种关系可以通过初等矩阵来反映．

定义 3.5 由单位矩阵 E 经过一次初等变换得到的矩阵称为**初等矩阵**．

矩阵的三种初等变换对应着三种初等矩阵．

1. 对调两行或对调两列

把单位矩阵中第 i，j 两行对调（$r_i\leftrightarrow r_j$），得初等矩阵

$$\boldsymbol{E}(i,\ j)=\begin{pmatrix}1&&&&&&&&\\&\ddots&&&&&&&\\&&1&&&&&&\\&&&0&\cdots&1&&&\\&&&&1&&&&\\&&&\vdots&\ddots&\vdots&&&\\&&&&&1&&&\\&&&1&\cdots&0&&&\\&&&&&&1&&\\&&&&&&&\ddots&\\&&&&&&&&1\end{pmatrix}\begin{matrix}\\\\\\\leftarrow\text{第 } i\text{ 行}\\\\\\\\\leftarrow\text{第 } j\text{ 行}\\\\\\\\\end{matrix},$$

用 m 阶初等矩阵 $\boldsymbol{E}_m(i,\ j)$ 左乘矩阵 $\boldsymbol{A}=(a_{ij})_{m\times n}$，得

$$
\boldsymbol{E}_m(i,j)\boldsymbol{A}=\begin{pmatrix}
a_{11} & a_{12} & \cdots & a_{1n}\\
\vdots & & & \\
a_{j1} & a_{j2} & \cdots & a_{jn}\\
\vdots & & & \\
a_{i1} & a_{i2} & \cdots & a_{in}\\
\vdots & \vdots & & \vdots\\
a_{m1} & a_{m2} & \cdots & a_{mn}
\end{pmatrix}\begin{matrix} \\ \\ \leftarrow 第\ i\ 行 \\ \\ \leftarrow 第\ j\ 行 \\ \\ \\ \end{matrix}.
$$

其结果相当于对矩阵 **A** 施行第一种初等行变换：把 **A** 的第 i 行与第 j 行对调($r_i \leftrightarrow r_j$). 类似地，以 n 阶初等矩阵 $\boldsymbol{E}_n(i, j)$ 右乘矩阵 **A**，其结果相当于对矩阵 **A** 施行第一种初等列变换：把 **A** 的第 i 列与第 j 列对调($c_i \leftrightarrow c_j$).

2. 以数 $k \neq 0$ 乘单位矩阵的第 i 行($r_i \times k$)

以数 $k \neq 0$ 乘单位矩阵的第 i 行($r_i \times k$)，得初等矩阵

$$
\boldsymbol{E}_m[i(k)]=\begin{pmatrix}
1 & & & & & \\
& \ddots & & & & \\
& & 1 & & & \\
& & & k & & \\
& & & & 1 & \\
& & & & & \ddots & \\
& & & & & & 1
\end{pmatrix}\leftarrow 第\ i\ 行.
$$

可以验知：以 $\boldsymbol{E}_m[i(k)]$左乘矩阵 **A**，其结果相当于以数 k 乘 **A** 的第 i 行($r_i \times k$)；以 $\boldsymbol{E}_n[i(k)]$右乘矩阵 **A**，其结果相当于以数 k 乘 **A** 的第 i 列($c_i \times k$).

3. 以数 k 乘某行(列)加到另一行(列)上去

以数 k 乘 **E** 的第 j 行然后加到第 i 行上($r_i + kr_j$)[或以 k 乘 **E** 的第 j 列然后加到第 i 列上($c_i + kc_j$)]，得初等矩阵

$$
\boldsymbol{E}[i,j(k)]=\begin{pmatrix}
1 & & & & \\
& \ddots & & & \\
& & 1 & \cdots & k & \\
& & & \ddots & \vdots & \\
& & & & 1 & \\
& & & & & \ddots \\
& & & & & & 1
\end{pmatrix}\begin{matrix} \\ \\ \leftarrow 第\ i\ 行 \\ \\ \leftarrow 第\ j\ 行 \\ \\ \\ \end{matrix}.
$$

可以验知：以 $\boldsymbol{E}_m[i, j(k)]$左乘矩阵 **A**，其结果相当于把 **A** 的第 j 行乘 k 加到第 i 行上($r_i + kr_j$)，以 $\boldsymbol{E}_n[i, j(k)]$右乘矩阵 **A**，其结果相当于把 **A** 的第 j 列乘 k 加到第 i 列上($c_i + kc_j$).

综上所述，可得下述定理.

定理 3.3 设 **A** 是一个 $m \times n$ 矩阵. 对 **A** 施行一次初等行变换，相当于在 **A** 的左边乘以相应的 m 阶初等矩阵；对 **A** 施行一次初等列变换. 相当于在 **A** 的右边乘以相应的 n 阶初等矩阵.

初等变换对应初等矩阵，由初等变换可逆，可知初等矩阵可逆，且此初等变换的逆变

换也就对应此初等矩阵的逆矩阵：由变换 $r_i \leftrightarrow r_j$ 的逆变换就是其本身，知 $\boldsymbol{E}(i, j)^{-1} = \boldsymbol{E}(i, j)$；由变换 $r_i \times k$ 的逆变换为 $r_i \times \frac{1}{k}$，知 $\boldsymbol{E}[i(k)]^{-1} = \boldsymbol{E}\left[i\left(\frac{1}{k}\right)\right]$；由变换 $r_i + kr_j$ 的逆变换为 $r_i + (-k)r_j$，知 $\boldsymbol{E}[i, j(k)]^{-1} = \boldsymbol{E}[i, j(-k)]$.

定理 3.4 设 $\boldsymbol{A}$ 为可逆矩阵，则存在有限个初等矩阵 $\boldsymbol{P}_1$，$\boldsymbol{P}_2$，…，$\boldsymbol{P}_l$，使 $\boldsymbol{A} = \boldsymbol{P}_1 \boldsymbol{P}_2 \cdots \boldsymbol{P}_l$.

证明： 因 $\boldsymbol{A}$ 为可逆矩阵，则 $\boldsymbol{A} \cong \boldsymbol{E}$，故 $\boldsymbol{E}$ 经有限次初等变换可变成 $\boldsymbol{A}$，也就是存在有限个初等矩阵 $\boldsymbol{P}_1$，$\boldsymbol{P}_2$，…，$\boldsymbol{P}_l$，使

$$\boldsymbol{P}_1 \boldsymbol{P}_2 \cdots \boldsymbol{P}_r \boldsymbol{E} \boldsymbol{P}_{r+1} \cdots \boldsymbol{P}_l = \boldsymbol{A},$$

即 $\boldsymbol{A} = \boldsymbol{P}_1 \boldsymbol{P}_2 \cdots \boldsymbol{P}_l$.

推论 3.1 $m \times n$ 矩阵 $\boldsymbol{A} \cong \boldsymbol{B}$ 的充分必要条件是：存在 m 阶可逆矩阵 $\boldsymbol{P}$ 及 n 阶可逆矩阵 $\boldsymbol{Q}$，使 $\boldsymbol{PAQ} = \boldsymbol{B}$.

三、用初等行变换求矩阵的逆

根据定理 3.4，还可得一种求逆矩阵的方法：

当 $|\boldsymbol{A}| \neq 0$ 时，由 $\boldsymbol{A} = \boldsymbol{P}_1 \boldsymbol{P}_2 \cdots \boldsymbol{P}_l$，有

$$\boldsymbol{P}_l^{-1} \boldsymbol{P}_{l-1}^{-1} \cdots \boldsymbol{P}_1^{-1} \boldsymbol{A} = \boldsymbol{E} \tag{i}$$

及

$$\boldsymbol{P}_l^{-1} \boldsymbol{P}_{l-1}^{-1} \cdots \boldsymbol{P}_1^{-1} \boldsymbol{E} = \boldsymbol{A}^{-1} \tag{ii}$$

式(i)表明 $\boldsymbol{A}$ 经一系列初等行变换可变成 $\boldsymbol{E}$，式(ii)表明 $\boldsymbol{E}$ 经过同一系列初等行变换即变成 $\boldsymbol{A}^{-1}$. 利用分块矩阵形式，(i)、(ii)两式可合并为

$$\boldsymbol{P}_l^{-1} \boldsymbol{P}_{l-1}^{-1} \cdots \boldsymbol{P}_1^{-1} (\boldsymbol{A} | \boldsymbol{E}) = (\boldsymbol{E} | \boldsymbol{A}^{-1}).$$

因此，我们得到一个求解逆矩阵的简便方法，具体步骤如下：

(1)构造 $n \times 2n$ 矩阵$(\boldsymbol{A} | \boldsymbol{E})$；

(2)对$(\boldsymbol{A} | \boldsymbol{E})$连续施行初等行变换，直至左边子块 $\boldsymbol{A}$ 变成 $\boldsymbol{E}$，则此时右边的子块 $\boldsymbol{E}$ 就变成 $\boldsymbol{A}^{-1}$. 即

$$(\boldsymbol{A} | \boldsymbol{E}) \xrightarrow{\text{初等行变换}} \cdots \rightarrow (\boldsymbol{E} | \boldsymbol{A}^{-1})$$

因此，我们可以利用初等行变换方便地求解逆矩阵.

注意： 在用初等行变换求 $\boldsymbol{A}$ 的逆矩阵的过程中，必须始终作初等行变换，期间不能作任何的列变换.

例 3.1 求矩阵 $\boldsymbol{A} = \begin{pmatrix} -4 & 1 & -3 \\ -5 & 1 & -3 \\ 6 & -1 & 4 \end{pmatrix}$ 的逆矩阵.

解： $(\boldsymbol{A} | \boldsymbol{E}) = \left(\begin{array}{ccc|ccc} -4 & 1 & -3 & 1 & 0 & 0 \\ -5 & 1 & -3 & 0 & 1 & 0 \\ 6 & -1 & 4 & 0 & 0 & 1 \end{array}\right) \xrightarrow{r_1 - r_2} \left(\begin{array}{ccc|ccc} 1 & 0 & 0 & 1 & -1 & 0 \\ -5 & 1 & -3 & 0 & 1 & 0 \\ 6 & -1 & 4 & 0 & 0 & 1 \end{array}\right)$

$$\xrightarrow[r_3 - 6r_1]{r_2 + 5r_1} \left(\begin{array}{ccc|ccc} 1 & 0 & 0 & 1 & -1 & 0 \\ 0 & 1 & -3 & 5 & -4 & 0 \\ 0 & -1 & 4 & -6 & 6 & 1 \end{array}\right) \xrightarrow{r_3 + r_2} \left(\begin{array}{ccc|ccc} 1 & 0 & 0 & 1 & -1 & 0 \\ 0 & 1 & -3 & 5 & -4 & 0 \\ 0 & 0 & 1 & -1 & 2 & 1 \end{array}\right)$$

$$\xrightarrow{r_2+3r_3}\left(\begin{array}{ccc|ccc}1&0&0&1&-1&0\\0&1&0&2&2&3\\0&0&1&-1&2&1\end{array}\right)=(\boldsymbol{E}|\boldsymbol{A}^{-1}),$$

所以

$$\boldsymbol{A}^{-1}=\begin{pmatrix}1&-1&0\\2&2&3\\-1&2&1\end{pmatrix}.$$

相似于利用初等行变换求解逆矩阵，下面介绍一种利用初等行变换求解特殊矩阵方程 $\boldsymbol{AX}=\boldsymbol{B}$ 的方法：

设 $\boldsymbol{A}$ 为 n 阶可逆方阵，$\boldsymbol{B}$ 为 $n\times m$ 矩阵，若 $\boldsymbol{A}$ 可逆，在方程 $\boldsymbol{AX}=\boldsymbol{B}$ 的两边左乘 $\boldsymbol{A}^{-1}$，得

$$\boldsymbol{X}=\boldsymbol{A}^{-1}\boldsymbol{B}.$$

根据定理 3.4，可构造分块矩阵对$(\boldsymbol{A}|\boldsymbol{B})$，对$(\boldsymbol{A}|\boldsymbol{B})$连续施行初等行变换，直至左边子块 $\boldsymbol{A}$ 变成 $\boldsymbol{E}$，则此时右边的子块 $\boldsymbol{B}$ 就变成 $\boldsymbol{A}^{-1}\boldsymbol{B}$. 即

$$\boldsymbol{A}|\boldsymbol{B}\xrightarrow{\text{初等行变换}}\cdots\rightarrow\boldsymbol{E}|\boldsymbol{A}^{-1}\boldsymbol{B}.$$

例 3.2 设矩阵 $\boldsymbol{A}=\begin{pmatrix}0&1&1\\-1&1&1\\0&-1&0\end{pmatrix}$，$\boldsymbol{B}=\begin{pmatrix}1&-1\\2&1\\1&3\end{pmatrix}$，求 $\boldsymbol{X}$，使得 $\boldsymbol{AX}+\boldsymbol{B}=\boldsymbol{X}$.

解：由 $\boldsymbol{AX}+\boldsymbol{B}=\boldsymbol{X}$，得 $\boldsymbol{X}-\boldsymbol{AX}=\boldsymbol{B}$，即$(\boldsymbol{E}-\boldsymbol{A})\boldsymbol{X}=\boldsymbol{B}$，因为

$$(\boldsymbol{E}-\boldsymbol{A})=\begin{pmatrix}1&-1&-1\\1&0&-1\\0&1&1\end{pmatrix},$$

且

$$|\boldsymbol{E}-\boldsymbol{A}|=\begin{vmatrix}1&-1&-1\\1&0&-1\\0&1&1\end{vmatrix}=1\neq0,$$

所以 $\boldsymbol{E}-\boldsymbol{A}$ 可逆，由此可知 $\boldsymbol{X}=(\boldsymbol{E}-\boldsymbol{A})^{-1}\boldsymbol{B}$. 由

$$(\boldsymbol{E}-\boldsymbol{A}|\boldsymbol{B})=\left(\begin{array}{ccc|cc}1&-1&-1&1&-1\\1&0&-1&2&1\\0&1&1&1&3\end{array}\right)\rightarrow\left(\begin{array}{ccc|cc}1&-1&-1&1&-1\\0&1&0&1&2\\0&1&1&1&3\end{array}\right)\rightarrow\left(\begin{array}{ccc|cc}1&-1&-1&1&-1\\0&1&0&1&2\\0&0&1&0&1\end{array}\right)$$

$$\rightarrow\left(\begin{array}{ccc|cc}1&-1&0&1&0\\0&1&0&1&2\\0&0&1&0&1\end{array}\right)\rightarrow\left(\begin{array}{ccc|cc}1&0&0&2&2\\0&1&0&1&2\\0&0&1&0&1\end{array}\right)=(\boldsymbol{E}|(\boldsymbol{E}-\boldsymbol{A})^{-1}\boldsymbol{B}),$$

从而得

$$\boldsymbol{X}=(\boldsymbol{E}-\boldsymbol{A})^{-1}\boldsymbol{B}=\begin{pmatrix}2&2\\1&2\\0&1\end{pmatrix}.$$

第二节　矩阵的秩

任一非零矩阵均可经初等行变换化成行阶梯形矩阵．在上节课我们已经指出行阶梯形矩阵所含非零行的行数是唯一确定的，这个数实质上就是矩阵的秩．但由于这个数的唯一性尚未证明，因此下面给出矩阵的秩的另外一种定义．

定义 3.6　在 $m\times n$ 矩阵 $\boldsymbol{A}$ 中，任取 k 行与 k 列($k\leqslant m$，$k\leqslant n$)，位于这些行列交叉处的 k^2 个元素，不改变它们在 $\boldsymbol{A}$ 中所处的位置次序而得到的 k 阶行列式，称为**矩阵 $\boldsymbol{A}$ 的 k 阶子式**．

$m\times n$ 矩阵 $\boldsymbol{A}$ 的 k 阶子式共有 $C_m^k\cdot C_n^k$ 个．

定义 3.7　设在矩阵 $\boldsymbol{A}$ 中有一个不等于 0 的 r 阶子式 D，且所有 $r+1$ 阶子式(如果存在)全等于 0，那么 $\boldsymbol{D}$ 称为矩阵 $\boldsymbol{A}$ 的最高阶非零子式，数 r 称为**矩阵 $\boldsymbol{A}$ 的秩**，记作$R(\boldsymbol{A})$．并规定零矩阵的秩等于 0.

由行列式的性质可知，在 $\boldsymbol{A}$ 中当所有 $r+1$ 阶子式全等于 0 时，则所有高于 $r+1$ 阶的子式也全等于 0，因此 $\boldsymbol{A}$ 的秩 $R(\boldsymbol{A})$就是 $\boldsymbol{A}$ 中不等于 0 的子式的最高阶数．

显然，$\boldsymbol{A}$ 的转置矩阵 $\boldsymbol{A}^{\mathrm{T}}$ 的秩 $R(\boldsymbol{A}^{\mathrm{T}})=R(\boldsymbol{A})$.

例 3.3　设 $\boldsymbol{A}=\begin{pmatrix}3&2&1&1\\1&2&-3&2\\4&4&-2&3\end{pmatrix}$，求 $R(\boldsymbol{A})$.

解： $\boldsymbol{A}$ 的三阶子式有四个，

$$\begin{vmatrix}3&2&1\\1&2&-3\\4&4&-2\end{vmatrix}=0,\quad \begin{vmatrix}3&2&1\\1&2&2\\4&4&3\end{vmatrix}=0,\quad \begin{vmatrix}3&1&1\\1&-3&2\\4&-2&3\end{vmatrix}=0,\quad \begin{vmatrix}2&1&1\\2&-3&2\\4&-2&3\end{vmatrix}=0,$$

且 $\boldsymbol{A}$ 的一个二阶子式

$$D=\begin{vmatrix}3&2\\1&2\end{vmatrix}=4\neq 0,$$

所以

$$R(\boldsymbol{A})=2.$$

从本例可知，对于一般的矩阵，当行数与列数较高时，用定义求秩是很麻烦的．然而，对于行阶梯形矩阵，它的秩就是非零行的行数，一看便知无须计算．因此，自然想到用矩阵变换把矩阵化为行阶梯形矩阵．但两个等价矩阵的秩是否相等呢？下面的定理对此作出肯定的回答．

定理 3.5　若 $\boldsymbol{A}\cong\boldsymbol{B}$，则 $R(\boldsymbol{A})=R(\boldsymbol{B})$.

证明从略．

根据这一定理，为求矩阵的秩，只要把矩阵用初等行变换变成行阶梯形矩阵，行阶梯形矩阵中非零行的行数即该矩阵的秩．

例 3.4 设 $\boldsymbol{A}=\begin{pmatrix}3 & 2 & 0 & 5 & 0\\ 3 & -2 & 3 & 6 & -1\\ 2 & 0 & 1 & 5 & -3\\ 1 & 6 & -4 & -1 & 4\end{pmatrix}$，求 $R(\boldsymbol{A})$.

解：

$$\boldsymbol{A}\xrightarrow{r_1\leftrightarrow r_4}\begin{pmatrix}1 & 6 & -4 & -1 & 4\\ 3 & -2 & 3 & 6 & -1\\ 2 & 0 & 1 & 5 & -3\\ 3 & 2 & 0 & 5 & 0\end{pmatrix}\xrightarrow[r_4-3r_1]{\substack{r_2-3r_1\\ r_3-2r_1}}\begin{pmatrix}1 & 6 & -4 & -1 & 4\\ 0 & -20 & 15 & 9 & -13\\ 0 & -12 & 9 & 7 & -11\\ 0 & -16 & 12 & 8 & -12\end{pmatrix}$$

$$\xrightarrow{r_2-r_4}\begin{pmatrix}1 & 6 & -4 & -1 & 4\\ 0 & -4 & 3 & 1 & -1\\ 0 & -12 & 9 & 7 & -11\\ 0 & -16 & 12 & 8 & -12\end{pmatrix}\xrightarrow[r_4-4r_2]{r_3-3r_2}\begin{pmatrix}1 & 6 & -4 & -1 & 4\\ 0 & -4 & 3 & 1 & -1\\ 0 & 0 & 0 & 4 & -8\\ 0 & 0 & 0 & 4 & -8\end{pmatrix}$$

$$\xrightarrow{r_4-r_3}\begin{pmatrix}1 & 6 & -4 & -1 & 4\\ 0 & -4 & 3 & 1 & -1\\ 0 & 0 & 0 & 4 & -8\\ 0 & 0 & 0 & 0 & 0\end{pmatrix}=\boldsymbol{B},$$

行阶梯形矩阵 $\boldsymbol{B}$ 有 3 个非零行，$\boldsymbol{A}\cong\boldsymbol{B}$，所以知 $R(\boldsymbol{A})=3$.

对于 n 阶可逆矩阵 $\boldsymbol{A}$，因为 $|\boldsymbol{A}|\neq 0$，知 $\boldsymbol{A}$ 的最高阶非零子式为 n 阶子式 $|\boldsymbol{A}|$，故 $R(\boldsymbol{A})=n$，而 $\boldsymbol{A}$ 的标准形为单位矩阵 $\boldsymbol{E}$，即 $\boldsymbol{A}\cong\boldsymbol{E}$. 由于可逆矩阵的秩等于矩阵的阶数，故可逆矩阵又称满秩矩阵，而奇异矩阵又称为降秩矩阵.

推论 3.2 n 阶方阵 $\boldsymbol{A}$ 可逆的充要条件是 $\boldsymbol{A}\cong\boldsymbol{E}$.

第三节　线性方程组的解

线性方程组的应用

利用系数矩阵 $\boldsymbol{A}$ 及增广矩阵 $\overline{\boldsymbol{A}}$ 的秩，可方便地讨论线性方程组 $\boldsymbol{Ax}=\boldsymbol{b}$ 的解.

定理 3.6 n 元齐次线性方程组 $\boldsymbol{A}_{m\times n}x=0$ 有非零解的充分必要条件是系数矩阵的秩 $R(\boldsymbol{A})<n$.

推论 3.3 齐次线性方程组 $\boldsymbol{A}_{m\times n}x=0$ 中，当 $m<n$(即方程个数小于未知量个数)时，方程组一定有非零解.

定理 3.7 n 元非齐次线性方程组 $\boldsymbol{A}_{m\times n}x=b$ 有解的充分必要条件是系数矩阵 $\boldsymbol{A}$ 的秩等于增广矩阵 $\overline{\boldsymbol{A}}=(\boldsymbol{A}|\boldsymbol{b})$ 的秩.

证明： 先证必要性. 设方程组 $\boldsymbol{Ax}=\boldsymbol{b}$ 有解，要证 $R(\boldsymbol{A})=R(\overline{\boldsymbol{A}})$. 用反证法，设 $R(\boldsymbol{A})<R(\overline{\boldsymbol{A}})$，则 $\overline{\boldsymbol{A}}$ 的行阶梯形矩阵中最后一个非零行对应方程 $0=1$，这与方程组有解相矛盾. 因此 $R(\boldsymbol{A})=R(\overline{\boldsymbol{A}})$.

再证充分性. 设 $R(\boldsymbol{A})=R(\overline{\boldsymbol{A}})$，要证方程组有解，把 $\overline{\boldsymbol{A}}$ 化为行阶梯形矩阵，设

$R(\mathbf{A})=R(\overline{\mathbf{A}})=r(r\leqslant n)$，则 $\overline{\mathbf{A}}$ 的行阶梯形矩阵中含有 r 个非零行，把这 r 行的第一个非零元所对应的未知量作为非自由未知量，其余 $n-r$ 各作为自由未知量，并令 $n-r$ 个自由未知量全取 0，即可得到方程组的一个解.

证毕.

实际上，当 $R(\mathbf{A})=R(\overline{\mathbf{A}})=n$ 时，方程组没有自由未知量，只有唯一解；当 $R(\mathbf{A})=R(\overline{\mathbf{A}})=r<n$ 时，方程组有 $n-r$ 个自由未知量，令它们分别等于 $c_1, c_2, \cdots, c_{n-r}$，可得含 $n-r$ 个参数 $c_1, c_2, \cdots, c_{n-r}$ 的解，这些参数可任意取值，因此，这时方程组有无限多个解.下一章中将证明这个含 $n-r$ 个参数的解可表示方程组的任一解，因此这个解称为**线性方程组的通解**.

对于齐次线性方程组，只需把它的系数矩阵化成行最简形矩阵，便能写出它的通解.对于非齐次线性方程组，只需把它的增广矩阵化成行阶梯形矩阵，便能根据定理 3.7 判断它是否有解；在有解时，把增广矩阵进一步化成行最简形矩阵，便能写出它的通解.

在第一节中的引例已经介绍了这种解法，为使读者能熟练掌握这种解法，下面再举几例.

例 3.5 求解齐次线性方程组 $\begin{cases} x_1+2x_2+2x_3+x_4=0 \\ 2x_1+x_2-2x_3-2x_4=0. \\ x_1-x_2-4x_3-3x_4=0 \end{cases}$

解：$$\mathbf{A}=\begin{pmatrix} 1 & 2 & 2 & 1 \\ 2 & 1 & -2 & -2 \\ 1 & -1 & -4 & -3 \end{pmatrix} \xrightarrow[r_3-r_1]{r_2-2r_1} \begin{pmatrix} 1 & 2 & 2 & 1 \\ 0 & -3 & -6 & -4 \\ 0 & -3 & -6 & -4 \end{pmatrix} \xrightarrow[r_2\div(-3)]{r_3-r_2} \begin{pmatrix} 1 & 2 & 2 & 1 \\ 0 & 1 & 2 & \frac{4}{3} \\ 0 & 0 & 0 & 0 \end{pmatrix}$$

$$\xrightarrow{r_1-2r_2} \begin{pmatrix} 1 & 0 & -2 & -5/3 \\ 0 & 1 & 2 & 4/3 \\ 0 & 0 & 0 & 0 \end{pmatrix},$$

即得与原方程组同解的方程组

$$\begin{cases} x_1-2x_3-\frac{5}{3}x_4=0 \\ x_2+2x_3+\frac{4}{3}x_4=0 \end{cases},$$

由此可得

$$\begin{cases} x_1=2x_3+\frac{5}{3}x_4 \\ x_2=-2x_3-\frac{4}{3}x_4 \end{cases} (x_3, x_4 \text{ 可取任意值}).$$

令 $x_3=c_1$，$x_4=c_2$，则得到方程组的解为

$$\begin{cases} x_1=2c_1+\frac{5}{3}c_2 \\ x_2=-2c_1-\frac{4}{3}c_2 \\ x_3=c_1 \\ x_4=c_2 \end{cases} (c_1, c_2 \text{ 为任意实数}),$$

也可写成

$$\begin{pmatrix} x_1 \\ x_2 \\ x_3 \\ x_4 \end{pmatrix} = \begin{pmatrix} 2c_1+\frac{5}{3}c_2 \\ -2c_1-\frac{4}{3}c_2 \\ c_1 \\ c_2 \end{pmatrix} = \begin{pmatrix} 2 \\ -2 \\ 1 \\ 0 \end{pmatrix} c_1 + \begin{pmatrix} \frac{5}{3} \\ -\frac{4}{3} \\ 0 \\ 1 \end{pmatrix} c_2 .$$

例 3.6 求解非齐次线性方程组 $\begin{cases} x_1-2x_2+3x_3-x_4=1 \\ 3x_1-x_2+5x_3-3x_4=2 \\ 2x_1+x_2+2x_3-2x_4=3 \end{cases}$.

解: $\overline{\mathbf{A}}=\left(\begin{array}{cccc|c} 1 & -2 & 3 & -1 & 1 \\ 3 & -1 & 5 & -3 & 2 \\ 2 & 1 & 2 & -2 & 3 \end{array}\right) \xrightarrow[r_3-2r_1]{r_2-3r_1} \left(\begin{array}{cccc|c} 1 & -2 & 3 & -1 & 1 \\ 0 & 5 & -4 & 0 & -1 \\ 0 & 5 & -4 & 0 & 1 \end{array}\right)$

$$\xrightarrow{r_3-r_2} \left(\begin{array}{cccc|c} 1 & -2 & 3 & -1 & 1 \\ 0 & 5 & -4 & 0 & -1 \\ 0 & 0 & 0 & 0 & 2 \end{array}\right),$$

即得与原方程组同解的方程组

$$\begin{cases} x_1-2x_2+3x_3-x_4=1 \\ 5x_2-4x_3=-\frac{1}{2}, \\ 0=2 \end{cases}$$

同解方程组中含有矛盾方程 $0=2$，故原方程组无解.

实质上，$R(\mathbf{A})=2$，$R(\overline{\mathbf{A}})=3$，$R(\mathbf{A})<R(\overline{\mathbf{A}})$，由定理即可判定方程组无解.

例 3.7 求解非齐次线性方程组 $\begin{cases} -3x_1-3x_2+14x_3+29x_4=-16 \\ x_1+x_2+4x_3-x_4=1 \\ -x_1-x_2+2x_3+7x_4=-4 \end{cases}$.

解: $\overline{\mathbf{A}}=\left(\begin{array}{cccc|c} -3 & -3 & 14 & 29 & -16 \\ 1 & 1 & 4 & -1 & 1 \\ -1 & -1 & 2 & 7 & -4 \end{array}\right) \xrightarrow{r_1\leftrightarrow r_2} \left(\begin{array}{cccc|c} 1 & 1 & 4 & -1 & 1 \\ -3 & -3 & 14 & 29 & -16 \\ -1 & -1 & 2 & 7 & -4 \end{array}\right)$

$$\xrightarrow[r_3+r_1]{r_2+3r_1} \left(\begin{array}{cccc|c} 1 & 1 & 4 & -1 & 1 \\ 0 & 0 & 26 & 26 & -13 \\ 0 & 0 & 6 & 6 & -3 \end{array}\right) \xrightarrow{r_2\div 26} \left(\begin{array}{cccc|c} 1 & 1 & 4 & -1 & 1 \\ 0 & 0 & 1 & 1 & -1/2 \\ 0 & 0 & 6 & 6 & -3 \end{array}\right)$$

$$\xrightarrow{r_3-6r_2} \left(\begin{array}{cccc|c} 1 & 1 & 4 & -1 & 1 \\ 0 & 0 & 1 & 1 & -1/2 \\ 0 & 0 & 0 & 0 & 0 \end{array}\right) \xrightarrow{r_1-4r_2} \left(\begin{array}{cccc|c} 1 & 1 & 0 & -5 & 3 \\ 0 & 0 & 1 & 1 & -1/2 \\ 0 & 0 & 0 & 0 & 0 \end{array}\right),$$

即得与原方程组同解的方程组

$$\begin{cases} x_1+x_2-5x_4=3 \\ x_3+x_4=-\frac{1}{2} \end{cases},$$

由此可得

$$\begin{cases} x_1 = 3 - x_2 + 5x_4 \\ x_3 = -\frac{1}{2} - x_4 \end{cases} \quad (x_2,\ x_4 \text{ 可取任意值}),$$

令 $x_2 = c_1$，$x_4 = c_2$，则得到方程组的解为

$$\begin{cases} x_1 = 3 - c_1 + 5c_2 \\ x_2 = c_1 \\ x_3 = -\frac{1}{2} \quad c_2 \\ x_4 = c_2 \end{cases} \quad (c_1,\ c_2 \text{ 为任意实数}),$$

亦可写成

$$\begin{pmatrix} x_1 \\ x_2 \\ x_3 \\ x_4 \end{pmatrix} = \begin{pmatrix} 3 - c_1 + 5c_2 \\ c_1 \\ -\frac{1}{2} - c_2 \\ c_2 \end{pmatrix} = \begin{pmatrix} 3 \\ 0 \\ -\frac{1}{2} \\ 0 \end{pmatrix} + \begin{pmatrix} -1 \\ 1 \\ 0 \\ 0 \end{pmatrix} c_1 + \begin{pmatrix} 5 \\ 0 \\ -1 \\ 1 \end{pmatrix} c_2.$$

例 3.8 设有线性方程组 $\begin{cases} (1+\lambda)x_1 + x_2 + x_3 = 0 \\ x_1 + (1+\lambda)x_2 + x_3 = 3 \\ x_1 + x_2 + (1+\lambda)x_3 = \lambda \end{cases}$，问 λ 取何值时，此方程组：(1)有唯一解；(2)无解；(3)有无限多个解？并在有无限多解时求其通解.

解： 对增广矩阵 $\overline{\mathbf{A}} = (\mathbf{A} \mid \boldsymbol{b})$ 作初等行变换把它变为行阶梯形矩阵，有

$$\overline{\mathbf{A}} = \left(\begin{array}{ccc|c} 1+\lambda & 1 & 1 & 0 \\ 1 & 1+\lambda & 1 & 3 \\ 1 & 1 & 1+\lambda & \lambda \end{array}\right) \xrightarrow{r_1 \leftrightarrow r_3} \left(\begin{array}{ccc|c} 1 & 1 & 1+\lambda & \lambda \\ 1 & 1+\lambda & 1 & 3 \\ 1+\lambda & 1 & 1 & 0 \end{array}\right)$$

$$\xrightarrow[r_3 - (1+\lambda)r_1]{r_2 - r_1} \left(\begin{array}{ccc|c} 1 & 1 & 1+\lambda & \lambda \\ 0 & \lambda & -\lambda & 3-\lambda \\ 0 & -\lambda & -\lambda(2+\lambda) & -\lambda(1+\lambda) \end{array}\right)$$

$$\xrightarrow{r_3 + r_2} \left(\begin{array}{ccc|c} 1 & 1 & 1+\lambda & \lambda \\ 0 & \lambda & -\lambda & 3-\lambda \\ 0 & 0 & -\lambda(3+\lambda) & (1-\lambda)(3+\lambda) \end{array}\right)$$

(1)当 $\lambda \neq 0$ 且 $\lambda \neq -3$ 时，$R(\mathbf{A}) = R(\overline{\mathbf{A}}) = 3$，方程组有唯一解；

(2)当 $\lambda = 0$，$R(\mathbf{A}) = 1$，$R(\overline{\mathbf{A}}) = 2$，方程组无解；

(3)当 $\lambda = -3$ 时，$R(\mathbf{A}) = R(\overline{\mathbf{A}}) = 2$，方程组有无限多解.

当 $\lambda = -3$ 时，

$$\overline{\mathbf{A}} \longrightarrow \begin{pmatrix} 1 & 1 & -2 & -3 \\ 0 & -3 & 3 & 6 \\ 0 & 0 & 0 & 0 \end{pmatrix} \longrightarrow \begin{pmatrix} 1 & 0 & -1 & -1 \\ 0 & 1 & -1 & -2 \\ 0 & 0 & 0 & 0 \end{pmatrix},$$

由此便得同解方程组

$$\begin{cases} x_1 = x_3 - 1 \\ x_2 = x_3 - 2 \end{cases} \quad (x_3 \text{ 可取任意值}),$$

即

$$\begin{pmatrix}x_1\\x_2\\x_3\end{pmatrix}=c\begin{pmatrix}1\\1\\1\end{pmatrix}+\begin{pmatrix}-1\\-2\\0\end{pmatrix},$$

其中 c 为任意常数.

本例中矩阵 $\overline{\mathbf{A}}$ 是一个含参数的矩阵，由于 $\lambda+1$、$\lambda+3$ 等因式可以等于 0，故不宜作诸如 $r_2-\frac{1}{\lambda+1}r_1$、$r_2\times(\lambda+1)$、$r_3\div(\lambda+3)$ 这样的变换. 如果作了这种变换，则需对 $\lambda+1=0$ (或 $\lambda+3=0$)的情形另作讨论. 因此，对含参数的矩阵作初等变换较不方便.

例 3.9(细菌培养问题)

一位生物学家将三种细菌(标记为Ⅰ、Ⅱ和Ⅲ)放入试管中，它们将以三种不同的食物为食(A、B 和 C). 每天在试管中放置 2300 单位的 A，800 单位的 B 和 1500 单位的 C，每个细菌每天消耗一定数量的食物，见表 3.1. 若消耗掉全部食物，需要Ⅰ、Ⅱ和Ⅲ类细菌各多少个共存于试管中?

表 3.1 每个细菌每天消耗的食物数量

食物名称	细菌Ⅰ	细菌Ⅱ	细菌Ⅲ
食物 A	2	2	4
食物 B	1	2	0
食物 C	1	3	1

解：设细菌Ⅰ、Ⅱ和Ⅲ的数量分别为 x_1、x_2 和 x_3，因为每个细菌Ⅰ每天消耗 2 单位的 A，x_1 个细菌Ⅰ每天消耗 $2x_1$ 个单位的 A，同理，x_2 个细菌Ⅱ每天消耗 $2x_2$ 个单位的 A，x_3 个细菌Ⅲ每天消耗 $4x_3$ 个单位的 A，若消耗 2300 单位的 A，则

$$2x_1+2x_2+4x_3=2300,$$

同理，

$$x_1+2x_2=800$$

$$x_1+3x_2+x_3=1500,$$

求解该方程组，

$$\left(\begin{array}{ccc|c}2&2&4&2300\\1&2&0&800\\1&3&1&1500\end{array}\right)\to\cdots\to\left(\begin{array}{ccc|c}1&0&0&100\\0&1&0&350\\0&0&1&350\end{array}\right),$$

得

$$\begin{cases}x_1=100\\x_2=350,\\x_3=350\end{cases}$$

因此，若消耗全部食物，需要细菌Ⅰ、Ⅱ和Ⅲ各 100 个、350 个和 350 个共存于试管中.

例 3.10(交通网络车流量问题)

考察某城市的局部单行道路段，共包含 4 个节点 A、B、C 和 D，如图 3.1 所示．假设流入网络的流量等于流出网络的流量且全部流入一个节点的流量等于全部流出此节点的流量．图中数字代表每小时进出十字路口的车流量，求 A、B、C 和 D 中任两点间的车流量．

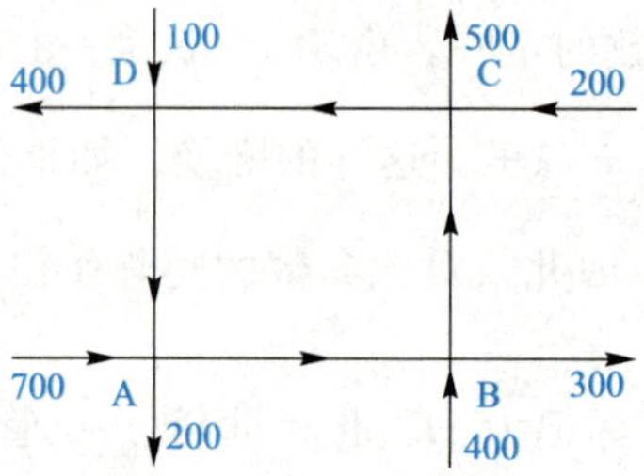

图 3.1　某城市部分单行道车流量图

解：设每两个节点之间路段上的交通流量为

$$A\to B:\ x_1,\quad B\to C:\ x_2,\quad C\to D:\ x_3,\quad D\to A:\ x_4,$$

则由题意可建立线性方程组

$$\begin{cases} x_1+200=x_4+700 \\ x_2+300=x_1+400 \\ x_3+500=x_2+200 \\ x_4+400=x_3+100 \end{cases},$$

$$\overline{\boldsymbol{A}}=\begin{pmatrix} 1 & 0 & 0 & -1 & 500 \\ -1 & 1 & 0 & 0 & 100 \\ 0 & 1 & -1 & 0 & 300 \\ 0 & 0 & 1 & -1 & 300 \end{pmatrix} \to\cdots\to \begin{pmatrix} 1 & 0 & 0 & -1 & 500 \\ 0 & 1 & 0 & -1 & 600 \\ 0 & 0 & 1 & -1 & 300 \\ 0 & 0 & 0 & 0 & 0 \end{pmatrix},$$

方程组有无数个解，令 $x_4=c$，得

$$\begin{cases} x_1=c+500 \\ x_2=c+600 \\ x_3=c+300 \\ x_4=c \end{cases} (c\geqslant 0),$$

该方程组的通解为

$$\begin{pmatrix} x_1 \\ x_2 \\ x_3 \\ x_4 \end{pmatrix}=c\begin{pmatrix} 1 \\ 1 \\ 1 \\ 1 \end{pmatrix}+\begin{pmatrix} 500 \\ 600 \\ 300 \\ 0 \end{pmatrix} (c\geqslant 0).$$

因此，每个 c 的非负取值都确定一个交通网络流．

例 3.11(食谱制定问题)

一个营养师需要制定一份食谱，提供一定量的维生素 C、钙和镁．其中用到三种食物．这些食品提供的营养及食谱需要的营养见表 3.2，该如何制定食谱？

表 3.2　食品中的营养含量

营养	单位食谱中的营养/mg			所需营养总量/mg
	食物 1	食物 2	食物 3	
维生素 C	10	20	20	100
钙	50	40	10	300
镁	30	10	40	200

解：设 x_1，x_2，x_3 分别表示这三种食物的量，由题意可得如下线性方程组：

$$\begin{cases}10x_1+20x_2+20x_3=100\\50x_1+40x_2+10x_3=300,\\30x_1+10x_2+40x_3=200\end{cases}$$

解此方程组，得

$$\begin{cases}x_1=\dfrac{50}{11}\\x_2=\dfrac{50}{33}.\\x_3=\dfrac{40}{33}\end{cases}$$

因此，食谱中应该包含 $\frac{50}{11}$ 个单位的食物 1，$\frac{50}{33}$ 个单位的食物 2，$\frac{40}{33}$ 个单位的食物 3.

数学实验——矩阵的初等变换与线性方程组

一、求矩阵的秩

命令：rank(A)，返回结果为矩阵的秩.

例 3.12　求矩阵 $\boldsymbol{A}=\begin{pmatrix}1&5&0&2\\3&1&1&2\\8&0&0&0\\3&2&0&1\end{pmatrix}$ 的秩.

解：编写 Matlab 程序如下：

```
A= [1 5 0 2; 3 1 1 2; 8 0 0 0; 3 2 0 1];
rank(A)
ans =
      4
```

二、化矩阵为行最简形矩阵

命令：rref(A)，将 A 化成行最简形.

例 3.13 将矩阵$\begin{pmatrix} 1 & 2 & -1 & 2 \\ -2 & 4 & 2 & -4 \\ 2 & -1 & 0 & 0 \\ 3 & 3 & 3 & -6 \end{pmatrix}$化为行最简形矩阵.

解： 编写 Matlab 程序如下：

```
a=[1 2 -1 2; -2 4 2 -4; 2 -1 0 0; 3 3 3 -6];
b=rref(a)
b =
      1     0     0     0
      0     1     0     0
      0     0     1    -2
      0     0     0     0
```

例 3.14 设 $\mathbf{A}=\begin{pmatrix} 1 & 1 & -\frac{1}{2} \\ 2 & -1 & 2 \\ -\frac{1}{2} & 1 & 1 \end{pmatrix}$，将矩阵化为行最简形矩阵.

解： 编写 Matlab 程序如下：

```
format rat
A=[1 1 -1/2; 2 -1 2; -1/2 1 1];
rref(A)
ans =
      1     0     0
      0     1     0
      0     0     1
```

三、求解线性方程组

Matlab 中解线性方程组可以使用"\". 虽然表面上只是一个简简单单的符号，而它的内部却包含许许多多的自适应算法，如对超定方程用最小二乘法，对欠定方程它将给出范数最小的一个解，解三对角阵方程组时用追赶法等.

另外，欠定方程组可以使用求矩阵 **A** 的阶梯形行最简形式命令 rref(A)，求出所有的基础解系.

例 3.15 求解线性方程组$\begin{cases} 2x_1+2x_2-4x_3+x_4=0 \\ x_1-2x_2-5x_4=3 \\ 2x_2-x_3=4 \\ x_1-7x_3+6x_4=1 \end{cases}$.

解： 编写 Matlab 程序如下：

```
format rat
a=[2 2 -4 1; 1 -2 0 -5; 0 2 -1 0; 1 0 -7 6];
```

```
b=[0 3 4 1]';
x=a\b

x =
    -257/55
       4/5
    -12/5
    -102/55
```

例 3.16 求解超定方程组 $\begin{cases}2x_1+2x_2=5\\ x_1-2x_2=3\\ 2x_1-x_2=4\\ x_1-7x_2=1\end{cases}$.

解： 编写 Matlab 程序如下：

```
format rat
a=[2 2; 1 -2; 2 -1; 1 -7];
b=[5 3 4 1]';
x=a\b

x =
    409/177
     28/177
```

例 3.17 求解欠定方程组 $\begin{cases}2x_1+2x_2-x_3+3x_4=1\\ x_1-2x_2+x_4=3\\ 2x_1-4x_2+2x_4=6\end{cases}$.

解： 编写 Matlab 程序如下：

```
format rat
a=[2 2 -1 3; 1 -2 0 1; 2 -4 0 2];
b=[1 3 6]';
ab=[a, b];
rref(ab)

ans =
      1  0  -1/3  4/3   4/3
      0  1  -1/6  1/6  -5/6
      0  0   0     0    0
```

系数矩阵的秩等于增广矩阵的秩，均为 2，因此方程组有无穷多个解，通解如下：

$$\begin{cases}x_1=\frac{1}{3}x_3-\frac{4}{3}x_4+\frac{4}{3}\\ x_2=\frac{1}{6}x_3-\frac{1}{6}x_4-\frac{5}{6}\end{cases},$$

即

$$\begin{pmatrix}x_1\\x_2\\x_3\\x_4\end{pmatrix}=c_1\begin{pmatrix}\frac{1}{3}\\\frac{1}{6}\\1\\0\end{pmatrix}+c_1\begin{pmatrix}-\frac{4}{3}\\-\frac{1}{6}\\0\\1\end{pmatrix}+c_2\begin{pmatrix}\frac{4}{3}\\-\frac{5}{6}\\0\\0\end{pmatrix}\ (c_1,c_2\text{ 为任意实数}).$$

本章小结

本章首先引入矩阵的初等变换和矩阵等价的概念，介绍了矩阵的几种特殊形式：行阶梯形、行最简形和标准形，随后阐述了矩阵的初等变换与初等矩阵、矩阵乘法之间的关系，并由此引出利用初等变换求解逆矩阵和矩阵方程的方法．

矩阵的秩是矩阵的一个重要特征，由于矩阵的初等变换不会改变矩阵的秩，因此，在初等变换的辅助下，矩阵的秩有着十分广泛的应用．

根据初等变换不改变矩阵的秩的原理，在用初等行变换解线性方程组的过程中，我们可以判断线性方程组的解的情况．而利用初等行变换求解线性方程组的方法，也是线性方程组求解的一个重要方法．

本章的重点是：掌握把矩阵化为行最简形的方法，能够利用初等行变换的方法求解逆矩阵以及求解矩阵方程；理解矩阵秩的概念；能够根据线性方程组的增广矩阵的行最简形熟练地写出线性方程组的通解．

拓展阅读

线性方程组的研究起源于古代中国，在我国数学经典著作《九章算术》中就有了线性方程组的研究，并且关于解方程组的理论已较为完整，在以后近十个世纪里不再有所创新．

“方程”的明确定义是由刘徽在《九章算术》方程章开篇诠释(263 年)．中国古代的“方程”就是现在的线性方程组．在《九章算术》的方程章，其前六题皆是测算粮食产量问题．如：今有上禾(上等稻)三秉(捆)，中禾二秉，下禾一秉，实(谷子)三十九斗；上禾二秉，中禾三秉，下禾一秉，实三十四斗；上禾一秉，中禾二秉，下禾三秉，实二十六斗．问上、中、下禾一秉各几何？“方程”的每行都可以看作是一个多元一次方程，“方程”各行联立起来就组成了一个线性方程组．篇章给出了明确的解法，类似于今天的消元法．

随后，刘徽撰写了《九章算术注》一书，他创立了方程组的“互乘相消法”，为《九章算术》中解方程组增加了新的内容．公元 1247 年，秦九韶完成了《数书九章》一书，成为当时中国数学的最高峰．在该书中，秦九韶将《九章算术》中解方程组的“直除法”改进为“互乘法”，使线性方程组理论又增加了新内容，至少用初等方法解线性方程组理论已由我国数学家基本创立完成．

大约 1678 年，德国数学家莱布尼兹首次开始线性方程组在西方的研究．1764 年，法国数学家裴蜀(Bezout，1730—1783)研究了含有 n 个未知量 n 个方程的齐次线性方程组的求解问题，证明了这样的方程组有非零解的条件是系数行列式等于零．后来，裴蜀和拉普拉斯(Laplace，1749—1827)等以行列式为工具，给出了齐次线性方程组有非零解的条件．

求解线性方程组的方法在高斯(1777—1855)的时代才广为人知，本章第一节引例中求解线性方程组的方法通常称为高斯消元法．该方法以德国数学家高斯的名字命名，是因为他在一篇论文中用该方法解决了一个描述小行星轨道的线性方程组．

19 世纪，英国数学家史密斯(H. Smith)和道奇森(C—L. Dodgson)继续研究线性方程组的理论，前者引进了方程组的增广矩阵和非增广矩阵的概念，后者证明了 n 个未知数 m 个方程的方程组相容的充要条件是系数矩阵和增广矩阵的秩相同．这正是现代方程组理论中的重要结果之一．

本章先介绍了矩阵的初等变换，定义了矩阵的秩，并利用初等变换研究了矩阵秩的求法，然后利用矩阵的秩讨论了线性方程组解的情况，给出了其充要条件，并介绍了用初等变换求解线性方程组的方法．从线性方程组求解过程中的变换到矩阵的初等变换可以看出：“事物是普遍联系的，要用普遍联系的观点看问题，防止孤立、片面地看问题”，我们要坚持这一唯物辩证观点．

同时，本章也介绍了线性方程组在实际生活中的应用，通过生活实例，可以发现线性方程组的用途十分广泛．不仅在生活中，它在科学研究和工程应用中还有更广泛深入的应用．希望同学们学好线性方程组，将其与实际应用相结合，为以后的深入学习打好基础，领会到数学的真谛．

习题三

A 组

1. 用初等行变换将下列矩阵化为行最简形矩阵：

(1)$\begin{pmatrix} 1 & 0 & 2 & -1 \\ 2 & 0 & 3 & 1 \\ 3 & 0 & 4 & 3 \end{pmatrix}$；(2)$\begin{bmatrix} 25 & 31 & 17 & 43 \\ 75 & 94 & 53 & 132 \\ 75 & 94 & 54 & 134 \\ 25 & 32 & 20 & 48 \end{bmatrix}$；

(3)$\begin{bmatrix} 3 & 0 & -5 & 1 & -2 \\ 2 & 0 & 3 & -5 & 1 \\ -1 & 0 & 7 & -4 & 3 \\ 4 & 0 & 15 & -7 & 9 \end{bmatrix}$；(4)$\begin{bmatrix} 1 & 1 & 1 & 1 & -7 \\ 1 & 0 & 3 & -1 & 8 \\ 1 & 2 & -1 & 1 & 0 \\ 3 & 3 & 3 & 2 & -11 \\ 2 & 2 & 2 & 1 & -4 \end{bmatrix}$.

2. 用初等变换的方法，求下列矩阵的秩．

(1)$\boldsymbol{A}=\begin{pmatrix} 3 & 1 & 2 \\ 6 & 2 & 1 \end{pmatrix}$；(2)$\boldsymbol{A}=\begin{pmatrix} 3 & 1 & 0 & 2 \\ 1 & -1 & 2 & -1 \\ 1 & 3 & -4 & 4 \end{pmatrix}$；

(3) $\boldsymbol{A}=\begin{pmatrix}2&-3&8&2\\2&12&-2&12\\1&3&1&4\end{pmatrix}$；(4) $\boldsymbol{A}=\begin{pmatrix}2&-1&1&-2&1\\-1&1&2&1&0\\4&-3&-3&-4&1\end{pmatrix}$；

(5) $\boldsymbol{A}=\begin{pmatrix}3&2&-1&-3&-2\\2&-1&3&1&-3\\7&0&5&-1&-8\end{pmatrix}$；(6) $\boldsymbol{A}=\begin{pmatrix}3&2&-1&-3&-2\\2&-1&3&1&-3\\4&5&-5&-6&1\\5&1&2&-2&-5\end{pmatrix}$；

(7) $\boldsymbol{A}=\begin{pmatrix}0&1&1&-1&2\\0&2&-2&-2&0\\0&-1&-1&1&1\\1&1&0&1&-1\end{pmatrix}$；(8) $\boldsymbol{A}=\begin{pmatrix}1&-2&1&1&-1&1\\2&1&-1&-1&-1&2\\1&3&-2&-2&0&4\\3&-1&0&0&-2&3\end{pmatrix}$.

3. 在秩为 r 的矩阵中，可不可能存在等于 0 的 $r-1$ 阶子式？有没有可能存在等于 0 的 r 阶子式？

4. 从矩阵 $\boldsymbol{A}$ 中划去一行得到矩阵 $\boldsymbol{B}$，问 $\boldsymbol{A}$，$\boldsymbol{B}$ 的秩关系如何？

5. 利用初等行变换求下列矩阵的逆矩阵.

(1) $\boldsymbol{A}=\begin{pmatrix}0&1&1\\2&1&1\\0&0&1\end{pmatrix}$；(2) $\boldsymbol{A}=\begin{pmatrix}1&5&2\\0&3&10\\1&2&1\end{pmatrix}$；

(3) $\boldsymbol{A}=\begin{pmatrix}1&2&3&4\\0&1&2&3\\0&0&1&2\\0&0&0&1\end{pmatrix}$；(4) $\boldsymbol{A}=\begin{pmatrix}2&1&-1\\2&1&0\\1&-1&1\end{pmatrix}$；

(5) $\boldsymbol{A}=\begin{pmatrix}1&1&0&0\\1&2&0&0\\3&7&2&3\\2&5&1&2\end{pmatrix}$；(6) $\boldsymbol{A}=\begin{pmatrix}0&a_1&0&\cdots&0\\0&0&a_2&\cdots&0\\\vdots&\vdots&\vdots&\vdots&\vdots\\0&0&0&\cdots&a_{n-1}\\a_n&0&0&\cdots&0\end{pmatrix}$，$(a_i\neq0,\ i=1,2,\cdots,n)$；

(7) $\boldsymbol{A}=\begin{pmatrix}3&2&1\\3&1&5\\3&2&3\end{pmatrix}$.

6. 解下列矩阵方程：

(1) $\begin{pmatrix}2&5\\1&3\end{pmatrix}\boldsymbol{X}=\begin{pmatrix}4&-6\\2&1\end{pmatrix}$；(2) $\begin{pmatrix}1&1&-1\\0&2&2\\1&-1&0\end{pmatrix}\boldsymbol{X}=\begin{pmatrix}1&-1&1\\1&1&0\\2&1&4\end{pmatrix}$；

(3) $\begin{pmatrix}1&1&-1\\-2&1&1\\1&1&1\end{pmatrix}\boldsymbol{X}=\begin{pmatrix}2\\3\\6\end{pmatrix}$；(4) $\begin{pmatrix}1&2&0\\4&-2&-1\\-3&1&2\end{pmatrix}\boldsymbol{X}=\begin{pmatrix}0&4\\6&5\\1&-3\end{pmatrix}$.

7. 选择题：

(1)设 $\boldsymbol{P}_1=\begin{pmatrix}0&1&0\\1&0&0\\0&0&1\end{pmatrix}$，$\boldsymbol{P}_2=\begin{pmatrix}1&0&0\\0&1&0\\1&0&1\end{pmatrix}$，则必有 $R(\boldsymbol{P}_1\boldsymbol{P}_2)=($ $)$.

A. 0　　B. 1　　C. 2　　D. 3

(2)设 $\boldsymbol{A}$，$\boldsymbol{B}$ 都是 n 阶非零矩阵，且 $\boldsymbol{AB}=0$，则 $\boldsymbol{A}$ 和 $\boldsymbol{B}$ 的秩(　　).

A. 必有一个等于 0　　B. 都小于 n

C. 一个小于 n，一个等于 n　　D. 都等于 n

(3)要使 $\vec{\xi_1}=(1,0,2)^{\mathrm{T}}$，$\vec{\xi_2}=(0,1,-1)^{\mathrm{T}}$ 都是线性方程组 $\mathbf{A}\boldsymbol{x}=0$ 的解，只要系数矩阵 $\mathbf{A}$ 为(　　).

A. $(-2\ \ 1\ \ 1)$　　B. $\begin{pmatrix}2&0&-1\\0&1&1\end{pmatrix}$　　C. $\begin{pmatrix}-1&0&2\\0&1&-1\end{pmatrix}$　　D. $\begin{pmatrix}0&1&-1\\4&-2&-2\\0&1&1\end{pmatrix}$

(4)若 $\boldsymbol{A}$ 是 4×5 矩阵，$\boldsymbol{B}$ 是 5×4 矩阵，则下列结论中不正确的是(　　).

A. $|\boldsymbol{AB}|\neq0$　　B. $R(\boldsymbol{AB})\leqslant4$　　C. $|\boldsymbol{A}^{\mathrm{T}}\boldsymbol{B}^{\mathrm{T}}|$ 有意义　　D. $R(\mathbf{A})=R(\mathbf{A}^{\mathrm{T}})\leqslant4$

(5)非齐次线性方程组 $\mathbf{A}\boldsymbol{x}=\boldsymbol{b}$ 中未知数的个数为 n，方程的个数为 m，系数矩阵 $\mathbf{A}$ 的秩为 r，则(　　).

A. 当 $r=m$，方程组 $\mathbf{A}\boldsymbol{x}=\boldsymbol{b}$ 有解　　B. 当 $r=n$，方程组 $\mathbf{A}\boldsymbol{x}=\boldsymbol{b}$ 有唯一解

C. 当 $n=m$，方程组 $\mathbf{A}\boldsymbol{x}=\boldsymbol{b}$ 有唯一解　　D. 当 $r<n$，方程组 $\mathbf{A}\boldsymbol{x}=\boldsymbol{b}$ 有无穷多解

(6)若齐次线性方程组 $\begin{cases}\lambda x_1+x_2+x_3=0\\x_1+\lambda x_2-x_3=0\\2x_1-x_2+x_3=0\end{cases}$，仅有零解，则(　　).

A. $\lambda=4$ 或 $\lambda=-1$　　B. $\lambda=-4$ 或 $\lambda=1$　　C. $\lambda\neq4$ 且 $\lambda\neq-1$　　D. $\lambda\neq-4$ 且 $\lambda\neq1$

(7)若 $\mathbf{A}$ 为 $m\times n$ 矩阵，$R(\mathbf{A})=r$，则 $\mathbf{A}$ 中必(　　).

A. 没有等于零的 $r-1$ 阶子式，至少有一个 r 阶子式不为零

B. 有不等于零的 r 阶子式，所有 $r+1$ 阶子式全为零

C. 有等于零的 r 阶子式，没有不等于零的 $r+1$ 阶子式

D. 任何 r 阶子式都不等于零，任何 $r+1$ 阶子式都等于零

(8)$n(n>2)$ 阶矩阵 $\mathbf{A}=\begin{bmatrix}1&a&a&\cdots&a\\a&1&a&\cdots&a\\a&a&1&\cdots&a\\\vdots&\vdots&\vdots&&\vdots\\a&a&a&\cdots&1\end{bmatrix}$，若矩阵 $R(\mathbf{A})=n-1$，则 $a=($ $)$.

A. 1　　B. $\dfrac{1}{n-1}$　　C. -1　　D. $\dfrac{1}{1-n}$

(9)已知方程组 $\begin{pmatrix}1&2&1\\2&3&a+2\\1&a&-2\end{pmatrix}\begin{pmatrix}x_1\\x_2\\x_3\end{pmatrix}=\begin{pmatrix}1\\3\\0\end{pmatrix}$ 无解，则 $a=($ $)$.

A. 1　　B. 2　　C. -1　　D. 0

(10)设 $\boldsymbol{A}$ 为 $m\times n$ 矩阵，$\boldsymbol{Ax}=\boldsymbol{0}$ 是非齐次线性方程组 $\boldsymbol{Ax}=\boldsymbol{b}$ 所对应的齐次线性方程组，则下列结论正确的是(　　).

A. 若 $\boldsymbol{Ax}=\boldsymbol{0}$ 仅有零解，则 $\boldsymbol{Ax}=\boldsymbol{b}$ 有唯一解

B. 若 $\boldsymbol{Ax}=\boldsymbol{0}$ 有非零解，则 $\boldsymbol{Ax}=\boldsymbol{b}$ 有无穷多个解

C. 若 $\boldsymbol{Ax}=\boldsymbol{b}$ 有无穷多个解，则 $\boldsymbol{Ax}=\boldsymbol{0}$ 仅有零解

D. 若 $\boldsymbol{Ax}=\boldsymbol{b}$ 有无穷多个解，则 $\boldsymbol{Ax}=\boldsymbol{0}$ 有非零解

8. 填空题：

(1)已知 $\boldsymbol{A}=\begin{pmatrix}1&2&3\\2&1&-1\\3&1&2\end{pmatrix}$，则 $|\boldsymbol{A}^{-1}|=$________；

(2)设 $\boldsymbol{A}$，$\boldsymbol{B}$ 为 3 阶方阵，且 $\boldsymbol{A}=\begin{pmatrix}1&2&3\\0&4&5\\0&0&6\end{pmatrix}$，则 $R(\boldsymbol{AB})-R(\boldsymbol{B})=$________；

(3)齐次线性方程组 $\boldsymbol{A}_{n\times n}\boldsymbol{x}_n=0$ 有非零解的充要条件是 $|\boldsymbol{A}|=$________；

(4)方程组 $\begin{cases}x_1+2x_2=2\\2x_1-5x_3=4\end{cases}$ 的解为________；

(5)若含有 n 个方程的齐次线性方程组 $x_1a_1+x_2a_2+\cdots+x_na_n=0$ 的系数行列式 $|a_1,a_2,\cdots,a_n|=0$，则此方程组有________解.(填“唯一”“无穷多”或“无”)

9. 当 λ 为何值时，线性方程组

$$\begin{cases}\lambda x_1+x_2+x_3=1\\x_1+\lambda x_2+x_3=\lambda\\x_1+x_2+\lambda x_3=\lambda^2\end{cases},$$

(1)有唯一解；(2)无解；(3)有无穷多个解？在有无穷多个解时，求其通解.

10. 非齐次线性方程组

$$\begin{cases}-2x_1+x_2+x_3=-2\\x_1-2x_2+x_3=\lambda\\x_1+x_2-2x_3=\lambda^2\end{cases},$$

当 λ 取何值时有解？并求出它的全部解.

11. 设

$$\begin{cases}(2-\lambda)x_1+2x_2-2x_3=1\\2x_1+(5-\lambda)x_2-4x_3=2\\-2x_1-4x_2+(5-\lambda)x_3=-\lambda-1\end{cases},$$

问 λ 为何值时，此方程组有唯一解、无解或无穷多解？并在有无穷多解时求其通解.

12. 求解下列齐次线性方程组.

(1) $\begin{cases}x_1+2x_2+x_3-x_4=0\\3x_1+6x_2-x_3-3x_4=0\\5x_1+10x_2+x_3-5x_4=0\end{cases}$；(2) $\begin{cases}x_1+x_2+2x_3-x_4=0\\2x_1+x_2+x_3-x_4=0\\2x_1+2x_2+x_3+2x_4=0\end{cases}$；

(3) $\begin{cases} 3x_1-5x_2+x_3-2x_4=0 \\ 2x_1+3x_2-5x_3+x_4=0 \\ -x_1+7x_2-4x_3+3x_4=0 \\ 4x_1+15x_2-7x_3+9x_4=0 \end{cases}$；(4) $\begin{cases} 2x_1+3x_2-x_3+5x_4=0 \\ 3x_1+x_2+2x_3-7x_4=0 \\ 4x_1+x_2-3x_3+6x_4=0 \\ x_1-2x_2+4x_3-7x_4=0 \end{cases}$.

13. 求解下列非齐次线性方程组：

(1) $\begin{cases} 4x_1+2x_2-x_3=2 \\ 3x_1-x_2+2x_3=10 \\ 11x_1+3x_2=8 \end{cases}$；(2) $\begin{cases} 2x+3y+z=4 \\ x-2y+4z=-5 \\ 3x+8y-2z=13 \\ 4x-y+9z=-6 \end{cases}$；

(3) $\begin{cases} 2x_1+x_2-x_3+x_4=1 \\ 4x_1+2x_2-2x_3+x_4=2 \\ 2x_1+x_2-x_3-x_4=1 \end{cases}$；(4) $\begin{cases} x_1+x_2-3x_3-x_4=1 \\ 3x_1-x_2-3x_3+4x_4=4 \\ x_1+5x_2+9x_3-8x_4=0 \end{cases}$.

B 组

1. 设 $\boldsymbol{A}=\begin{pmatrix} 1 & 2 & 3 & 4 \\ 2 & 3 & 4 & 5 \\ 5 & 4 & 3 & 2 \end{pmatrix}$，求一个可逆矩阵 $\boldsymbol{P}$，使 $\boldsymbol{PA}$ 为行最简形.

2. 求下列矩阵方程：

(1)设 $\boldsymbol{A}=\begin{pmatrix} 1 & -1 & 0 \\ 0 & 1 & -1 \\ -1 & 0 & 1 \end{pmatrix}$，$\boldsymbol{AX}=2\boldsymbol{X}+\boldsymbol{A}$，求 $\boldsymbol{X}$；

(2)设矩阵 $\boldsymbol{A}=\begin{pmatrix} 4 & 2 & 3 \\ 2 & 2 & 1 \\ 3 & 1 & -1 \end{pmatrix}$，$\boldsymbol{B}=\begin{pmatrix} 1 & 2 & 3 \\ -3 & 2 & -1 \end{pmatrix}$，求矩阵 $\boldsymbol{X}$，使 $\boldsymbol{XA}=\boldsymbol{B}$；

(3)设矩阵 $\boldsymbol{A}$，$\boldsymbol{B}$ 满足 $\boldsymbol{A}^*\boldsymbol{BA}=2\boldsymbol{BA}-8\boldsymbol{E}$，其中 $\boldsymbol{A}=\begin{pmatrix} 1 & 0 & 0 \\ 0 & -2 & 0 \\ 0 & 0 & 1 \end{pmatrix}$，求 $\boldsymbol{B}$；

(4) $\boldsymbol{X}\begin{pmatrix} 2 & 1 & -1 \\ 2 & 1 & 0 \\ 1 & -1 & 1 \end{pmatrix}=\begin{pmatrix} 1 & -1 & 3 \\ 4 & 3 & 2 \end{pmatrix}$；

(5) $\boldsymbol{AX}=\boldsymbol{A}+2\boldsymbol{X}$，其中 $\boldsymbol{A}=\begin{pmatrix} 3 & 0 & 1 \\ 1 & 1 & 0 \\ 0 & 1 & 4 \end{pmatrix}$.

3. 设矩阵 $\boldsymbol{A}=\begin{pmatrix} 1 & 0 & 0 \\ 0 & 3 & -1 \\ 0 & -1 & 1 \end{pmatrix}$，矩阵 $\boldsymbol{B}$ 满足等式 $\boldsymbol{BA}^*+\boldsymbol{B}=\boldsymbol{A}^{-1}$，求 $\boldsymbol{B}$.

4. 设 $\boldsymbol{A}=\begin{pmatrix} 1 & -2 & 3k \\ -1 & 2k & -3 \\ k & -2 & 3 \end{pmatrix}$，问 k 为何值时，可使(1) $R(\boldsymbol{A})=1$；(2) $R(\boldsymbol{A})=2$；(3) $R(\boldsymbol{A})=3$.

5. 线性方程组$\begin{cases} x_1+x_2+(2-\lambda)x_3=1 \\ (2-\lambda)x_1+(2-\lambda)x_2+x_3=1 \\ (3-2\lambda)x_1+(2-\lambda)x_2+x_3=\lambda \end{cases}$，问 λ 取何值时，(1)有唯一解；(2)无解；(3)有无穷多解？并在有无穷多解时求出通解.

6. 选择题：

(1)矩阵$\begin{pmatrix} 1 & a & a^2 \\ 1 & b & b^2 \\ 1 & c & c^2 \end{pmatrix}$的秩为 3，则(　　).

A. a，b，c 都不等于 1　　B. a，b，c 都不等于 0

C. a，b，c 互不相等　　D. $a=b=c$

(2)设 $\boldsymbol{A}$ 为三阶方阵，$R(\boldsymbol{A})=1$，则(　　).

A. $R(\boldsymbol{A}^*)=3$　　B. $R(\boldsymbol{A}^*)=2$　　C. $R(\boldsymbol{A}^*)=1$　　D. $R(\boldsymbol{A}^*)=0$

(3)设 $\boldsymbol{A}$，$\boldsymbol{B}$ 分别为 $m\times n$，$n\times m$ 矩阵，则齐次方程 $\boldsymbol{ABx}=0$ (　　).

A. 当 $n>m$ 时仅有零解　　B. 当 $m>n$ 时必有非零解

C. 当 $m>n$ 时仅有零解　　D. 当 $n>m$ 时必有非零解

(4)齐次方程 $\boldsymbol{Ax=0}$ 的通解为 $\boldsymbol{x}=k_1\begin{pmatrix} 1 \\ 0 \\ 2 \end{pmatrix}+k_2\begin{pmatrix} 0 \\ 1 \\ -1 \end{pmatrix}$，则系数矩阵 $\boldsymbol{A}$ 为(　　).

A. $\boldsymbol{A}=(-2,\ 1,\ 1)$　　B. $\boldsymbol{A}=\begin{pmatrix} 2 & 0 & -1 \\ 0 & 1 & 1 \end{pmatrix}$

C. $\boldsymbol{A}=\begin{pmatrix} -1 & 0 & 2 \\ 0 & 1 & -1 \end{pmatrix}$　　D. $\boldsymbol{A}=\begin{pmatrix} 0 & 1 & -1 \\ 4 & -2 & -2 \\ 0 & 1 & 1 \end{pmatrix}$

(5)设 $\boldsymbol{A}$ 是 n 阶方阵，α 是 n 维列向量. 若 $R(\boldsymbol{A})=R\left(\begin{pmatrix} \boldsymbol{A} & \boldsymbol{\alpha} \\ \boldsymbol{\alpha}^{\mathrm{T}} & \boldsymbol{0} \end{pmatrix}\right)$，则线性方程组(　　).

A. $\boldsymbol{Ax}=\boldsymbol{\alpha}$ 必有无穷多解　　B. $\boldsymbol{Ax}=\boldsymbol{\alpha}$ 必有唯一解

C. $\begin{pmatrix} \boldsymbol{A} & \boldsymbol{\alpha} \\ \boldsymbol{\alpha}^{\mathrm{T}} & \boldsymbol{0} \end{pmatrix}\begin{pmatrix} \boldsymbol{x} \\ \boldsymbol{y} \end{pmatrix}=\boldsymbol{0}$ 只有零解　　D. $\begin{pmatrix} \boldsymbol{A} & \boldsymbol{\alpha} \\ \boldsymbol{\alpha}^{\mathrm{T}} & \boldsymbol{0} \end{pmatrix}\begin{pmatrix} \boldsymbol{x} \\ \boldsymbol{y} \end{pmatrix}=\boldsymbol{0}$ 必有非零解

第四章　向量组的线性相关性

方程组理论是在矩阵运算和矩阵的秩的基础上建立起来的．几何的基本元素是向量，而向量组可等同于矩阵，因此，矩阵是连接方程组理论与几何理论的纽带，又是解决问题时最常用的方法，为了从理论上深入地讨论上述问题，我们需要引入向量的概念，研究向量间的线性关系和有关性质，以及向量空间．

第一节　n 维向量

在几何中，平面上的向量可以用它的坐标(x, y)来表示，空间中的向量可以用它的坐标(x, y, z)来表示，平面向量和空间向量分别与二元和三元有序数组相对应，进一步推广得出 n 维向量的概念．

定义 4.1　由 n 个数 $a_1, a_2, \cdots, a_n$ 组成的一个有序数组称为一个 n **维向量**，记作

$$(a_1, a_2, \cdots, a_n) \text{或} \begin{pmatrix} a_1 \\ a_2 \\ \vdots \\ a_n \end{pmatrix},$$

前者称为 n 维行向量；后者称为 n 维列向量(两种表达式的区别只是写法上的不同)，a_i 称为该向量的第 i 个分量．

向量一般用小写的希腊字母 $\boldsymbol{\alpha}, \boldsymbol{\beta}, \boldsymbol{\gamma}, \cdots$表示，其分量用小写的英文字母 $a_i, b_i, c_i, \cdots$ 表示，例如可以记作 $\boldsymbol{\alpha}=(a_1, a_2, \cdots, a_n)$，$\boldsymbol{\beta}=(b_1, b_2, \cdots, b_n)$等．

n 维行向量(列向量)也可以看作 $1\times n$ 矩阵($n\times 1$ 矩阵)，反之亦然，因此将矩阵的转置的记号用于向量：若 $\boldsymbol{\alpha}$ 为行向量，则 $\boldsymbol{\alpha}^{\mathrm{T}}$ 为列向量；若 $\boldsymbol{\alpha}$ 为列向量，则 $\boldsymbol{\alpha}^{\mathrm{T}}$ 为行向量．

定义 4.2　所有分量都是零的向量称为**零向量**，记作

$$\mathbf{0}=(0, 0, \cdots, 0).$$

由 n 维向量 $\boldsymbol{\alpha}=(a_1, a_2, \cdots, a_n)$各分量的相反数构成的向量，称为 $\boldsymbol{\alpha}$ 的**负向量**，记作

$$-\boldsymbol{\alpha}=(-a_1, -a_2, \cdots, -a_n).$$

如 $\boldsymbol{\alpha}=\begin{pmatrix} 1 \\ 0 \\ 2 \end{pmatrix}$，$\boldsymbol{\beta}=(-1, 3, 2, 5)$分别为 3 维、4 维的向量，当向量的分量是实数时，

称为**实向量**；当向量的分量是复数时，称为**复向量**，本书只讨论实向量．

行向量和列向量，也就是行矩阵和列矩阵，并规定行向量与列向量都按矩阵的运算规则进行运算．

定义 4.3 如果 n 维向量 $\boldsymbol{\alpha}=(a_1, a_2, \cdots, a_n)$ 与 $\boldsymbol{\beta}=(b_1, b_2, \cdots, b_n)$ 对应分量相等，即 $a_i=b_i(i=1, 2, \cdots, n)$，称这两个**向量相等**，记作 $\boldsymbol{\alpha}=\boldsymbol{\beta}$.

定义 4.4 n 维向量 $\boldsymbol{\alpha}=(a_1, a_2, \cdots, a_n)$ 与 $\boldsymbol{\beta}=(b_1, b_2, \cdots, b_n)$ 的**和**

$$\boldsymbol{\gamma}=\boldsymbol{\alpha}+\boldsymbol{\beta}=(a_1+b_1, a_2+b_2, \cdots, a_n+b_n),$$

利用负向量可以定义向量的减法：

$$\boldsymbol{\alpha}-\boldsymbol{\beta}=\boldsymbol{\alpha}+(-\boldsymbol{\beta})=(a_1-b_1, a_2-b_2, \cdots, a_n-b_n).$$

定义 4.5 设 k 为常数，数 k 与向量 $\boldsymbol{\alpha}=(a_1, a_2, \cdots, a_n)$ 的**乘积**，记作 $k\boldsymbol{\alpha}$，即

$$k\boldsymbol{\alpha}=(ka_1, ka_2, \cdots, ka_n).$$

向量加法和数乘运算统称为**向量的线性运算**．

向量的线性运算满足下列运算律：

(1)$\boldsymbol{\alpha}+\boldsymbol{\beta}=\boldsymbol{\beta}+\boldsymbol{\alpha}$；

(2)$\boldsymbol{\alpha}+(\boldsymbol{\beta}+\boldsymbol{\gamma})=(\boldsymbol{\alpha}+\boldsymbol{\beta})+\boldsymbol{\gamma}$；

(3)$\boldsymbol{\alpha}+\boldsymbol{0}=\boldsymbol{\alpha}$；

(4)$\boldsymbol{\alpha}+(-\boldsymbol{\alpha})=\boldsymbol{0}$；

(5)$k(\boldsymbol{\alpha}+\boldsymbol{\beta})=k\boldsymbol{\alpha}+k\boldsymbol{\beta}$；

(6)$(k+l)\boldsymbol{\alpha}=k\boldsymbol{\alpha}+l\boldsymbol{\alpha}$；

(7)$(kl)\boldsymbol{\alpha}=k(l\boldsymbol{\alpha})$；

(8)$1\times\boldsymbol{\alpha}=\boldsymbol{\alpha}$.

其中 $\boldsymbol{\alpha}$，$\boldsymbol{\beta}$，$\boldsymbol{\gamma}$ 是 n 维向量，$\boldsymbol{0}$ 是零向量，k 和 l 为任意常数．

例 4.1 设向量 $\boldsymbol{\alpha}_1=\begin{pmatrix}1\\0\\1\end{pmatrix}$，$\boldsymbol{\alpha}_2=\begin{pmatrix}1\\1\\-1\end{pmatrix}$，$\boldsymbol{\beta}$ 满足 $3\boldsymbol{\beta}+\boldsymbol{\alpha}_1=\boldsymbol{\alpha}_2$，求向量 $\boldsymbol{\beta}$.

解： $\boldsymbol{\beta}=\frac{1}{3}(\boldsymbol{\alpha}_2-\boldsymbol{\alpha}_1)=\frac{1}{3}\left(\begin{pmatrix}1\\1\\-1\end{pmatrix}-\begin{pmatrix}1\\0\\1\end{pmatrix}\right)=\frac{1}{3}\begin{pmatrix}0\\1\\-2\end{pmatrix}=\begin{pmatrix}0\\\frac{1}{3}\\-\frac{2}{3}\end{pmatrix}$.

一个 $m\times n$ 矩阵

$$\boldsymbol{A}=\begin{pmatrix}a_{11} & a_{12} & \cdots & a_{1n}\\ a_{21} & a_{22} & \cdots & a_{2n}\\ \vdots & \vdots & & \vdots\\ a_{m1} & a_{m2} & \cdots & a_{mn}\end{pmatrix}$$

的每一行(列)都是一个行(列)向量．因此，我们把 $m\times n$ 型的矩阵按行(列)分块就是按行(列)向量分块．

设 $\boldsymbol{\beta}_i=(a_{i1}, a_{i2}, \cdots, a_{in})(i=1, 2, \cdots, m)$，是 $\boldsymbol{A}$ 的 m 个行向量，把

$$\boldsymbol{A}=\begin{pmatrix}\boldsymbol{\beta}_1\\ \boldsymbol{\beta}_2\\ \vdots\\ \boldsymbol{\beta}_m\end{pmatrix}$$

称为**行向量矩阵**.

设 $\boldsymbol{\alpha}_j=\begin{pmatrix}a_{1j}\\ a_{2j}\\ \vdots\\ a_{mj}\end{pmatrix}$ $(j=1, 2, \cdots, n)$，是 $\boldsymbol{A}$ 的 n 个列向量，把

$$\boldsymbol{A}=(\boldsymbol{\alpha}_1, \boldsymbol{\alpha}_2, \cdots, \boldsymbol{\alpha}_n)$$

称为**列向量矩阵**.

例 4.2 考虑线性方程组的不同表示形式.

$$\begin{cases}a_{11}x_1+a_{12}x_2+\cdots+a_{1n}x_n=b_1\\ a_{21}x_1+a_{22}x_2+\cdots+a_{2n}x_n=b_2\\ \cdots\cdots\cdots\cdots\cdots\cdots\cdots\cdots\cdots\cdots\\ a_{m1}x_1+a_{m2}x_2+\cdots+a_{mn}x_n=b_m\end{cases} \tag{4.1}$$

若系数矩阵 $\boldsymbol{A}=\begin{pmatrix}a_{11} & a_{12} & \cdots & a_{1n}\\ a_{21} & a_{22} & \cdots & a_{2n}\\ \vdots & \vdots & & \vdots\\ a_{m1} & a_{m2} & \cdots & a_{mn}\end{pmatrix}$，$\boldsymbol{b}=\begin{pmatrix}b_1\\ b_2\\ \vdots\\ b_m\end{pmatrix}$，$\boldsymbol{x}=\begin{pmatrix}x_1\\ x_2\\ \vdots\\ x_n\end{pmatrix}$，则方程组(4.1)可以表示为

$$\boldsymbol{Ax}=\boldsymbol{b}.$$

若用向量 $\boldsymbol{\alpha}_j=\begin{pmatrix}a_{1j}\\ a_{2j}\\ \vdots\\ a_{mj}\end{pmatrix}$ $(j=1, 2, \cdots, n)$，表示矩阵 $\boldsymbol{A}$ 的列向量，即 $\boldsymbol{A}=(\boldsymbol{\alpha}_1, \boldsymbol{\alpha}_2, \cdots, \boldsymbol{\alpha}_n)$，则方程组(4.1)可以表示为

$$(\boldsymbol{\alpha}_1, \boldsymbol{\alpha}_2, \cdots, \boldsymbol{\alpha}_n)\begin{pmatrix}x_1\\ x_2\\ \vdots\\ x_n\end{pmatrix}=\boldsymbol{b},$$

即

$$x_1\boldsymbol{\alpha}_1+x_2\boldsymbol{\alpha}_2+\cdots+x_n\boldsymbol{\alpha}_n=\boldsymbol{b}. \tag{4.2}$$

反之，若有 n 个 m 维列向量 $\boldsymbol{\alpha}_j=\begin{pmatrix}a_{1j}\\ a_{2j}\\ \vdots\\ a_{mj}\end{pmatrix}$ $(j=1, 2, \cdots, n)$ 和 $\boldsymbol{b}=\begin{pmatrix}b_1\\ b_2\\ \vdots\\ b_m\end{pmatrix}$ 满足等式(4.2)，由对应的分量相等可得方程组(4.1)，所以等式(4.2)是方程组(4.1)的向量表示形式.

第二节　向量组的线性相关性

一、向量组的线性组合

定义 4.6　给定向量组 A：$\boldsymbol{\alpha}_1$，$\boldsymbol{\alpha}_2$，…，$\boldsymbol{\alpha}_s$，对于任何一组实数 k_1，k_2，…，k_s，表达式 $k_1\boldsymbol{\alpha}_1+k_2\boldsymbol{\alpha}_2+\cdots+k_s\boldsymbol{\alpha}_s$ 称为**向量组 A 的一个线性组合**，k_1，k_2，…，k_s 称为这个**线性组合的系数**.

定义 4.7　给定向量组 A：$\boldsymbol{\alpha}_1$，$\boldsymbol{\alpha}_2$，…，$\boldsymbol{\alpha}_s$ 和向量 $\boldsymbol{\beta}$，若存在一组数 k_1，k_2，…，k_s，使得

$$\boldsymbol{\beta}=k_1\boldsymbol{\alpha}_1+k_2\boldsymbol{\alpha}_2+\cdots+k_s\boldsymbol{\alpha}_s,$$

则称**向量 $\boldsymbol{\beta}$ 为向量组 A 的线性组合**，又称**向量 $\boldsymbol{\beta}$ 能由向量组 A 线性表示**.

例 4.3　设三维向量 $\boldsymbol{\alpha}_1=\begin{pmatrix}1\\2\\1\end{pmatrix}$，$\boldsymbol{\alpha}_2=\begin{pmatrix}0\\-1\\1\end{pmatrix}$，$\boldsymbol{\alpha}_3=\begin{pmatrix}2\\-2\\3\end{pmatrix}$，$\boldsymbol{\beta}=\begin{pmatrix}4\\3\\4\end{pmatrix}$，可以看到 $\boldsymbol{\beta}=2\boldsymbol{\alpha}_1-\boldsymbol{\alpha}_2+\boldsymbol{\alpha}_3$，因此向量 $\boldsymbol{\beta}$ 是向量组 $\boldsymbol{\alpha}_1$，$\boldsymbol{\alpha}_2$，$\boldsymbol{\alpha}_3$ 的线性组合.

例 4.4　n 维零向量可以由任意 n 维向量组 $\boldsymbol{\alpha}_1$，$\boldsymbol{\alpha}_2$，…，$\boldsymbol{\alpha}_s$ 线性表示，这是因为

$$\mathbf{0}=0\boldsymbol{\alpha}_1+0\boldsymbol{\alpha}_2+\cdots+0\boldsymbol{\alpha}_s.$$

例 4.5　任意 n 维向量 $\boldsymbol{\alpha}=(a_1,\ a_2,\ \cdots,\ a_n)^{\mathrm{T}}$ 都可以由 n 维基本向量组 $\boldsymbol{e}_1=(1,\ 0,\ \cdots,\ 0)^{\mathrm{T}}$，$\boldsymbol{e}_2=(0,\ 1,\ \cdots,\ 0)^{\mathrm{T}}$，…，$\boldsymbol{e}_n=(0,\ 0,\ \cdots,\ 1)^{\mathrm{T}}$ 线性表示. 这是因为

$$\boldsymbol{\alpha}=a_1\boldsymbol{e}_1+a_2\boldsymbol{e}_2+\cdots+a_n\boldsymbol{e}_n.$$

定理 4.1　向量 $\boldsymbol{\beta}=\begin{pmatrix}b_1\\b_2\\\vdots\\b_n\end{pmatrix}$ 可由向量组 $\boldsymbol{\alpha}_1=\begin{pmatrix}a_{11}\\a_{21}\\\vdots\\a_{n1}\end{pmatrix}$，$\boldsymbol{\alpha}_2=\begin{pmatrix}a_{12}\\a_{22}\\\vdots\\a_{n2}\end{pmatrix}$，…，$\boldsymbol{\alpha}_m=\begin{pmatrix}a_{1m}\\a_{2m}\\\vdots\\a_{nm}\end{pmatrix}$ 线性表示的充要条件是线性方程组 $\boldsymbol{\beta}=k_1\boldsymbol{\alpha}_1+k_2\boldsymbol{\alpha}_2+\cdots+k_m\boldsymbol{\alpha}_m$ 有解，且该方程组的解为 $x_1=k_1$，$x_2=k_2$，…，$x_m=k_m$ 时，$\boldsymbol{\beta}$ 可由 $\boldsymbol{\alpha}_1$，$\boldsymbol{\alpha}_2$，…，$\boldsymbol{\alpha}_m$ 线性表示为

$$\boldsymbol{\beta}=k_1\boldsymbol{\alpha}_1+k_2\boldsymbol{\alpha}_2+\cdots+k_m\boldsymbol{\alpha}_m.$$

例 4.6　某医院药剂科用五种中草药（A、B、C、D、E），根据适当的比例配制成了四种中成药，各成分用量见表 4.1. 某药店要购买这四种中成药，但药剂科的 4 号中成药已经卖完，请问能否用其他中成药配制出 4 号中成药？

表 4.1　药物用量成分　　g

草药名	1 号中成药	2 号中成药	3 号中成药	4 号中成药
草药 A	3	0	5	14
草药 B	0	25	35	60
草药 C	5	5	35	55

续表

草药名	1号中成药	2号中成药	3号中成药	4号中成药
草药 D	9	5	15	47
草药 E	4	1	12	25

解：把每一种中成药的成分用量看作一个5维列向量，便得到一个含有4个向量的向量组，记为 $\boldsymbol{\alpha}_1$，$\boldsymbol{\alpha}_2$，$\boldsymbol{\alpha}_3$，$\boldsymbol{\alpha}_4$，问题的实质是判断向量 $\boldsymbol{\alpha}_4$ 能否由 $\boldsymbol{\alpha}_1$，$\boldsymbol{\alpha}_2$，$\boldsymbol{\alpha}_3$ 线性表示．

设 $\boldsymbol{\alpha}_4=x_1\boldsymbol{\alpha}_1+x_2\boldsymbol{\alpha}_2+x_3\boldsymbol{\alpha}_3$，

由 $\begin{pmatrix}3&0&5&14\\0&25&35&60\\5&5&35&55\\9&5&15&47\\4&1&12&25\end{pmatrix}\rightarrow\cdots\rightarrow\begin{pmatrix}1&0&0&3\\0&1&0&1\\0&0&1&1\\0&0&0&0\\0&0&0&0\end{pmatrix}$，得方程组的解

$$\begin{cases}x_1=3\\x_2=1.\\x_3=1\end{cases}$$

由于方程组有解，所以向量 $\boldsymbol{\alpha}_4$ 可以由向量组 $\boldsymbol{\alpha}_1$，$\boldsymbol{\alpha}_2$，$\boldsymbol{\alpha}_3$ 线性表示，且 $\boldsymbol{\alpha}_4=3\boldsymbol{\alpha}_1+\boldsymbol{\alpha}_2+\boldsymbol{\alpha}_3$，即4号中成药可由1，2，3号中成药按3∶1∶1的比例配制．

定理 4.2 向量 $\boldsymbol{\beta}$ 能由向量组 $\boldsymbol{A}$：$\boldsymbol{\alpha}_1$，$\boldsymbol{\alpha}_2$，…，$\boldsymbol{\alpha}_m$ 线性表示的充分必要条件是矩阵 $\boldsymbol{A}=(\boldsymbol{\alpha}_1,\ \boldsymbol{\alpha}_2,\ \cdots,\ \boldsymbol{\alpha}_m)$ 的秩等于矩阵 $\boldsymbol{B}=(\boldsymbol{\alpha}_1,\ \boldsymbol{\alpha}_2,\ \cdots,\ \boldsymbol{\alpha}_m,\ \boldsymbol{\beta})$ 的秩．

定义 4.8 设有两个向量组 $\boldsymbol{A}$：$\boldsymbol{\alpha}_1$，$\boldsymbol{\alpha}_2$，…，$\boldsymbol{\alpha}_s$ 和 $\boldsymbol{B}$：$\boldsymbol{\beta}_1$，$\boldsymbol{\beta}_2$，…，$\boldsymbol{\beta}_t$，如果向量组 $\boldsymbol{B}$ 的每一个向量都可以由向量组 $\boldsymbol{A}$ 线性表示，则称**向量组 $\boldsymbol{B}$ 可以由向量组 $\boldsymbol{A}$ 线性表示**．

按定义，若向量组 $\boldsymbol{B}$ 能由向量组 $\boldsymbol{A}$ 线性表示，则存在 k_{1j}，k_{2j}，…，k_{sj}（$j=1,\ 2,\ \cdots,\ t$），使

$$\boldsymbol{\beta}_j=k_{1j}\boldsymbol{\alpha}_1+k_{2j}\boldsymbol{\alpha}_2+\cdots+k_{sj}\boldsymbol{\alpha}_s=(\boldsymbol{\alpha}_1,\ \boldsymbol{\alpha}_2,\ \cdots,\ \boldsymbol{\alpha}_s)\begin{pmatrix}k_{1j}\\k_{2j}\\\vdots\\k_{sj}\end{pmatrix},$$

即

$$(\boldsymbol{\beta}_1,\ \boldsymbol{\beta}_2,\ \cdots,\ \boldsymbol{\beta}_t)=(\boldsymbol{\alpha}_1,\ \boldsymbol{\alpha}_2,\ \cdots,\ \boldsymbol{\alpha}_s)\begin{pmatrix}k_{11}&k_{12}&\cdots&k_{1t}\\k_{21}&k_{22}&\cdots&k_{2t}\\\vdots&\vdots&&\vdots\\k_{s1}&k_{s2}&\cdots&k_{st}\end{pmatrix},$$

其中矩阵 $\boldsymbol{K}_{s\times t}=(k_{ij})_{s\times t}$ 称为这一**线性表示的系数矩阵**．

定义 4.9 如果向量组 $\boldsymbol{A}$ 和向量组 $\boldsymbol{B}$ 可以互相线性表示，则称**向量组 $\boldsymbol{A}$ 和向量组 $\boldsymbol{B}$ 等价**，记作

$$(\boldsymbol{\alpha}_1,\ \boldsymbol{\alpha}_2,\ \cdots,\ \boldsymbol{\alpha}_s)\cong(\boldsymbol{\beta}_1,\ \boldsymbol{\beta}_2,\ \cdots,\ \boldsymbol{\beta}_t).$$

根据定义不难证明向量组等价具有下述性质：

(1)反身性：任意向量组和它自身等价，即 $(\boldsymbol{\alpha}_1,\ \boldsymbol{\alpha}_2,\ \cdots,\ \boldsymbol{\alpha}_s)\cong(\boldsymbol{\alpha}_1,\ \boldsymbol{\alpha}_2,\ \cdots,\ \boldsymbol{\alpha}_s)$；

(2)对称性：如果$(\boldsymbol{\alpha}_1, \boldsymbol{\alpha}_2, \cdots, \boldsymbol{\alpha}_s) \cong (\boldsymbol{\beta}_1, \boldsymbol{\beta}_2, \cdots, \boldsymbol{\beta}_t)$，则有$(\boldsymbol{\beta}_1, \boldsymbol{\beta}_2, \cdots, \boldsymbol{\beta}_t) \cong (\boldsymbol{\alpha}_1, \boldsymbol{\alpha}_2, \cdots, \boldsymbol{\alpha}_s)$；

(3)传递性：如果$(\boldsymbol{\alpha}_1, \boldsymbol{\alpha}_2, \cdots, \boldsymbol{\alpha}_s) \cong (\boldsymbol{\beta}_1, \boldsymbol{\beta}_2, \cdots, \boldsymbol{\beta}_t)$，且$(\boldsymbol{\beta}_1, \boldsymbol{\beta}_2, \cdots, \boldsymbol{\beta}_t) \cong (\boldsymbol{\gamma}_1, \boldsymbol{\gamma}_2, \cdots, \boldsymbol{\gamma}_p)$，则$(\boldsymbol{\alpha}_1, \boldsymbol{\alpha}_2, \cdots, \boldsymbol{\alpha}_s) \cong (\boldsymbol{\gamma}_1, \boldsymbol{\gamma}_2, \cdots, \boldsymbol{\gamma}_p)$.

定理 4.3　向量组 $\boldsymbol{B}$：$\boldsymbol{\beta}_1, \boldsymbol{\beta}_2, \cdots, \boldsymbol{\beta}_t$ 能由向量组 $\boldsymbol{A}$：$\boldsymbol{\alpha}_1, \boldsymbol{\alpha}_2, \cdots, \boldsymbol{\alpha}_m$ 线性表示的充分必要条件是矩阵 $\boldsymbol{A}=(\boldsymbol{\alpha}_1, \boldsymbol{\alpha}_2, \cdots, \boldsymbol{\alpha}_m)$ 的秩等于矩阵 $(\boldsymbol{A}, \boldsymbol{B})=(\boldsymbol{\alpha}_1, \boldsymbol{\alpha}_2, \cdots, \boldsymbol{\alpha}_m, \boldsymbol{\beta}_1, \boldsymbol{\beta}_2, \cdots, \boldsymbol{\beta}_t)$ 的秩，即 $R(\boldsymbol{A})=R(\boldsymbol{A}, \boldsymbol{B})$.

推论 4.1　向量组 $\boldsymbol{A}$：$\boldsymbol{\alpha}_1, \boldsymbol{\alpha}_2, \cdots, \boldsymbol{\alpha}_m$ 与向量组 $\boldsymbol{B}$：$\boldsymbol{\beta}_1, \boldsymbol{\beta}_2, \cdots, \boldsymbol{\beta}_t$ 等价的充要条件是 $R(\boldsymbol{A})=R(\boldsymbol{B})=R(\boldsymbol{A}, \boldsymbol{B})$，其中 $(\boldsymbol{A}, \boldsymbol{B})$ 是向量组 $\boldsymbol{A}$ 和 $\boldsymbol{B}$ 所构成的矩阵.

证明：因向量组 $\boldsymbol{A}$ 和向量组 $\boldsymbol{B}$ 能相互线性表示，依据定理 4.3 知，它们等价的充分必要条件是 $R(\boldsymbol{A})=R(\boldsymbol{A}, \boldsymbol{B})$ 且 $R(\boldsymbol{B})=R(\boldsymbol{B}, \boldsymbol{A})$，而 $R(\boldsymbol{A}, \boldsymbol{B})=R(\boldsymbol{B}, \boldsymbol{A})$，因此 $R(\boldsymbol{A})=R(\boldsymbol{B})=R(\boldsymbol{A}, \boldsymbol{B})$.

定理 4.4　设向量组 $\boldsymbol{B}$：$\boldsymbol{\beta}_1, \boldsymbol{\beta}_2, \cdots, \boldsymbol{\beta}_t$ 能由向量组 $\boldsymbol{A}$：$\boldsymbol{\alpha}_1, \boldsymbol{\alpha}_2, \cdots, \boldsymbol{\alpha}_m$ 线性表示，则 $R(\boldsymbol{\beta}_1, \boldsymbol{\beta}_2, \cdots, \boldsymbol{\beta}_t) \leqslant R(\boldsymbol{\alpha}_1, \boldsymbol{\alpha}_2, \cdots, \boldsymbol{\alpha}_m)$.

证明：记 $\boldsymbol{A}=(\boldsymbol{\alpha}_1, \boldsymbol{\alpha}_2, \cdots, \boldsymbol{\alpha}_m)$，$\boldsymbol{B}=(\boldsymbol{\beta}_1, \boldsymbol{\beta}_2, \cdots, \boldsymbol{\beta}_t)$，根据定理 4.3，有 $R(\boldsymbol{A})=R(\boldsymbol{A}, \boldsymbol{B})$，而 $R(\boldsymbol{B}) \leqslant R(\boldsymbol{A}, \boldsymbol{B})$，因此 $R(\boldsymbol{B}) \leqslant R(\boldsymbol{A})$.

二、线性相关性

定义 4.10　给定向量组 $\boldsymbol{A}$：$\boldsymbol{\alpha}_1, \boldsymbol{\alpha}_2, \cdots, \boldsymbol{\alpha}_s$，如果存在不全为零的数 $k_1, k_2, \cdots, k_s$，使

$$k_1\boldsymbol{\alpha}_1+k_2\boldsymbol{\alpha}_2+\cdots+k_s\boldsymbol{\alpha}_s=\boldsymbol{0},$$

则称**向量组 $\boldsymbol{A}$ 线性相关**，否则称为**线性无关**.

由定义可见：

(1)向量组只含有一个向量 $\boldsymbol{\alpha}$ 时，$\boldsymbol{\alpha}$ 线性无关的充分必要条件是 $\boldsymbol{\alpha} \neq \boldsymbol{0}$. 因此单个零向量是线性相关的，进一步还可推出包含零向量的任何向量组都是线性相关的，事实上，对向量组 $\boldsymbol{\alpha}_1, \boldsymbol{\alpha}_2, \cdots, \boldsymbol{0}, \cdots, \boldsymbol{\alpha}_s$ 恒有

$$0\boldsymbol{\alpha}_1+0\boldsymbol{\alpha}_2+\cdots+k\boldsymbol{0}+\cdots+0\boldsymbol{\alpha}_s=\boldsymbol{0},$$

其中 k 可以是任意不为零的数，故该向量组线性相关.

(2)仅含两个向量的二维向量组线性相关的充分必要条件是这两个向量对应分量成正比，两个向量线性相关的几何意义是这两个向量共线.

(3)三个三维向量线性相关的几何意义是这三个向量共面.

最后我们指出，如果当且仅当 $k_1=k_2=\cdots=k_s=0$ 时，式 $k_1\boldsymbol{\alpha}_1+k_2\boldsymbol{\alpha}_2+\cdots+k_s\boldsymbol{\alpha}_s=\boldsymbol{0}$ 才成立，则向量组 $\boldsymbol{\alpha}_1, \boldsymbol{\alpha}_2, \cdots, \boldsymbol{\alpha}_s$ 是线性无关的，这也是论证向量组线性无关的基本方法.

下面我们给出线性相关性的判定方法.

定理 4.5　向量组 $\boldsymbol{\alpha}_1, \boldsymbol{\alpha}_2, \cdots, \boldsymbol{\alpha}_s (s \geqslant 2)$ 线性相关的充要条件是向量组中至少有一个向量可以由其余 $s-1$ 个向量线性表示.

证明：必要性：由于 $\boldsymbol{\alpha}_1, \boldsymbol{\alpha}_2, \cdots, \boldsymbol{\alpha}_s$ 线性相关，所以存在一组不全为零的数 $k_1, k_2, \cdots, k_s$ 使得

$$k_1\boldsymbol{\alpha}_1+k_2\boldsymbol{\alpha}_2+\cdots+k_s\boldsymbol{\alpha}_s=\boldsymbol{0},$$

不妨设 $k_s \neq 0$，将上式改写为

$$-k_s\boldsymbol{\alpha}_s = k_1\boldsymbol{\alpha}_1 + k_2\boldsymbol{\alpha}_2 + \cdots + k_{s-1}\boldsymbol{\alpha}_{s-1},$$

两端除以 $(-k_s)$ 得

$$\boldsymbol{\alpha}_s = -\frac{k_1}{k_s}\boldsymbol{\alpha}_1 - \frac{k_2}{k_s}\boldsymbol{\alpha}_2 - \cdots - \frac{k_{s-1}}{k_s}\boldsymbol{\alpha}_{s-1},$$

即至少有 $\boldsymbol{\alpha}_s$ 可由其余 $s-1$ 个向量 $\boldsymbol{\alpha}_1$，$\boldsymbol{\alpha}_2$，…，$\boldsymbol{\alpha}_{s-1}$ 线性表示．

充分性：因为 $\boldsymbol{\alpha}_1$，$\boldsymbol{\alpha}_2$，…，$\boldsymbol{\alpha}_s$ 中至少有一个向量可由其余 $s-1$ 个向量线性表示，不妨设

$$\boldsymbol{\alpha}_s = k_1\boldsymbol{\alpha}_1 + k_2\boldsymbol{\alpha}_2 + \cdots + k_{s-1}\boldsymbol{\alpha}_{s-1},$$

改写为

$$k_1\boldsymbol{\alpha}_1 + k_2\boldsymbol{\alpha}_2 + \cdots + k_{s-1}\boldsymbol{\alpha}_{s-1} - \boldsymbol{\alpha}_s = \mathbf{0},$$

由于上式左边的系数 k_1，k_2，…，k_{s-1}，-1 是一组不全为零的数，因此 $\boldsymbol{\alpha}_1$，$\boldsymbol{\alpha}_2$，…，$\boldsymbol{\alpha}_s$ 线性相关．

设有列向量组 $\boldsymbol{\alpha}_1$，$\boldsymbol{\alpha}_2$，…，$\boldsymbol{\alpha}_s$ 及由该向量组构成的矩阵 $\mathbf{A}=(\boldsymbol{\alpha}_1, \boldsymbol{\alpha}_2, \cdots, \boldsymbol{\alpha}_s)$，则向量组 $\boldsymbol{\alpha}_1$，$\boldsymbol{\alpha}_2$，…，$\boldsymbol{\alpha}_s$ 线性相关就是齐次线性方程组 $x_1\boldsymbol{\alpha}_1 + x_2\boldsymbol{\alpha}_2 + \cdots + x_s\boldsymbol{\alpha}_s = \mathbf{0}$，即 $\mathbf{A}\boldsymbol{x}=\mathbf{0}$ 有非零解，故可得到如下定理．

定理 4.6 n 维列向量组 $\boldsymbol{\alpha}_1$，$\boldsymbol{\alpha}_2$，…，$\boldsymbol{\alpha}_s$ 线性相关的充要条件是矩阵 $\mathbf{A}=(\boldsymbol{\alpha}_1, \boldsymbol{\alpha}_2, \cdots, \boldsymbol{\alpha}_s)$ 的秩小于向量的个数 s.

推论 4.2 n 维列向量组 $\boldsymbol{\alpha}_1$，$\boldsymbol{\alpha}_2$，…，$\boldsymbol{\alpha}_s$ 线性无关的充要条件是矩阵 $\mathbf{A}=(\boldsymbol{\alpha}_1, \boldsymbol{\alpha}_2, \cdots, \boldsymbol{\alpha}_s)$ 的秩等于向量的个数 s.

推论 4.3 n 维列向量组 $\boldsymbol{\alpha}_1$，$\boldsymbol{\alpha}_2$，…，$\boldsymbol{\alpha}_n$ 线性无关(线性相关)的充要条件是矩阵 $\mathbf{A}=(\boldsymbol{\alpha}_1, \boldsymbol{\alpha}_2, \cdots, \boldsymbol{\alpha}_n)$ 的行列式不等于(等于)零．

上述结论对矩阵的行向量也同样成立．

例 4.7 讨论 n 维基本向量组 $\boldsymbol{e}_1=(1, 0, \cdots, 0)^{\mathrm{T}}$，$\boldsymbol{e}_2=(0, 1, \cdots, 0)^{\mathrm{T}}$，…，$\boldsymbol{e}_n=(0, 0, \cdots, 1)^{\mathrm{T}}$ 的线性相关性．

解： n 维基本向量组构成的矩阵

$$\boldsymbol{E}=(\boldsymbol{e}_1, \boldsymbol{e}_2, \cdots, \boldsymbol{e}_n)=\begin{pmatrix} 1 & 0 & \cdots & 0 \\ 0 & 1 & \cdots & 0 \\ \vdots & \vdots & & \vdots \\ 0 & 0 & \cdots & 1 \end{pmatrix}$$

是 n 阶单位矩阵，由 $|\boldsymbol{E}|=1$，知 $R(\boldsymbol{E})=n$，即 $R(\boldsymbol{E})$ 等于向量组中向量的个数，故由推论 4.3 知此向量组是线性无关的．

例 4.8 $\boldsymbol{\alpha}_1=\begin{pmatrix}1\\1\\1\end{pmatrix}$，$\boldsymbol{\alpha}_2=\begin{pmatrix}0\\2\\5\end{pmatrix}$，$\boldsymbol{\alpha}_3=\begin{pmatrix}2\\4\\7\end{pmatrix}$，试讨论向量组 $\boldsymbol{\alpha}_1$，$\boldsymbol{\alpha}_2$，$\boldsymbol{\alpha}_3$ 及向量组 $\boldsymbol{\alpha}_1$，$\boldsymbol{\alpha}_2$ 的线性相关性．

解： 对矩阵 $\mathbf{A}=(\boldsymbol{\alpha}_1, \boldsymbol{\alpha}_2, \boldsymbol{\alpha}_3)$ 施行初等行变换，将其化为行阶梯形矩阵，即可同时看出矩阵 $\mathbf{A}$ 及 $\boldsymbol{B}=(\boldsymbol{\alpha}_1, \boldsymbol{\alpha}_2)$ 的秩，再由定理 4.6 可得出结论．

$$(\boldsymbol{\alpha}_1, \boldsymbol{\alpha}_2, \boldsymbol{\alpha}_3)=\begin{pmatrix}1&0&2\\1&2&4\\1&5&7\end{pmatrix}\to\begin{pmatrix}1&0&2\\0&2&2\\0&5&5\end{pmatrix}\to\begin{pmatrix}1&0&2\\0&2&2\\0&0&0\end{pmatrix},$$

可见 $R(\boldsymbol{A})=2$，$R(\boldsymbol{B})=2$，故向量组 $\boldsymbol{\alpha}_1$，$\boldsymbol{\alpha}_2$，$\boldsymbol{\alpha}_3$ 线性相关，向量组 $\boldsymbol{\alpha}_1$，$\boldsymbol{\alpha}_2$ 线性无关．

定理 4.7 若向量组有一部分向量(部分组)线性相关，则整个向量组线性相关．

证明：设向量组 $\boldsymbol{\alpha}_1$，$\boldsymbol{\alpha}_2$，…，$\boldsymbol{\alpha}_s$ 中有 r 个($r\leqslant s$)向量的部分组线性相关，不妨设 $\boldsymbol{\alpha}_1$，$\boldsymbol{\alpha}_2$，…，$\boldsymbol{\alpha}_r$ 线性相关，则存在不全为零的数 k_1，k_2，…，k_r，使

$$k_1\boldsymbol{\alpha}_1+k_2\boldsymbol{\alpha}_2+\cdots+k_r\boldsymbol{\alpha}_r=\mathbf{0}$$

成立，因而存在一组不全为零的数 k_1，k_2，…，k_r，0，…，0，使

$$k_1\boldsymbol{\alpha}_1+k_2\boldsymbol{\alpha}_2+\cdots+k_r\boldsymbol{\alpha}_r+0\boldsymbol{\alpha}_{r+1}+\cdots+0\boldsymbol{\alpha}_s=\mathbf{0}$$

成立，即 $\boldsymbol{\alpha}_1$，$\boldsymbol{\alpha}_2$，…，$\boldsymbol{\alpha}_s$ 线性相关．

推论 4.4 线性无关的向量组中任一部分组皆线性无关．

定理 4.8 若向量组 $\boldsymbol{\alpha}_1$，$\boldsymbol{\alpha}_2$，…，$\boldsymbol{\alpha}_s$，$\boldsymbol{\beta}$ 线性相关，而向量组 $\boldsymbol{\alpha}_1$，$\boldsymbol{\alpha}_2$，…，$\boldsymbol{\alpha}_s$ 线性无关，则向量 $\boldsymbol{\beta}$ 可由 $\boldsymbol{\alpha}_1$，$\boldsymbol{\alpha}_2$，…，$\boldsymbol{\alpha}_s$ 线性表示，且表示法唯一．

证明：先证 $\boldsymbol{\beta}$ 可由 $\boldsymbol{\alpha}_1$，$\boldsymbol{\alpha}_2$，…，$\boldsymbol{\alpha}_s$ 线性表示．

因为 $\boldsymbol{\alpha}_1$，$\boldsymbol{\alpha}_2$，…，$\boldsymbol{\alpha}_s$，$\boldsymbol{\beta}$ 线性相关，故存在一组不全为零的数 k_1，k_2，…，k_s，k，使得

$$k_1\boldsymbol{\alpha}_1+k_2\boldsymbol{\alpha}_2+\cdots+k_s\boldsymbol{\alpha}_s+k\boldsymbol{\beta}=\mathbf{0}$$

成立．注意到 $\boldsymbol{\alpha}_1$，$\boldsymbol{\alpha}_2$，…，$\boldsymbol{\alpha}_s$ 线性无关，易知 $k\neq0$，所以

$$\boldsymbol{\beta}=-\frac{k_1}{k}\boldsymbol{\alpha}_1-\frac{k_2}{k}\boldsymbol{\alpha}_2-\cdots-\frac{k_s}{k}\boldsymbol{\alpha}_s.$$

再用反证法证明表示法的唯一性．

假设 $\boldsymbol{\beta}=h_1\boldsymbol{\alpha}_1+h_2\boldsymbol{\alpha}_2+\cdots+h_s\boldsymbol{\alpha}_s$，且 $\boldsymbol{\beta}=l_1\boldsymbol{\alpha}_1+l_2\boldsymbol{\alpha}_2+\cdots+l_s\boldsymbol{\alpha}_s$，整理得

$$(h_1-l_1)\boldsymbol{\alpha}_1+(h_2-l_2)\boldsymbol{\alpha}_2+\cdots+(h_s-l_s)\boldsymbol{\alpha}_s=\mathbf{0},$$

由 $\boldsymbol{\alpha}_1$，$\boldsymbol{\alpha}_2$，…，$\boldsymbol{\alpha}_s$ 线性无关，易知 $h_1=l_1$，$h_2=l_2$，…，$h_s=l_s$，故表示法是唯一的．

定理 4.9 设向量组 $\boldsymbol{A}$：$\boldsymbol{\alpha}_1$，$\boldsymbol{\alpha}_2$，…，$\boldsymbol{\alpha}_s$ 和向量组 $\boldsymbol{B}$：$\boldsymbol{\beta}_1$，$\boldsymbol{\beta}_2$，…，$\boldsymbol{\beta}_t$，且向量组能由向量组 $\boldsymbol{A}$ 线性表示，若 $s<t$，则向量组 $\boldsymbol{B}$ 线性相关．

证明：设

$$(\boldsymbol{\beta}_1, \boldsymbol{\beta}_2, \cdots, \boldsymbol{\beta}_t)=(\boldsymbol{\alpha}_1, \boldsymbol{\alpha}_2, \cdots, \boldsymbol{\alpha}_s)\begin{pmatrix}k_{11}&k_{12}&\cdots&k_{1t}\\k_{21}&k_{21}&\cdots&k_{2t}\\\vdots&\vdots&&\vdots\\k_{s1}&k_{s2}&\cdots&k_{st}\end{pmatrix},\tag{4.3}$$

欲证存在不全为零的数 x_1，x_2，…，x_t，使得

$$x_1\boldsymbol{\beta}_1+x_2\boldsymbol{\beta}_2+\cdots+x_t\boldsymbol{\beta}_t=(\boldsymbol{\beta}_1, \boldsymbol{\beta}_2, \cdots, \boldsymbol{\beta}_t)\begin{pmatrix}x_1\\x_2\\\vdots\\x_t\end{pmatrix}=\mathbf{0},\tag{4.4}$$

将式(4.3)代入式(4.4)，并注意到 $s<t$，则知齐次线性方程组

$$\begin{pmatrix} k_{11} & k_{12} & \cdots & k_{1t} \\ k_{21} & k_{21} & \cdots & k_{2t} \\ \vdots & \vdots & & \vdots \\ k_{s1} & k_{s2} & \cdots & k_{st} \end{pmatrix} \begin{pmatrix} x_1 \\ x_2 \\ \vdots \\ x_t \end{pmatrix} = \mathbf{0}$$

有非零解，从而向量组 $\boldsymbol{B}$ 线性相关．

易得定理的等价命题．

推论 4.5 设向量组 $\boldsymbol{B}$ 能由向量组 $\boldsymbol{A}$ 线性表示，若向量组 $\boldsymbol{B}$ 线性无关，则 $s \geqslant t$.

推论 4.6 设向量组 $\boldsymbol{A}$ 与 $\boldsymbol{B}$ 可以互相线性表示，若 $\boldsymbol{A}$ 与 $\boldsymbol{B}$ 都是线性无关的，则 $s=t$.

证明：向量组 $\boldsymbol{A}$ 线性无关且可由 $\boldsymbol{B}$ 线性表示，则 $s \leqslant t$；向量组 $\boldsymbol{B}$ 线性无关且可由 $\boldsymbol{A}$ 线性表示，则 $s \geqslant t$，故有 $s=t$.

例 4.9 设向量组 $\boldsymbol{\alpha}_1$，$\boldsymbol{\alpha}_2$，$\boldsymbol{\alpha}_3$ 线性相关，向量组 $\boldsymbol{\alpha}_2$，$\boldsymbol{\alpha}_3$，$\boldsymbol{\alpha}_4$ 线性无关，证明：

(1)$\boldsymbol{\alpha}_1$ 能由 $\boldsymbol{\alpha}_2$，$\boldsymbol{\alpha}_3$ 线性表示；

(2)$\boldsymbol{\alpha}_4$ 不能由 $\boldsymbol{\alpha}_1$，$\boldsymbol{\alpha}_2$，$\boldsymbol{\alpha}_3$ 线性表示．

证明：(1)因 $\boldsymbol{\alpha}_2$，$\boldsymbol{\alpha}_3$，$\boldsymbol{\alpha}_4$ 线性无关，由推论 4.5 知，$\boldsymbol{\alpha}_2$，$\boldsymbol{\alpha}_3$ 线性无关，而 $\boldsymbol{\alpha}_1$，$\boldsymbol{\alpha}_2$，$\boldsymbol{\alpha}_3$ 线性相关，由定理 4.8 知，$\boldsymbol{\alpha}_1$ 能由 $\boldsymbol{\alpha}_2$，$\boldsymbol{\alpha}_3$ 线性表示．

(2)用反证法证明．假设 $\boldsymbol{\alpha}_4$ 能由 $\boldsymbol{\alpha}_1$，$\boldsymbol{\alpha}_2$，$\boldsymbol{\alpha}_3$ 线性表示，而由(1)知 $\boldsymbol{\alpha}_1$ 能由 $\boldsymbol{\alpha}_2$，$\boldsymbol{\alpha}_3$ 线性表示，因此 $\boldsymbol{\alpha}_4$ 能由 $\boldsymbol{\alpha}_2$，$\boldsymbol{\alpha}_3$ 线性表示，这与 $\boldsymbol{\alpha}_2$，$\boldsymbol{\alpha}_3$，$\boldsymbol{\alpha}_4$ 线性无关矛盾．

第三节　向量组的秩

这里我们引用三原色的例子向大家解释极大线性无关组这个抽象的概念．我们通常把“红、绿、蓝”三种颜色称为三原色，这里我们把每一种颜色看成是一个向量．如果我们想在绘画中呈现多种色彩，实际上只需要这三种颜色就可以完成，这是因为将三原色以某种比例混合可以得到想要的任意颜色，用向量的语言来说，就是任一颜色都可以由三原色线性表示．另一方面，三原色中任意两种颜色都无法调制出第三种颜色，这实际上反映的是三原色向量组本身是线性无关的．那么，三原色实际上就是所有颜色构成的向量组的一个极大线性无关组．

一、极大线性无关组

定义 4.11 设有向量组 $\boldsymbol{A}$，如果在 $\boldsymbol{A}$ 中能选出 r 个向量 $\boldsymbol{\alpha}_1$，$\boldsymbol{\alpha}_2$，…，$\boldsymbol{\alpha}_r$，满足：

(1)向量组 $\boldsymbol{A}_0$：$\boldsymbol{\alpha}_1$，$\boldsymbol{\alpha}_2$，…，$\boldsymbol{\alpha}_r$ 线性无关；

(2)向量组 $\boldsymbol{A}$ 中任意 $r+1$ 个向量(如果 $\boldsymbol{A}$ 中有 $r+1$ 个向量的话)都线性相关，那么称向量组 $\boldsymbol{A}_0$ 为向量组 $\boldsymbol{A}$ 的一个**极大线性无关组**，简称**极大无关组**．

向量组 $\boldsymbol{A}$ 和它自己的极大无关组 $\boldsymbol{A}_0$ 是等价的，这是因为 $\boldsymbol{A}_0$ 组是 $\boldsymbol{A}$ 组的一个部分组，故 $\boldsymbol{A}_0$ 组总能由 $\boldsymbol{A}$ 组线性表示($\boldsymbol{A}_0$ 中的每个向量都能由 $\boldsymbol{A}$ 组表示)，而由定义的条件(2)知，

对于 $\boldsymbol{A}$ 中的任一向量 $\boldsymbol{\alpha}$，$r+1$ 个向量 $\boldsymbol{A}_0$：$\boldsymbol{\alpha}_1$，$\boldsymbol{\alpha}_2$，…，$\boldsymbol{\alpha}_r$，$\boldsymbol{\alpha}$ 线性相关，而 $\boldsymbol{\alpha}_1$，$\boldsymbol{\alpha}_2$，…，$\boldsymbol{\alpha}_r$ 线性无关，根据定理 4.8 知 $\boldsymbol{\alpha}$ 能由 $\boldsymbol{A}_0$：$\boldsymbol{\alpha}_1$，$\boldsymbol{\alpha}_2$，…，$\boldsymbol{\alpha}_r$ 线性表示，即 $\boldsymbol{A}$ 组能由 $\boldsymbol{A}_0$ 组线性表示，所以 $\boldsymbol{A}$ 组与 $\boldsymbol{A}_0$ 组等价．

定理 4.10 任何向量组和它的极大无关组等价．

推论 4.7 向量组中任意两个极大无关组等价．

推论 4.8 （极大无关组等价定义）如果一个向量组 $\boldsymbol{A}$ 的一个部分组 $\boldsymbol{\alpha}_1$，$\boldsymbol{\alpha}_2$，…，$\boldsymbol{\alpha}_r$ 满足：

(1) $\boldsymbol{\alpha}_1$，$\boldsymbol{\alpha}_2$，…，$\boldsymbol{\alpha}_r$ 线性无关；

(2) 向量组 $\boldsymbol{A}$ 中任意一个向量都可以由 $\boldsymbol{\alpha}_1$，$\boldsymbol{\alpha}_2$，…，$\boldsymbol{\alpha}_r$ 线性表示．

则称部分组 $\boldsymbol{\alpha}_1$，$\boldsymbol{\alpha}_2$，…，$\boldsymbol{\alpha}_r$ 为向量组 $\boldsymbol{A}$ 的一个**极大线性无关组**．

显然，任何一个含有非零向量的向量组一定存在极大无关组，线性无关的向量组的极大无关组就是自身．

定理 4.11 对向量组 $\boldsymbol{\alpha}_1=\begin{pmatrix}a_{11}\\a_{21}\\\vdots\\a_{n1}\end{pmatrix}$，$\boldsymbol{\alpha}_2=\begin{pmatrix}a_{12}\\a_{22}\\\vdots\\a_{n2}\end{pmatrix}$，…，$\boldsymbol{\alpha}_m=\begin{pmatrix}a_{1m}\\a_{2m}\\\vdots\\a_{nm}\end{pmatrix}$，作 $n\times m$ 矩阵 $(\boldsymbol{\alpha}_1$，$\boldsymbol{\alpha}_2$，…，$\boldsymbol{\alpha}_m)$，并对其施行初等行变换，若 $(\boldsymbol{\alpha}_1,\ \boldsymbol{\alpha}_2,\ \cdots,\ \boldsymbol{\alpha}_m)\xrightarrow{\text{行变换}}(\boldsymbol{\beta}_1,\ \boldsymbol{\beta}_2,\ \cdots,\ \boldsymbol{\beta}_m)$，则：

(1) 向量组 $\boldsymbol{\alpha}_1$，$\boldsymbol{\alpha}_2$，…，$\boldsymbol{\alpha}_m$ 中的部分组 $\boldsymbol{\alpha}_{i1}$，$\boldsymbol{\alpha}_{i2}$，…，$\boldsymbol{\alpha}_{ir}$ 线性无关的充要条件是向量组 $\boldsymbol{\beta}_1$，$\boldsymbol{\beta}_2$，…，$\boldsymbol{\beta}_m$ 中对应的部分组 $\boldsymbol{\beta}_{i1}$，$\boldsymbol{\beta}_{i2}$，…，$\boldsymbol{\beta}_{ir}$ 线性无关；

(2) 向量组 $\boldsymbol{\alpha}_1$，$\boldsymbol{\alpha}_2$，…，$\boldsymbol{\alpha}_m$ 中某个向量 $\boldsymbol{\alpha}_j$ 可由部分组 $\boldsymbol{\alpha}_{j1}$，$\boldsymbol{\alpha}_{j2}$，…，$\boldsymbol{\alpha}_{jr}$ 线性表示为 $\boldsymbol{\alpha}_j=k_1\boldsymbol{\alpha}_{j1}+k_2\boldsymbol{\alpha}_{j2}+\cdots+k_r\boldsymbol{\alpha}_{jr}$ 的充要条件是向量组 $\boldsymbol{\beta}_1$，$\boldsymbol{\beta}_2$，…，$\boldsymbol{\beta}_m$ 中对应的 $\boldsymbol{\beta}_j$ 可由对应部分组 $\boldsymbol{\beta}_{j1}$，$\boldsymbol{\beta}_{j2}$，…，$\boldsymbol{\beta}_{jr}$ 表示为 $\boldsymbol{\beta}=k_1\boldsymbol{\beta}_{j1}+k_2\boldsymbol{\beta}_{j2}+\cdots+k_r\boldsymbol{\beta}_{jr}$．

证明： 因为 $(\boldsymbol{\alpha}_1,\ \boldsymbol{\alpha}_2,\ \cdots,\ \boldsymbol{\alpha}_m)\xrightarrow{\text{行变换}}(\boldsymbol{\beta}_1,\ \boldsymbol{\beta}_2,\ \cdots,\ \boldsymbol{\beta}_m)$，可知存在可逆矩阵 $\boldsymbol{Q}$，使得

$$(\boldsymbol{\beta}_1,\ \boldsymbol{\beta}_2,\ \cdots,\ \boldsymbol{\beta}_m)=\boldsymbol{Q}(\boldsymbol{\alpha}_1,\ \boldsymbol{\alpha}_2,\ \cdots,\ \boldsymbol{\alpha}_m)=(\boldsymbol{Q}\boldsymbol{\alpha}_1,\ \boldsymbol{Q}\boldsymbol{\alpha}_2,\ \cdots,\ \boldsymbol{Q}\boldsymbol{\alpha}_m),$$

于是有

$$\boldsymbol{\beta}_i=\boldsymbol{Q}\boldsymbol{\alpha}_i \text{ 或 } \boldsymbol{\alpha}_i=\boldsymbol{Q}^{-1}\boldsymbol{\beta}_i,\ (i=1,\ 2,\ \cdots,\ m).$$

(1) 若 $\boldsymbol{\alpha}_{i1}$，$\boldsymbol{\alpha}_{i2}$，…，$\boldsymbol{\alpha}_{ir}$ 线性无关，则对 $\boldsymbol{\beta}_{i1}$，$\boldsymbol{\beta}_{i2}$，…，$\boldsymbol{\beta}_{ir}$，设存在 k_1，k_2…，k_r，使得

$$k_1\boldsymbol{\beta}_{i1}+k_2\boldsymbol{\beta}_{i2}+\cdots+k_r\boldsymbol{\beta}_{ir}=\boldsymbol{0},$$

即

$$k_1\boldsymbol{Q}\boldsymbol{\alpha}_{i1}+k_2\boldsymbol{Q}\boldsymbol{\alpha}_{i2}+\cdots+k_r\boldsymbol{Q}\boldsymbol{\alpha}_{ir}=\boldsymbol{Q}(k_1\boldsymbol{\alpha}_{i1}+k_2\boldsymbol{\alpha}_{i2}+\cdots+k_r\boldsymbol{\alpha}_{ir})=\boldsymbol{0},$$

由于 $\boldsymbol{Q}$ 可逆，上式两边左乘 $\boldsymbol{Q}^{-1}$ 可得

$$k_1\boldsymbol{\alpha}_{i1}+k_2\boldsymbol{\alpha}_{i2}+\cdots+k_r\boldsymbol{\alpha}_{ir}=\boldsymbol{0},$$

由于 $\boldsymbol{\alpha}_{i1}$，$\boldsymbol{\alpha}_{i2}$，…，$\boldsymbol{\alpha}_{ir}$ 线性无关，可得 $k_1=k_2=\cdots=k_r=0$，因此 $\boldsymbol{\beta}_{i1}$，$\boldsymbol{\beta}_{i2}$，…，$\boldsymbol{\beta}_{ir}$ 线性无关；反之亦然．

(2) 若 $\boldsymbol{\alpha}_j=k_1\boldsymbol{\alpha}_{j1}+k_2\boldsymbol{\alpha}_{j2}+\cdots+k_r\boldsymbol{\alpha}_{jr}$，即

$$\boldsymbol{Q}^{-1}\boldsymbol{\beta}_j=k_1\boldsymbol{Q}^{-1}\boldsymbol{\beta}_{j1}+k_2\boldsymbol{Q}^{-1}\boldsymbol{\beta}_{j2}+\cdots+k_r\boldsymbol{Q}^{-1}\boldsymbol{\beta}_{jr},$$

上式两边左乘 $\boldsymbol{Q}$，即得 $\boldsymbol{\beta}_j=k_1\boldsymbol{\beta}_{j1}+k_2\boldsymbol{\beta}_{j2}+\cdots+k_r\boldsymbol{\beta}_{jr}$；反之亦然．

例 4.10 求向量组 $\boldsymbol{\alpha}_1=(1, 0, 1)^{\mathrm{T}}$，$\boldsymbol{\alpha}_2=(1, -1, 1)^{\mathrm{T}}$，$\boldsymbol{\alpha}_3=(2, 0, 2)^{\mathrm{T}}$ 的极大无关组．

解： 作矩阵 $\boldsymbol{A}=(\boldsymbol{\alpha}_1, \boldsymbol{\alpha}_2, \boldsymbol{\alpha}_3)$，对 $\boldsymbol{A}$ 作初等行变换，

$$\boldsymbol{A}=\begin{pmatrix}1 & 1 & 2\\0 & -1 & 0\\1 & 1 & 2\end{pmatrix}\rightarrow\begin{pmatrix}1 & 1 & 2\\0 & -1 & 0\\0 & 0 & 0\end{pmatrix}\rightarrow\begin{pmatrix}1 & 0 & 2\\0 & 1 & 0\\0 & 0 & 0\end{pmatrix}=(\boldsymbol{\beta}_1, \boldsymbol{\beta}_2, \boldsymbol{\beta}_3).$$

由于 $\boldsymbol{\beta}_1$，$\boldsymbol{\beta}_2$ 线性无关，且 $\boldsymbol{\beta}_3=2\boldsymbol{\beta}_1+0\boldsymbol{\beta}_2$，所以 $\boldsymbol{\alpha}_1$，$\boldsymbol{\alpha}_2$ 线性无关，且 $\boldsymbol{\alpha}_3=2\boldsymbol{\alpha}_1+0\boldsymbol{\alpha}_2$．由推论 4.8 知，$\boldsymbol{\alpha}_1$，$\boldsymbol{\alpha}_2$ 是向量组 $\boldsymbol{\alpha}_1$，$\boldsymbol{\alpha}_2$，$\boldsymbol{\alpha}_3$ 的一个极大无关组．

另外，从上面的最后一个矩阵可看出 $\boldsymbol{\beta}_2$，$\boldsymbol{\beta}_3$ 也线性无关，且 $\boldsymbol{\beta}_1=0\boldsymbol{\beta}_2+\frac{1}{2}\boldsymbol{\beta}_3$，因此有 $\boldsymbol{\alpha}_2$，$\boldsymbol{\alpha}_3$ 线性无关，且 $\boldsymbol{\alpha}_1=0\boldsymbol{\alpha}_2+\frac{1}{2}\boldsymbol{\alpha}_3$．由推论 4.8 知，$\boldsymbol{\alpha}_2$，$\boldsymbol{\alpha}_3$ 也是向量组 $\boldsymbol{\alpha}_1$，$\boldsymbol{\alpha}_2$，$\boldsymbol{\alpha}_3$ 的一个极大无关组．

例 4.11 假如把某公司的一个部门看成是一个向量组，员工看成是其中的向量，现有公司某部门四位员工用如下向量表示．若该部门只有三个工作岗位，为提高工作效率、降低运营成本，公司决定裁去一位员工，应如何裁员？

$$\boldsymbol{\alpha}_1=\begin{pmatrix}1\\0\\0\end{pmatrix}，\boldsymbol{\alpha}_2=\begin{pmatrix}0\\1\\0\end{pmatrix}，\boldsymbol{\alpha}_3=\begin{pmatrix}1\\1\\0\end{pmatrix}，\boldsymbol{\alpha}_4=\begin{pmatrix}0\\1\\1\end{pmatrix}$$

解： 问题的本质是找到向量组的极大无关组，而不属于极大无关组的向量对应员工是可以被替代的，是可以考虑被裁去的对象．

由$(\boldsymbol{\alpha}_1, \boldsymbol{\alpha}_2, \boldsymbol{\alpha}_3, \boldsymbol{\alpha}_4)=\begin{pmatrix}1 & 0 & 1 & 0\\0 & 1 & 1 & 1\\0 & 0 & 0 & 1\end{pmatrix}$，可以看出 $\boldsymbol{\alpha}_1$，$\boldsymbol{\alpha}_2$，$\boldsymbol{\alpha}_4$ 为原向量组的一个极大无关组，因此 $\boldsymbol{\alpha}_3$ 是可以由 $\boldsymbol{\alpha}_1$，$\boldsymbol{\alpha}_2$，$\boldsymbol{\alpha}_4$ 线性表示的，即 $\boldsymbol{\alpha}_3$ 对应员工可以被裁去．

我们已经知道，一个向量组的极大无关组不一定唯一，上例中的 $\boldsymbol{\alpha}_1$，$\boldsymbol{\alpha}_3$，$\boldsymbol{\alpha}_4$ 也是原向量组的一个极大无关组，因此也可以裁去 $\boldsymbol{\alpha}_2$ 对应员工．同学可以考虑是否还有其他选择？经过分析，我们知道裁员决策不是唯一的，但在本问题中有一个向量是不可替代的，即 $\boldsymbol{\alpha}_4$，如果没有 $\boldsymbol{\alpha}_4$，极大无关组中向量的个数将会减少．然而，极大无关组所包含向量的个数是向量组的一个重要指标．

二、向量组的秩

定义 4.12 向量组 $\boldsymbol{\alpha}_1$，$\boldsymbol{\alpha}_2$，…，$\boldsymbol{\alpha}_s$ 的极大无关组所含向量的个数称为该**向量组的秩**，记作 $R(\boldsymbol{\alpha}_1, \boldsymbol{\alpha}_2, \cdots, \boldsymbol{\alpha}_s)$.

规定：由零向量组成的向量组的秩为 0.

在前例中已经讨论过向量组 $\boldsymbol{\alpha}_1=(1, 0, 1)^{\mathrm{T}}$，$\boldsymbol{\alpha}_2=(1, -1, 1)^{\mathrm{T}}$，$\boldsymbol{\alpha}_3=(2, 0, 2)^{\mathrm{T}}$ 的极大无关组所含向量的个数为 2，由定义 4.12 知 $R(\boldsymbol{\alpha}_1, \boldsymbol{\alpha}_2, \boldsymbol{\alpha}_3)=2$.

关于向量组的秩有以下结论：

(1)一个向量组线性无关的充分必要条件是它的秩与它所含向量的个数相同．因为一

个线性无关的向量组极大无关组就是它本身；

(2)等价的向量组有相同的秩；

证明：由于等价的向量组的极大无关组也等价，所以它们的极大无关组的向量的个数相同，因而秩也相同．

(3)如果向量组的秩为 r，则向量组的任意 r 个线性无关的向量都构成向量组的一个极大无关组，任意 $r+1$ 个向量都线性相关．

三、矩阵与向量组秩的关系

定理 4.12 设 $\mathbf{A}$ 为 $m\times n$ 矩阵，则矩阵 $\mathbf{A}$ 的秩等于它的列向量组的秩，也等于它的行向量组的秩．

证明：设 $\mathbf{A}=(\boldsymbol{\alpha}_1, \boldsymbol{\alpha}_2, \cdots, \boldsymbol{\alpha}_n)$，$R(\mathbf{A})=s$，由矩阵的定义知，存在 $\mathbf{A}$ 的 s 阶子式 $D_s\neq 0$，从而 D_s 所在的 s 个列向量线性无关；又 $\mathbf{A}$ 中所有 $s+1$ 阶子式 $D_{s+1}=0$，故 $\mathbf{A}$ 中的任意 $s+1$ 个列向量都线性相关，因此 D_s 所在的 s 列是 $\mathbf{A}$ 的列向量组的一个极大无关组，所以列向量组的秩等于 s.

同理可证，矩阵 $\mathbf{A}$ 的行向量组的秩也等于 s.

推论 4.9 矩阵的行向量组的秩与列向量组的秩相等．

第四节 向量空间

一、向量空间的概念

定义 4.13 设 V 是 n 维向量构成的集合，且满足：

(1)若 $\boldsymbol{\alpha}$，$\boldsymbol{\beta}\in V$，则 $\boldsymbol{\alpha}+\boldsymbol{\beta}\in V$；

(2)若 $\boldsymbol{\alpha}\in V$，$k\in\mathbf{R}$，则 $k\boldsymbol{\alpha}\in V$.

则称集合 V 为**向量空间**．

上述定义中的两个条件称为集合 V 对加法和数乘两种运算是封闭的．

例 4.12 全体 n 维向量的集合 $\mathbf{R}^n$ 构成了一个向量空间．

事实上，任意两个 n 维向量之和仍为 n 维向量，数 k 乘 n 维向量还是 n 维向量，它们都属于 $\mathbf{R}^n$.

例 4.13 集合 $V=\{\boldsymbol{x}=(0, x_2, x_3, \cdots, x_n)^{\mathrm{T}} \mid x_2, x_3, \cdots, x_n\in\mathbf{R}\}$ 是一个向量空间．

证明：设 $\boldsymbol{\alpha}=(0, a_2, a_3, \cdots, a_n)^{\mathrm{T}}\in V$，$\boldsymbol{\beta}=(0, b_2, b_3, \cdots, b_n)^{\mathrm{T}}\in V$，则

$$\boldsymbol{\alpha}+\boldsymbol{\beta}=(0, a_2+b_2, a_3+b_3, \cdots, a_n+b_n)^{\mathrm{T}}\in V,$$

$$k\boldsymbol{\alpha}=(0, ka_2, ka_3, \cdots, ka_n)^{\mathrm{T}}\in V,\ k\text{ 为实数}.$$

即 V 对向量加法和数乘两种运算是封闭的，故 V 是一个向量空间．

例 4.14 证明集合 $V=\{\boldsymbol{x}=(1, x_2, x_3, \cdots, x_n)^{\mathrm{T}} \mid x_2, x_3, \cdots, x_n\in\mathbf{R}\}$ 不是向量空间.

证明：设 $\boldsymbol{\alpha}=(1, a_2, a_3, \cdots, a_n)^{\mathrm{T}}\in V$，则

$$2\boldsymbol{\alpha}=(2, 2a_2, 2a_3, \cdots 2a_n)^{\mathrm{T}}\notin V,$$

即 V 对向量的数乘运算不是封闭的，故 V 不是向量空间.

例 4.15 设 $\boldsymbol{\alpha}$，$\boldsymbol{\beta}$ 是两个已知的 n 维向量，证明集合 $V=\{\boldsymbol{x}=\lambda\boldsymbol{\alpha}+\mu\boldsymbol{\beta}\mid\lambda, \mu\in\mathbf{R}\}$ 是一个向量空间.

证明：$\boldsymbol{x}_1=\lambda_1\boldsymbol{\alpha}+\mu_1\boldsymbol{\beta}\in V$，$\boldsymbol{x}_2=\lambda_2\boldsymbol{\alpha}+\mu_2\boldsymbol{\beta}\in V$，则

$$\boldsymbol{x}_1+\boldsymbol{x}_2=(\lambda_1+\lambda_2)\boldsymbol{\alpha}+(\mu_1+\mu_2)\boldsymbol{\beta}\in V,$$

$$k\boldsymbol{x}_1=(k\lambda_1)\boldsymbol{\alpha}+(k\mu_1)\boldsymbol{\beta}\in V.$$

即 V 对向量加法和数乘两种运算是封闭的，故 V 是一个向量空间.

例 4.15 中的向量空间也称为**由向量 $\boldsymbol{\alpha}$，$\boldsymbol{\beta}$ 生成的空间**.

一般地，由向量组 $\boldsymbol{\alpha}_1$，$\boldsymbol{\alpha}_2$，…，$\boldsymbol{\alpha}_r$ 的线性组合构成的集合是一个向量空间，记作 $V=\{\boldsymbol{x}=\lambda_1\boldsymbol{\alpha}_1+\lambda_2\boldsymbol{\alpha}_2+\cdots+\lambda_r\boldsymbol{\alpha}_r\mid\lambda_1, \lambda_2, \cdots, \lambda_r\in\mathbf{R}\}$，称 V 为由 $\boldsymbol{\alpha}_1$，$\boldsymbol{\alpha}_2$，…，$\boldsymbol{\alpha}_r$ 生成的向量空间.

二、向量空间的基与维数

定义 4.14 设 V 是向量空间，若向量组 $\boldsymbol{\alpha}_1$，$\boldsymbol{\alpha}_2$，…，$\boldsymbol{\alpha}_r\in V$，满足：

(1)$\boldsymbol{\alpha}_1$，$\boldsymbol{\alpha}_2$，…，$\boldsymbol{\alpha}_r$ 线性无关；

(2)V 中任何一向量 $\boldsymbol{\alpha}$ 可由 $\boldsymbol{\alpha}_1$，$\boldsymbol{\alpha}_2$，…，$\boldsymbol{\alpha}_r$ 线性表示.

则称 $\boldsymbol{\alpha}_1$，$\boldsymbol{\alpha}_2$，…，$\boldsymbol{\alpha}_r$ 是**向量空间 V 的一个基**，称 r 为 V **的维数**，并称 V 是 r **维向量空间**.

只含有零向量的空间称为**零空间**，规定其维数为 0.

例 4.16 在 $\mathbf{R}^n$ 中 n 维基本向量组

$$\boldsymbol{e}_1=\begin{pmatrix}1\\0\\\vdots\\0\end{pmatrix}, \boldsymbol{e}_2=\begin{pmatrix}0\\1\\\vdots\\0\end{pmatrix}, \cdots, \boldsymbol{e}_n=\begin{pmatrix}0\\0\\\vdots\\1\end{pmatrix}$$

是 $\mathbf{R}^n$ 的一个基，因为对任一个 n 维向量 $\boldsymbol{\alpha}=(a_1, a_2, \cdots, a_n)^{\mathrm{T}}\in\mathbf{R}^n$，有

$$\boldsymbol{\alpha}=a_1\boldsymbol{e}_1+a_2\boldsymbol{e}_2+\cdots+a_n\boldsymbol{e}_n,$$

即 $\mathbf{R}^n$ 是 n 维向量空间.

将基的定义与前面的极大无关组定义比较可知，若把向量空间 V 看作向量组，则向量空间 V 的基就是向量组 V 中的极大无关组. 向量空间 V 的维数就是向量组 V 的秩，由极大无关组的不唯一性知，向量空间的基也是不唯一的. 不难看出，$\mathbf{R}^n$ 中任意 n 个线性无关的向量都是 $\mathbf{R}^n$ 的基.

若向量组 $\boldsymbol{\alpha}_1$，$\boldsymbol{\alpha}_2$，…，$\boldsymbol{\alpha}_r$ 是向量空间 V 的一个基，则 V 可表示为

$$V=\{\boldsymbol{x}=\lambda_1\boldsymbol{\alpha}_1+\lambda_2\boldsymbol{\alpha}_2+\cdots+\lambda_r\boldsymbol{\alpha}_r\mid\lambda_1, \lambda_2, \cdots, \lambda_r\in\mathbf{R}\},$$

即向量空间 V 可看作是由它的任意一个基所生成的.

例 4.17 证明向量组 $\boldsymbol{\alpha}_1=\begin{pmatrix}5\\1\\4\\1\end{pmatrix}$，$\boldsymbol{\alpha}_2=\begin{pmatrix}0\\-1\\1\\1\end{pmatrix}$，$\boldsymbol{\alpha}_3=\begin{pmatrix}4\\2\\2\\1\end{pmatrix}$，$\boldsymbol{\alpha}_4=\begin{pmatrix}2\\1\\0\\1\end{pmatrix}$ 是 $\mathbf{R}^4$ 的一个基.

证明：只需证明 $\boldsymbol{\alpha}_1$，$\boldsymbol{\alpha}_2$，$\boldsymbol{\alpha}_3$，$\boldsymbol{\alpha}_4$ 线性无关即可．

由矩阵 $\boldsymbol{A}=(\boldsymbol{\alpha}_1, \boldsymbol{\alpha}_2, \boldsymbol{\alpha}_3, \boldsymbol{\alpha}_4)$的行列式

$$|\boldsymbol{A}|=\begin{vmatrix} 5 & 0 & 4 & 2 \\ 1 & -1 & 2 & 1 \\ 4 & 1 & 2 & 0 \\ 1 & 1 & 1 & 1 \end{vmatrix}=-7\neq 0,$$

可知 $\boldsymbol{\alpha}_1$，$\boldsymbol{\alpha}_2$，$\boldsymbol{\alpha}_3$，$\boldsymbol{\alpha}_4$ 线性无关，故 $\boldsymbol{\alpha}_1$，$\boldsymbol{\alpha}_2$，$\boldsymbol{\alpha}_3$，$\boldsymbol{\alpha}_4$ 是 $\mathbf{R}^4$ 的一个基．

定义 4.15 设有向量空间 V_1 及 V_2，若 $V_1\subset V_2$，就称 V_1 是 V_2 的**子空间**．

例 4.18 向量空间 $V=\{\boldsymbol{x}=(0, x_2, x_3, \cdots, x_n)^{\mathrm{T}} \mid x_2, x_3, \cdots, x_n\in\mathbf{R}^1\}$就是 $\mathbf{R}^n$ 的子空间．

第五节　线性方程组解的结构

下面我们用向量组线性相关性的理论来讨论线性方程组的解．先讨论齐次线性方程组．

方程组解的结构应用

一、齐次线性方程组

设有齐次线性方程组

$$\begin{cases} a_{11}x_1+a_{12}x_2+\cdots+a_{1n}x_n=0 \\ a_{21}x_1+a_{22}x_2+\cdots+a_{2n}x_n=0 \\ \cdots\cdots\cdots\cdots\cdots\cdots\cdots\cdots\cdots\cdots \\ a_{m1}x_1+a_{m2}x_2+\cdots+a_{mn}x_n=0 \end{cases}, \tag{4.5}$$

记 $$\boldsymbol{A}=\begin{pmatrix} a_{11} & a_{12} & \cdots & a_{1n} \\ a_{21} & a_{22} & \cdots & a_{2n} \\ \vdots & \vdots & & \vdots \\ a_{m1} & a_{m2} & \cdots & a_{mn} \end{pmatrix}, \quad \boldsymbol{x}=\begin{pmatrix} x_1 \\ x_2 \\ \vdots \\ x_n \end{pmatrix},$$

则方程组(4.5)式可写成向量方程

$$\boldsymbol{Ax}=\boldsymbol{0}. \tag{4.6}$$

若 $x_1=\xi_{11}$，$x_2=\xi_{21}$，$\cdots$，$x_n=\xi_{n1}$ 为方程组(4.5)的解，则

$$\boldsymbol{x}=\boldsymbol{\xi}_1=\begin{pmatrix} \xi_{11} \\ \xi_{21} \\ \vdots \\ \xi_{n1} \end{pmatrix}$$

称为方程组(4.5)的**解向量**，它也就是向量方程(4.6)的解．

根据向量方程(4.6)，我们来讨论解向量的性质．

性质 4.1 若 $\boldsymbol{\xi}_1$，$\boldsymbol{\xi}_2$ 为方程(4.6)的解，则 $\boldsymbol{\xi}_1+\boldsymbol{\xi}_2$ 也是向量方程(4.6)的解．

证明： 只要验证 $\boldsymbol{\xi}_1+\boldsymbol{\xi}_2$ 满足向量方程(4.6)，即

$$\boldsymbol{A}(\boldsymbol{\xi}_1+\boldsymbol{\xi}_2)=\boldsymbol{A}\boldsymbol{\xi}_1+\boldsymbol{A}\boldsymbol{\xi}_2=\boldsymbol{0}+\boldsymbol{0}=\boldsymbol{0}.$$

性质 4.2 若 $\boldsymbol{\xi}_1$ 为向量方程(4.6)的解，k 为实数，则 $k\boldsymbol{\xi}_1$ 也是向量方程(4.6)的解．

证明： $\boldsymbol{A}(k\boldsymbol{\xi}_1)=k(\boldsymbol{A}\boldsymbol{\xi}_1)=k\boldsymbol{0}=\boldsymbol{0}$.

若用 S 表示方程组(4.5)的全体解向量所组成的集合，则性质 4.1、性质 4.2 即为

(1)若 $\boldsymbol{\xi}_1\in S$，$\boldsymbol{\xi}_2\in S$，则 $\boldsymbol{\xi}_1+\boldsymbol{\xi}_2\in S$；

(2)若 $\boldsymbol{\xi}_1\in S$，$k\in\mathbf{R}$，则 $k\boldsymbol{\xi}_1\in S$.

这就说明集合 S 对向量的线性运算是封闭的，所以集合 S 是一个向量空间，称为齐次线性方程组(4.5)的**解空间**．

下面我们来求解空间 S 的一个基．

设系数矩阵 $\boldsymbol{A}$ 的秩为 r，不妨设 $\boldsymbol{A}$ 的前 r 个列向量线性无关，于是 $\boldsymbol{A}$ 的行最简形矩阵为

$$\boldsymbol{B}=\begin{pmatrix} 1 & \cdots & 0 & b_{11} & \cdots & b_{1,n-r} \\ \vdots & & \vdots & \vdots & & \vdots \\ 0 & \cdots & 1 & b_{r1} & \cdots & b_{r,n-r} \\ 0 & & & \cdots & & 0 \\ \vdots & & & & & \vdots \\ 0 & & & \cdots & & 0 \end{pmatrix},$$

与 $\boldsymbol{B}$ 对应，即有方程组

$$\begin{cases} x_1=-b_{11}x_{r+1}-\cdots-b_{1,n-r}x_n \\ \cdots\cdots\cdots\cdots\cdots\cdots\cdots\cdots \\ x_r=-b_{r1}x_{r+1}-\cdots-b_{r,n-r}x_n \end{cases}, \tag{4.7}$$

由于 $\boldsymbol{A}$ 与 $\boldsymbol{B}$ 的行向量组等价，故方程组(4.5)与方程组(4.7)同解．在方程组(4.7)中，任给 x_{r+1}，…，x_n 一组值，即唯一确定 x_1，…，x_r 的值，就得方程组(4.7)的一个解，也就是方程组(4.5)的解．现在令 x_{r+1}，…，x_n 取下列 $n-r$ 组数，

$$\begin{pmatrix} x_{r+1} \\ x_{r+2} \\ \vdots \\ x_n \end{pmatrix}=\begin{pmatrix} 1 \\ 0 \\ \vdots \\ 0 \end{pmatrix},\begin{pmatrix} 0 \\ 1 \\ \vdots \\ 0 \end{pmatrix},\cdots,\begin{pmatrix} 0 \\ 0 \\ \vdots \\ 1 \end{pmatrix},$$

由方程组(4.7)即依次可得

$$\begin{pmatrix} x_1 \\ \vdots \\ x_r \end{pmatrix}=\begin{pmatrix} -b_{11} \\ \vdots \\ -b_{r1} \end{pmatrix},\begin{pmatrix} -b_{12} \\ \vdots \\ -b_{r2} \end{pmatrix},\cdots,\begin{pmatrix} -b_{1,n-r} \\ \vdots \\ -b_{r,n-r} \end{pmatrix},$$

从而求得方程组(4.7)(也就是方程组(4.5))的 $n-r$ 个解向量为

$$\boldsymbol{\xi}_1=\begin{pmatrix}-b_{11}\\ \vdots\\ -b_{r1}\\ 1\\ 0\\ \vdots\\ 0\end{pmatrix},\ \boldsymbol{\xi}_2=\begin{pmatrix}-b_{12}\\ \vdots\\ -b_{r2}\\ 0\\ 1\\ \vdots\\ 0\end{pmatrix},\ \cdots,\ \boldsymbol{\xi}_{n-r}=\begin{pmatrix}-b_{1,n-r}\\ \vdots\\ -b_{r,n-r}\\ 0\\ 0\\ \vdots\\ 1\end{pmatrix}.$$

下面证明$\boldsymbol{\xi}_1$，$\boldsymbol{\xi}_2$，…，$\boldsymbol{\xi}_{n-r}$就是解空间S的一个基．

首先，由于$(x_{r+1}, x_{r+2}, \cdots, x_n)^{\mathrm{T}}$所取的$n-r$个$n-r$维向量线性无关，所以在每个向量前面添加$r$个分量而得到的$n-r$个$n$维向量$\boldsymbol{\xi}_1$，$\boldsymbol{\xi}_2$，…，$\boldsymbol{\xi}_{n-r}$也线性无关．

其次，证明方程组(4.5)的任一解

$$\boldsymbol{x}=\boldsymbol{\xi}=\begin{pmatrix}\lambda_1\\ \vdots\\ \lambda_r\\ \lambda_{r+1}\\ \vdots\\ \lambda_n\end{pmatrix}$$

都可由$\boldsymbol{\xi}_1$，$\boldsymbol{\xi}_2$，…，$\boldsymbol{\xi}_{n-r}$线性表示．为此，作向量

$$\boldsymbol{\eta}=\lambda_{r+1}\boldsymbol{\xi}_1+\lambda_{r+2}\boldsymbol{\xi}_2+\cdots+\lambda_n\boldsymbol{\xi}_{n-r},$$

由于$\boldsymbol{\xi}_1$，$\boldsymbol{\xi}_2$，…，$\boldsymbol{\xi}_{n-r}$是方程组(4.5)的解，故$\boldsymbol{\eta}$也是方程组(4.5)的解，比较$\boldsymbol{\eta}$与$\boldsymbol{\xi}$，知它们的后面$n-r$个分量对应相等，由于它们都满足方程组(4.7)，从而知他们的前面r个分量亦必对应相等[方程组(4.7)表明任一解的前r个分量由后$n-r$个分量唯一地决定]，因此$\boldsymbol{\xi}=\boldsymbol{\eta}$，即

$$\boldsymbol{\xi}=\lambda_{r+1}\boldsymbol{\xi}_1+\lambda_{r+2}\boldsymbol{\xi}_2+\cdots+\lambda_n\boldsymbol{\xi}_{n-r}.$$

这样就证明了$\boldsymbol{\xi}_1$，$\boldsymbol{\xi}_2$，…，$\boldsymbol{\xi}_{n-r}$就是解空间S的一个基，从而知解空间S的维数是$n-r$. 根据以上证明，即得下述定理．

定理 4.13　n元齐次线性方程组$\boldsymbol{A}_{m\times n}\boldsymbol{x}=0$的全体解所构成的集合$S$是一个向量空间，且当系数矩阵的秩$R(\boldsymbol{A}_{m\times n})=r$时，解空间$S$的维数为$n-r$.

上面的证明过程还提供了一种求解空间的基的方法．当然，求基的方法很多，而解空间的基也不是唯一的．例如，$(x_{r+1}, x_{r+2}, \cdots, x_n)^{\mathrm{T}}$可任取$n-r$个线性无关的解向量，都可作为解空间$S$的基．

解空间S的基又称为方程组(4.5)的**基础解系**．

当$R(\boldsymbol{A})=n$时，方程组(4.5)只有零解，因而没有基础解系(此时解空间S只含一个零向量，为0维向量空间)．而当$R(\boldsymbol{A})=r<n$时，方程组(4.5)必有含$n-r$个向量的基础解系．

微课视频：基础解系

设求得$\boldsymbol{\xi}_1$，$\boldsymbol{\xi}_2$，…，$\boldsymbol{\xi}_{n-r}$为方程组(4.5)的一个基础解系，则方程组(4.5)的解可表示为

$$\boldsymbol{x}=k_1\boldsymbol{\xi}_1+k_2\boldsymbol{\xi}_2+\cdots+k_{n-r}\boldsymbol{\xi}_{n-r},$$

其中k_1，k_2，…，k_{n-r}为任意实数．上式称为方程组(4.5)的**通解**．此时，解空间可表示为

$$S=\{\boldsymbol{x}=k_1\boldsymbol{\xi}_1+k_2\boldsymbol{\xi}_2+\cdots+k_{n-r}\boldsymbol{\xi}_{n-r}\mid k_1,\ k_2,\ \cdots,\ k_{n-r}\in\mathbf{R}\}.$$

在上一章第二节中我们已经提出通解这一名称，这里在解空间、基础解系等概念的基础上重提通解的定义，读者应由此理解通解与解空间、基础解系之间的关系．由于基础解系不是唯一的，因此通解的表达式也不是唯一的．

上一段证明中提供的求基础解系的方法其实就是上一章中用初等行变换求通解的方法．为说明这层意思，下面再举一例．

例 4.19 求下列齐次线性方程组的基础解系与通解．

$$\begin{cases} x_1-3x_2+5x_3-2x_4=0 \\ -2x_1+x_2-3x_3+x_4=0 \\ -x_1-7x_2+9x_3-4x_4=0 \end{cases}$$

解： 对系数矩阵 $\boldsymbol{A}$ 施以初等行变换化为行最简形矩阵，

$$\boldsymbol{A}=\begin{pmatrix} 1 & -3 & 5 & -2 \\ -2 & 1 & -3 & 1 \\ -1 & -7 & 9 & -4 \end{pmatrix}\xrightarrow[r_3+r_1]{r_2+2r_1}\begin{pmatrix} 1 & -3 & 5 & -2 \\ 0 & -5 & 7 & -3 \\ 0 & -10 & 14 & -6 \end{pmatrix}\xrightarrow[r_2\div(-5)]{r_3-2r_2}\begin{pmatrix} 1 & -3 & 5 & -2 \\ 0 & 1 & -\frac{7}{5} & \frac{3}{5} \\ 0 & 0 & 0 & 0 \end{pmatrix}$$

$$\xrightarrow{r_1+3r_2}\begin{pmatrix} 1 & 0 & \frac{4}{5} & -\frac{1}{5} \\ 0 & 1 & -\frac{7}{5} & \frac{3}{5} \\ 0 & 0 & 0 & 0 \end{pmatrix}.$$

由此得原方程组的同解方程组为

$$\begin{cases} x_1+\dfrac{4}{5}x_3-\dfrac{1}{5}x_4=0 \\ x_2-\dfrac{7}{5}x_3+\dfrac{3}{5}x_4=0 \end{cases},$$

即

$$\begin{cases} x_1=-\dfrac{4}{5}x_3+\dfrac{1}{5}x_4 \\ x_2=\dfrac{7}{5}x_3-\dfrac{3}{5}x_4 \end{cases},$$

其中 x_3，x_4 为自由未知量．

取 $\begin{pmatrix} x_3 \\ x_4 \end{pmatrix}=\begin{pmatrix} 1 \\ 0 \end{pmatrix}, \begin{pmatrix} 0 \\ 1 \end{pmatrix}$，可得原方程组的一个基础解系为

$$\boldsymbol{\xi}_1=\begin{pmatrix} -\frac{4}{5} \\ \frac{7}{5} \\ 1 \\ 0 \end{pmatrix},\ \boldsymbol{\xi}_2=\begin{pmatrix} \frac{1}{5} \\ -\frac{3}{5} \\ 0 \\ 1 \end{pmatrix},$$

原方程组的通解为 $\boldsymbol{\eta}=k_1\boldsymbol{\xi}_1+k_2\boldsymbol{\xi}_2=k_1\begin{pmatrix}-\frac{4}{5}\\ \frac{7}{5}\\ 1\\ 0\end{pmatrix}+k_2\begin{pmatrix}\frac{1}{5}\\ -\frac{3}{5}\\ 0\\ 1\end{pmatrix}$，其中 k_1，k_2 为任意实数．

由以上例子归纳出求解齐次线性方程组的通解的一般步骤为

(1)用初等行变换把系数矩阵 $\boldsymbol{A}$ 化为行最简形矩阵；

(2)写出行最简形矩阵对应的同解方程组，等式左端为非自由未知量，等式右端为自由未知量的线性组合；

(3)分别令第 k 个自由未知量为 1，其余自由未知量为 0，求出 $n-r$ 个线性无关的解向量 $\boldsymbol{\xi}_1$，$\boldsymbol{\xi}_2$，…，$\boldsymbol{\xi}_{n-r}$，即为所求方程组的基础解系；

(4)写出原方程组的通解 $\boldsymbol{x}=k_1\boldsymbol{\xi}_1+k_2\boldsymbol{\xi}_2+\cdots+k_{n-r}\boldsymbol{\xi}_{n-r}$，其中 k_1，k_2，…，k_{n-r} 为任意实数．

二、非齐次线性方程组

设有非齐次线性方程组

$$\begin{cases}a_{11}x_1+a_{12}x_2+\cdots+a_{1n}x_n=b_1\\ a_{21}x_1+a_{22}x_2+\cdots+a_{2n}x_n=b_2\\ \cdots\cdots\cdots\cdots\cdots\cdots\cdots\cdots\cdots\cdots\\ a_{m1}x_1+a_{m2}x_2+\cdots+a_{mn}x_n=b_m\end{cases}\tag{4.8}$$

它也可写作向量方程

$$\boldsymbol{Ax}=\boldsymbol{b}.\tag{4.9}$$

向量方程(4.9)的解也就是方程组(4.8)的解向量，它具有如下性质：

性质 4.3　设 $\boldsymbol{\eta}_1$ 和 $\boldsymbol{\eta}_2$ 都是非齐次线性方程(4.9)的解，则 $\boldsymbol{\eta}_1-\boldsymbol{\eta}_2$ 为对应的齐次线性方程

$$\boldsymbol{Ax}=\boldsymbol{0}\tag{4.10}$$

的解．

证明： $\boldsymbol{A}(\boldsymbol{\eta}_1-\boldsymbol{\eta}_2)=\boldsymbol{A}\boldsymbol{\eta}_1-\boldsymbol{A}\boldsymbol{\eta}_2=\boldsymbol{b}-\boldsymbol{b}=\boldsymbol{0}$，即 $\boldsymbol{\eta}_1-\boldsymbol{\eta}_2$ 满足方程(4.10)．

性质 4.4　设 $\boldsymbol{\eta}$ 是方程(4.9)的解，$\boldsymbol{\xi}$ 是方程(4.10)的解，则 $\boldsymbol{\xi}+\boldsymbol{\eta}$ 仍是方程(4.9)的解．

证明： $\boldsymbol{A}(\boldsymbol{\xi}+\boldsymbol{\eta})=\boldsymbol{A}\boldsymbol{\xi}+\boldsymbol{A}\boldsymbol{\eta}=\boldsymbol{0}+\boldsymbol{b}=\boldsymbol{b}$，即 $\boldsymbol{\xi}+\boldsymbol{\eta}$ 满足方程(4.9)．

由性质 4.3 可知，若求得方程(4.9)的一个解 $\boldsymbol{\eta}^*$，则方程(4.9)的任一解总可表示为 $\boldsymbol{\xi}+\boldsymbol{\eta}^*$，其中 $\boldsymbol{\xi}$ 是方程(4.10)的解，若方程(4.10)的通解为 $k_1\boldsymbol{\xi}_1+k_2\boldsymbol{\xi}_2+\cdots+k_{n-r}\boldsymbol{\xi}_{n-r}$，则方程(4.9)的任一解总可表示为

$$\boldsymbol{x}=k_1\boldsymbol{\xi}_1+k_2\boldsymbol{\xi}_2+\cdots+k_{n-r}\boldsymbol{\xi}_{n-r}+\boldsymbol{\eta}^*.$$

由性质 4.4 可知，对任何实数 k_1，k_2，…，k_{n-r}，上式总是方程(4.9)的解，于是方程(4.9)的通解为

$$\boldsymbol{x}=k_1\boldsymbol{\xi}_1+k_2\boldsymbol{\xi}_2+\cdots+k_{n-r}\boldsymbol{\xi}_{n-r}+\boldsymbol{\eta}^*，(k_1，k_2，\cdots，k_{n-r}\text{为任意实数}).$$

其中 $\boldsymbol{\xi}_1$，$\boldsymbol{\xi}_2$，…，$\boldsymbol{\xi}_{n-r}$ 是方程(4.10)的基础解系．

例 4.20 用基础解系表示如下非齐次线性方程组的全部解．

$$\begin{cases} x_1+5x_2-x_3-x_4=-1 \\ x_1-2x_2+x_3+3x_4=3 \\ 3x_1+8x_2-x_3+x_4=1 \\ x_1-9x_2+3x_3+7x_4=7 \end{cases}$$

解：对增广矩阵 $\overline{\mathbf{A}}$ 施行初等行变换

$$\overline{\mathbf{A}}=\begin{pmatrix} 1 & 5 & -1 & -1 & -1 \\ 1 & -2 & 1 & 3 & 3 \\ 3 & 8 & -1 & 1 & 1 \\ 1 & -9 & 3 & 7 & 7 \end{pmatrix} \xrightarrow[r_4-r_1]{\substack{r_2-r_1 \\ r_3-3r_1}} \begin{pmatrix} 1 & 5 & -1 & -1 & -1 \\ 0 & -7 & 2 & 4 & 4 \\ 0 & -7 & 2 & 4 & 4 \\ 0 & -14 & 4 & 8 & 8 \end{pmatrix}$$

$$\xrightarrow[r_4-2r_2]{r_3-r_2} \begin{pmatrix} 1 & 5 & -1 & -1 & -1 \\ 0 & -7 & 2 & 4 & 4 \\ 0 & 0 & 0 & 0 & 0 \\ 0 & 0 & 0 & 0 & 0 \end{pmatrix} \xrightarrow{r_2\div(-7)} \begin{pmatrix} 1 & 5 & -1 & -1 & -1 \\ 0 & 1 & -\frac{2}{7} & -\frac{4}{7} & -\frac{4}{7} \\ 0 & 0 & 0 & 0 & 0 \\ 0 & 0 & 0 & 0 & 0 \end{pmatrix}$$

$$\xrightarrow{r_1-5r_2} \begin{pmatrix} 1 & 0 & \frac{3}{7} & \frac{13}{7} & \frac{13}{7} \\ 0 & 1 & -\frac{2}{7} & -\frac{4}{7} & -\frac{4}{7} \\ 0 & 0 & 0 & 0 & 0 \\ 0 & 0 & 0 & 0 & 0 \end{pmatrix}.$$

可见 $R(\mathbf{A})=R(\overline{\mathbf{A}})=2$，故线性方程组有解，并且有

$$\begin{cases} x_1+\frac{3}{7}x_3+\frac{13}{7}x_4=\frac{13}{7} \\ x_2-\frac{2}{7}x_3-\frac{4}{7}x_4=-\frac{4}{7} \end{cases},$$

即

$$\begin{cases} x_1=\frac{13}{7}-\frac{3}{7}x_3-\frac{13}{7}x_4 \\ x_2=-\frac{4}{7}+\frac{2}{7}x_3+\frac{4}{7}x_4 \end{cases}.$$

取 $\begin{pmatrix} x_3 \\ x_4 \end{pmatrix}=\begin{pmatrix} 0 \\ 0 \end{pmatrix}$，则 $\begin{pmatrix} x_1 \\ x_2 \end{pmatrix}=\begin{pmatrix} \frac{13}{7} \\ -\frac{4}{7} \end{pmatrix}$，即得方程组的一个特解 $\boldsymbol{\eta}^*=\begin{pmatrix} \frac{13}{7} \\ -\frac{4}{7} \\ 0 \\ 0 \end{pmatrix}$，若取 $\begin{pmatrix} x_3 \\ x_4 \end{pmatrix}=$ $\begin{pmatrix} 1 \\ 0 \end{pmatrix}$，$\begin{pmatrix} 0 \\ 1 \end{pmatrix}$，则 $\begin{pmatrix} x_1 \\ x_2 \end{pmatrix}=\begin{pmatrix} -\frac{3}{7} \\ \frac{2}{7} \end{pmatrix}$，$\begin{pmatrix} -\frac{13}{7} \\ \frac{4}{7} \end{pmatrix}$，即得对应的齐次线性方程组的基础解系为

$$\boldsymbol{\xi}_1=\begin{pmatrix}-\frac{3}{7}\\ \frac{2}{7}\\ 1\\ 0\end{pmatrix},\ \boldsymbol{\xi}_2=\begin{pmatrix}-\frac{13}{7}\\ \frac{4}{7}\\ 0\\ 1\end{pmatrix},$$

故非齐次线性方程组的通解为

$$\boldsymbol{x}=\boldsymbol{\eta}^*+k_1\boldsymbol{\xi}_1+k_2\boldsymbol{\xi}_2=\begin{pmatrix}\frac{13}{7}\\ -\frac{4}{7}\\ 0\\ 0\end{pmatrix}+k_1\begin{pmatrix}-\frac{3}{7}\\ \frac{2}{7}\\ 1\\ 0\end{pmatrix}+k_2\begin{pmatrix}-\frac{13}{7}\\ \frac{4}{7}\\ 0\\ 1\end{pmatrix}\ (k_1,\ k_2\text{ 为任意实数}).$$

数学实验——矩阵和向量组的秩以及向量组的线性相关性

一、求矩阵和向量组的秩

矩阵 $\boldsymbol{A}$ 的秩是矩阵 $\boldsymbol{A}$ 中最高阶非零子式的阶数，也是与之等价的行阶梯型矩阵中非零行的行数；向量组的秩通常由该向量组构成的矩阵来计算．

命令：rank(A)，返回结果为矩阵的秩．

例 4.21 利用 Matlab 求向量组 $\boldsymbol{\alpha}_1=(1\quad -2\quad 2\quad 3)$，$\boldsymbol{\alpha}_2=(-2\quad 4\quad -1\quad 3)$，$\boldsymbol{\alpha}_3=(-1\quad 2\quad 0\quad 3)$，$\boldsymbol{\alpha}_4=(0\quad 6\quad 2\quad 3)$，$\boldsymbol{\alpha}_5=(2\quad -6\quad 3\quad 4)$的秩，并判断其线性相关性．

解：编写 Matlab 程序如下：

```
A= [1 -2 2 3; -2 4 -1 3; -1 2 0 3; 0 6 2 3; 2 -6 3 4];
B= rank(A)
ans =
     3
```

由于秩为 3 小于向量个数，因此向量组线性相关．

二、求向量组的极大无关组

通过矩阵的初等行变换可以将矩阵化成行最简形，从而找出列向量组的一个极大无关组．

命令：rref(A)，返回结果为 A 的行最简形矩阵．

例 4.22 利用 Matlab 求向量组 $\boldsymbol{\alpha}_1=(2\quad -1\quad 3\quad 5)$，$\boldsymbol{\alpha}_2=(-4\quad 3\quad 1\quad 3)$，$\boldsymbol{\alpha}_3=(3\quad -2\quad 3\quad 4)$，$\boldsymbol{\alpha}_4=(4\quad -1\quad 15\quad 17)$，$\boldsymbol{\alpha}_5=(7\quad 6\quad -7\quad 0)$的极大线性无关组，并将其余向量用该极大无关组线性表示．

解：编写 Matlab 程序如下：

```
a1= [2 -1 3 5];
a2= [-4 3 1 3];
a3= [3 -2 3 4];
a4= [4 -1 15 17];
a5= [7 6 -7 0];
A= [a1' a2' a3' a4' a5'];
[R,j]=rref(A)      % 求 A 的行最简形
ans =
R=1.0000      0       0      0       37.6667
      0     1.0000    0      0      -14.0000
      0       0     1.0000   0      -43.6667
      0       0       0    1.0000    1.6667
j=1   2   3   4
37.6667 * a1+ (-14.0000) * a2+ (-43.66667) * a3+ 1.6667 * a4= a5.
```

本章小结

本章介绍了线性代数的几何理论，介绍了向量的概念以及向量组的相关性的相关定理，把线性方程组的理论“翻译”成几何语言，把矩阵的秩引申到向量组的秩，给秩的概念赋予几何意义；还做了向量空间有关知识的介绍．

本章最后部分内容是用几何语言讨论线性方程组的解，建立起线性方程组的另一个重要理论，阐明了齐次和非齐次线性方程组通解的结构，这是本章的又一重点．

拓展阅读

向量是现代数学和物理学中的重要工具，对数学和物理学的发展产生了不可或缺的影响．向量概念的产生和演变也正是源自数学的内部需要与物理学的直接推动．

很多物理量如力、速度、位移及电场强度、磁感应强度等都是向量．大约公元前 350 年前，古希腊著名学者亚里士多德就知道了力可以表示成向量，两个力的组合作用可用著名的平行四边形法则来得到．“向量”一词来自力学、解析几何中的有向线段．最先使用有向线段表示向量的是英国大科学家牛顿．

从数学发展史来看，历史上很长一段时间，空间的向量结构并未被数学家们所认识，直到 19 世纪末 20 世纪初，人们才把空间的性质与向量运算联系起来，使向量成为具有一套优良运算通性的数学体系．

向量能够进入数学并得到发展，首先应从复数的几何表示谈起．18 世纪末期，挪威测量学家威塞尔首次利用坐标平面上的点来表示复数 $a+bi$，并利用具有几何意义的复数运算来定义向量的运算．把坐标平面上的点用向量表示出来，并把向量的几何表示用于研究几何问题与三角问题．人们逐步接受了复数，也学会了利用复数来表示和研究平面中的向

量，向量就这样进入了数学．

但复数的利用是有限制的，因为它仅能用于表示平面，若有不在同一平面上的力作用于同一物体，则需要寻找所谓三维“复数”以及相应的运算体系．19世纪中期，英国数学家哈密尔顿发明了四元数(包括数量部分和向量部分)，以代表空间的向量．他的工作为向量代数和向量分析的建立奠定了基础．随后，电磁理论的发现者、英国的数学物理学家麦克斯韦把四元数的数量部分和向量部分分开处理，从而创造了大量的向量分析．

三维向量分析的开创，以及同四元数的正式分裂，是英国的居伯斯和海维塞德于19世纪80年代各自独立完成的．他们提出，一个向量不过是四元数的向量部分，但不独立于任何四元数，他们引进了两种类型的乘法，即数量积和向量积．并把向量代数推广到变向量的向量微积分．从此，向量的方法被引进到分析和解析几何中来，并逐步完善，成了一套优良的数学工具．

哈密顿首先引进向量一词，并开创了向量理论和向量计算．格拉斯曼最早提出多维欧几里得空间的系统理论，1844—1847年，他与柯西分别提出了脱离一切空间直观的、成为一个纯粹数学概念的、抽象的n维空间．特普利茨将线性代数的主要定理推广到任意域上的一般的线性空间中．线性空间理论在控制系统、无线通信、密码学等很多领域中有着重要的应用．从数学的角度看，工程学中控制系统输入和输出的信号都是函数，这些函数的加法和数乘是控制系统的基本运算，系统工程学的数学基础依赖于函数的向量空间，因此把n维空间中向量的理论推广到包括这些函数的范围，这对于控制系统及相关领域的研究是不可或缺的．

本章旨在用向量的语言诠释线性方程组的解的结构，进而引入了向量组的线性相关性、极大线性无关组及基础解系等比较抽象的概念．建议类比生活中的实例来理解这些概念，如前文中给出公司裁员的例子，这是一个形象的类比，把某公司(部门)看成是一个向量组，员工看成是其中的向量，那么向量组的线性相关性就反映了公司员工是否有冗余，向量组的极大无关组则表示公司裁员后的精简员工集合，而向量组的秩则是评估公司能力的一个重要指标，象征着公司的体量．同学们要把握好未来的职业方向，从现在做起，努力积累职业素养和提高职业能力，在职场中争做极大无关组成员．如果说我们的人生也是一个向量，努力的程度即为向量的大小，人生的理想即为向量的方向，我们的成长轨迹就是由很多个向量首尾相接组成的，最终形成了人生成长轨迹．每个人的人生成长轨迹不尽相同，但从来没有笔直的，只要我们建立了正确的人生目标并不断为之奋斗，定能实现人生理想．

习题四

A组

1. 若$\boldsymbol{\alpha}=(k, 1, 1)$，$\boldsymbol{\beta}=(0, l, 5)$，$\boldsymbol{\gamma}=(1, 3, m)$，又$\boldsymbol{\alpha}+\boldsymbol{\beta}-\boldsymbol{\gamma}=0$，求$k$，$l$，$m$的值．

2. 已知$\boldsymbol{\alpha}=(1, 2, k)$，$\boldsymbol{\beta}=(l, 2, 3)$，$\boldsymbol{\alpha}=\boldsymbol{\beta}$，求$k$，$l$的值．

3. 已知向量 $\boldsymbol{\alpha}_1=(3, 2, -1)$，$\boldsymbol{\alpha}_2=(0, 4, -1)$，$\boldsymbol{\alpha}_3=(-2, 5, -1)$，求 $3\boldsymbol{\alpha}_1-2\boldsymbol{\alpha}_2+5\boldsymbol{\alpha}_3$.

4. 已知向量 $\boldsymbol{\alpha}_1=(2, 5, 1, 3)$，$\boldsymbol{\alpha}_2=(10, 1, 5, 10)$，$\boldsymbol{\alpha}_3=(4, 1, -1, 1)$满足 $3(\boldsymbol{\alpha}_1-\boldsymbol{\alpha})+2(\boldsymbol{\alpha}_2+\boldsymbol{\alpha})=5(\boldsymbol{\alpha}_3+\boldsymbol{\alpha})$，求 $\boldsymbol{\alpha}$.

5. 判断向量 $\boldsymbol{\beta}$ 能否由向量组 $\boldsymbol{\alpha}_1$，$\boldsymbol{\alpha}_2$，$\boldsymbol{\alpha}_3$ 线性表示，若能，写出它的一种表示方式.

(1)$\boldsymbol{\alpha}_1=(1, 1, 1)^{\mathrm{T}}$，$\boldsymbol{\alpha}_2=(1, 1, -1)^{\mathrm{T}}$，$\boldsymbol{\alpha}_3=(1, -1, 1)^{\mathrm{T}}$，$\boldsymbol{\beta}=(1, 2, 1)^{\mathrm{T}}$；

(2)$\boldsymbol{\alpha}_1=(2, 3, 1)^{\mathrm{T}}$，$\boldsymbol{\alpha}_2=(1, 2, 1)^{\mathrm{T}}$，$\boldsymbol{\alpha}_3=(3, 2, -1)^{\mathrm{T}}$，$\boldsymbol{\beta}=(2, 1, -1)^{\mathrm{T}}$；

(3)$\boldsymbol{\alpha}_1=(1, -1, 0, 3)^{\mathrm{T}}$，$\boldsymbol{\alpha}_2=(2, 1, 1, -1)^{\mathrm{T}}$，$\boldsymbol{\alpha}_3=(0, 1, 2, 1)^{\mathrm{T}}$，$\boldsymbol{\beta}=(-1, 0, 3, 6)^{\mathrm{T}}$；

(4)$\boldsymbol{\alpha}_1=(1, 1, 1, 1)^{\mathrm{T}}$，$\boldsymbol{\alpha}_2=(-1, 0, 2, 1)^{\mathrm{T}}$，$\boldsymbol{\alpha}_3=(1, 2, 4, 3)^{\mathrm{T}}$，$\boldsymbol{\beta}=(2, 0, 0, 3)^{\mathrm{T}}$.

6. 判断下列向量组的线性相关性.

(1)$\boldsymbol{\alpha}_1=(1, 0, 1)^{\mathrm{T}}$，$\boldsymbol{\alpha}_2=(-1, 2, 2)^{\mathrm{T}}$，$\boldsymbol{\alpha}_3=(1, 2, 4)^{\mathrm{T}}$；

(2)$\boldsymbol{\alpha}_1=(1, 3, 2)^{\mathrm{T}}$，$\boldsymbol{\alpha}_2=(-1, 0, 1)^{\mathrm{T}}$，$\boldsymbol{\alpha}_3=(2, 4, 1)^{\mathrm{T}}$；

(3)$\boldsymbol{\alpha}_1=(1, -2, 3)^{\mathrm{T}}$，$\boldsymbol{\alpha}_2=(-1, 1, 2)^{\mathrm{T}}$，$\boldsymbol{\alpha}_3=(-1, 2, -5)^{\mathrm{T}}$；

(4)$\boldsymbol{\alpha}_1=(1, 3, 1, 4)^{\mathrm{T}}$，$\boldsymbol{\alpha}_2=(2, 12, -2, 12)^{\mathrm{T}}$，$\boldsymbol{\alpha}_3=(2, -3, 8, 2)^{\mathrm{T}}$.

7. 问 t 取什么值时，下列向量线性相关？线性无关？

$\boldsymbol{\alpha}_1=(1, 1, 0)^{\mathrm{T}}$，$\boldsymbol{\alpha}_2=(1, 3, -1)^{\mathrm{T}}$，$\boldsymbol{\alpha}_3=(5, 3, t)^{\mathrm{T}}$.

8. 设 $\boldsymbol{\alpha}_1$，$\boldsymbol{\alpha}_2$，…，$\boldsymbol{\alpha}_r$，$\boldsymbol{\beta}$ 都是 n 维向量，$\boldsymbol{\beta}$ 能由 $\boldsymbol{\alpha}_1$，$\boldsymbol{\alpha}_2$，…，$\boldsymbol{\alpha}_r$ 线性表示，但 $\boldsymbol{\beta}$ 不能由 $\boldsymbol{\alpha}_1$，$\boldsymbol{\alpha}_2$，…，$\boldsymbol{\alpha}_{r-1}$ 线性表示，证明 $\boldsymbol{\alpha}_r$ 可由 $\boldsymbol{\alpha}_1$，$\boldsymbol{\alpha}_2$，…，$\boldsymbol{\alpha}_{r-1}$，$\boldsymbol{\beta}$ 线性表示.

9. 已知向量组

$$\boldsymbol{A}\text{：}\boldsymbol{\alpha}_1=\begin{pmatrix}0\\1\\2\\3\end{pmatrix},\ \boldsymbol{\alpha}_2=\begin{pmatrix}3\\0\\1\\2\end{pmatrix},\ \boldsymbol{\alpha}_3=\begin{pmatrix}2\\3\\0\\1\end{pmatrix}\qquad \boldsymbol{B}\text{：}\boldsymbol{\beta}_1=\begin{pmatrix}2\\1\\1\\2\end{pmatrix},\ \boldsymbol{\beta}_2=\begin{pmatrix}0\\-2\\1\\1\end{pmatrix},\ \boldsymbol{\beta}_3=\begin{pmatrix}4\\4\\1\\3\end{pmatrix}.$$

证明：$\boldsymbol{B}$ 组能由 $\boldsymbol{A}$ 组线性表示，但 $\boldsymbol{A}$ 组不能由 $\boldsymbol{B}$ 组线性表示.

10. 设 $\boldsymbol{\alpha}_1$，$\boldsymbol{\alpha}_2$ 线性无关，$\boldsymbol{\alpha}_1+\boldsymbol{\beta}$，$\boldsymbol{\alpha}_2+\boldsymbol{\beta}$ 线性相关，求向量 $\boldsymbol{\beta}$ 用 $\boldsymbol{\alpha}_1$，$\boldsymbol{\alpha}_2$ 线性表示的表示式.

11. $\boldsymbol{A}$，$\boldsymbol{B}$ 为 $m\times n$ 维矩阵，证明 $R(\boldsymbol{A}+\boldsymbol{B})\leqslant R(\boldsymbol{A})+R(\boldsymbol{B})$.

12. 求下列向量组的秩和极大无关组.

(1)$\boldsymbol{\alpha}_1=(1, 1, 0)^{\mathrm{T}}$，$\boldsymbol{\alpha}_2=(0, 2, 0)^{\mathrm{T}}$，$\boldsymbol{\alpha}_3=(0, 0, 3)^{\mathrm{T}}$；

(2)$\boldsymbol{\alpha}_1=(1, 1, 1)^{\mathrm{T}}$，$\boldsymbol{\alpha}_2=(1, 1, 0)^{\mathrm{T}}$，$\boldsymbol{\alpha}_3=(1, 0, 0)^{\mathrm{T}}$，$\boldsymbol{\alpha}_4=(1, -2, -3)^{\mathrm{T}}$；

(3)$\boldsymbol{\alpha}_1=(2, 1, -1, -1)^{\mathrm{T}}$，$\boldsymbol{\alpha}_2=(0, 3, -2, 0)^{\mathrm{T}}$，$\boldsymbol{\alpha}_3=(2, 4, -3, -1)^{\mathrm{T}}$；

(4)$\boldsymbol{\alpha}_1=(1, 1, -1)^{\mathrm{T}}$，$\boldsymbol{\alpha}_2=(3, 4, -2)^{\mathrm{T}}$，$\boldsymbol{\alpha}_3=(2, 4, 0)^{\mathrm{T}}$，$\boldsymbol{\alpha}_4=(0, 1, 1)^{\mathrm{T}}$；

(5)$\boldsymbol{\alpha}_1=(1, 0, -1, 0)^{\mathrm{T}}$，$\boldsymbol{\alpha}_2=(-1, 2, 0, 1)^{\mathrm{T}}$，$\boldsymbol{\alpha}_3=(-1, 4, -1, 2)^{\mathrm{T}}$，$\boldsymbol{\alpha}_4=(0, 0, 5, 5)^{\mathrm{T}}$，$\boldsymbol{\alpha}_5=(0, 1, 1, 2)^{\mathrm{T}}$.

13. 设向量组 $\boldsymbol{\alpha}_1$，$\boldsymbol{\alpha}_2$，…，$\boldsymbol{\alpha}_n$ 的秩为 r，其中向量 $\boldsymbol{\alpha}_1$，$\boldsymbol{\alpha}_2$，…，$\boldsymbol{\alpha}_r$ 线性无关，证明：$\boldsymbol{\alpha}_1$，$\boldsymbol{\alpha}_2$，…，$\boldsymbol{\alpha}_r$ 是向量组 $\boldsymbol{\alpha}_1$，$\boldsymbol{\alpha}_2$，…，$\boldsymbol{\alpha}_n$ 的极大无关组.

14. 设 n 维向量 $\boldsymbol{\alpha}_1$，$\boldsymbol{\alpha}_2$，…，$\boldsymbol{\alpha}_n$，证明：$\boldsymbol{\alpha}_1$，$\boldsymbol{\alpha}_2$，…，$\boldsymbol{\alpha}_n$ 线性无关的充要条件是任意 n 维向量可以由它们表示.

15. 检验下列集合对所定义的加法和数乘运算是否构成实数域上的线性空间.

(1)全体 n 阶实对称矩阵，对于矩阵的加法和数乘运算；

(2)n 维向量集 $V=\left\{\boldsymbol{\alpha}=(x_1,x_2,\cdots,x_n)\,\middle|\,\sum_{i=1}^{n}x_i=1,x_i\in\mathbf{R}\right\}$ 对于向量的加法和数乘运算.

16. 试求 15 题线性空间的维数和一组基.

17. 验证 $a_1=(1,0,1)^{\mathrm{T}}$，$a_2=(0,0,-1)^{\mathrm{T}}$，$a_3=(2,1,1)^{\mathrm{T}}$ 是 $\mathbf{R}^3$ 的一组基.

18. 下列集合哪些是向量空间?

(1)$V_1=\{(x,y,z)\,|\,x,y,z\in\mathbf{R},xy=0\}$；

(2)$V_2=\{(x,y,z)\,|\,x,y,z\in\mathbf{R},x^2=1\}$；

(3)$V_3=\{(x,y,z)\,|\,x,y,z\in\mathbf{R},x+2y+3z=0\}$；

(4)$V_4=\{(x,y,z)\,|\,x,y,z\in\mathbf{R},x^2+y^2+z^2=1\}$.

19. 求下列齐次线性方程组的一个基础解系和它的通解.

(1)$\begin{cases}3x_1+2x_2-5x_3+4x_4=0\\3x_1-x_2+3x_3-3x_4=0\\3x_1+5x_2-13x_3+11x_4=0\end{cases}$；

(2)$\begin{cases}2x_1-5x_2+x_3-3x_4=0\\-3x_1+4x_2-2x_3+x_4=0\\x_1+2x_2-x_3+3x_4=0\\-2x_1+15x_2-6x_3+13x_4=0\end{cases}$；

(3)$\begin{cases}x_1+x_2-x_3-x_4+x_5=0\\2x_1+x_2+x_3+x_4+4x_5=0\\4x_1+3x_2-x_3-x_4+6x_5=0\\x_1+2x_2-4x_3-4x_4-x_5=0\end{cases}$.

20. 判断下列方程组解的情况，若有无穷多解，求出方程组的通解.

(1)$\begin{cases}2x_1+x_2-x_3+x_4=1\\3x_1-2x_2+2x_3-3x_4=2\\5x_1+x_2-x_3+2x_4=-1\\2x_1-x_2+x_3-3x_4=4\end{cases}$；

(2)$\begin{cases}2x_1+x_2-x_3+x_4=1\\3x_1-2x_2+x_3-3x_4=4\\x_1+4x_2-3x_3+5x_4=-2\end{cases}$；

(3)$\begin{cases}x_1+2x_2+4x_3-3x_4=1\\3x_1+5x_2+6x_3-4x_4=1\\4x_1+5x_2-2x_3+3x_4=-2\end{cases}$；

(4)$\begin{cases}x_1-x_2-x_3+x_4=0\\x_1-x_2+x_3-3x_4=1\\x_1-x_2-2x_3+3x_4=-\dfrac{1}{2}\end{cases}$.

B 组

1. 已知$\boldsymbol{\alpha}_1=(1,0,2,3)^{\mathrm{T}}$，$\boldsymbol{\alpha}_2=(1,1,3,5)^{\mathrm{T}}$，$\boldsymbol{\alpha}_3=(1,-1,a+2,1)^{\mathrm{T}}$，$\boldsymbol{\alpha}_4=(1,2,4,a+8)^{\mathrm{T}}$，$\boldsymbol{\beta}=(1,1,b+3,5)^{\mathrm{T}}$，试问$a$，$b$为何值时，$\boldsymbol{\beta}$不能表示成$\boldsymbol{\alpha}_1$，$\boldsymbol{\alpha}_2$，$\boldsymbol{\alpha}_3$，$\boldsymbol{\alpha}_4$的线性组合？

2. 已知向量$\boldsymbol{\beta}=(-1,2,\mu)^{\mathrm{T}}$可由$\boldsymbol{\alpha}_1=(1,-1,2)^{\mathrm{T}}$，$\boldsymbol{\alpha}_2=(0,1,-1)^{\mathrm{T}}$，$\boldsymbol{\alpha}_3=(2,-3,\lambda)$唯一的线性表示，求证：$\lambda\neq5$.

3. 设n维向量组$\boldsymbol{\alpha}_1$，$\boldsymbol{\alpha}_2$，…，$\boldsymbol{\alpha}_m$线性无关．令

$$\begin{aligned}\boldsymbol{\beta}_1&=a_{11}\boldsymbol{\alpha}_1+a_{12}\boldsymbol{\alpha}_2+\cdots+a_{1m}\boldsymbol{\alpha}_m,\\ \boldsymbol{\beta}_2&=a_{21}\boldsymbol{\alpha}_1+a_{22}\boldsymbol{\alpha}_2+\cdots+a_{2m}\boldsymbol{\alpha}_m,\\ &\cdots\cdots\cdots\\ \boldsymbol{\beta}_s&=a_{s1}\boldsymbol{\alpha}_1+a_{s2}\boldsymbol{\alpha}_2+\cdots+a_{sm}\boldsymbol{\alpha}_m,\end{aligned}$$

证明：向量组$\boldsymbol{\beta}_1$，$\boldsymbol{\beta}_2$，…，$\boldsymbol{\beta}_s$线性无关的充要条件是矩阵$\boldsymbol{A}=(a_{ij})_{s\times m}$的秩等于$s$.

4. 设$\boldsymbol{\alpha}_1=(1,1,1)^{\mathrm{T}}$，$\boldsymbol{\alpha}_2=(1,2,3)^{\mathrm{T}}$，$\boldsymbol{\alpha}_3=(1,3,t)^{\mathrm{T}}$，

(1)问当t为何值时，向量组$\boldsymbol{\alpha}_1$，$\boldsymbol{\alpha}_2$，$\boldsymbol{\alpha}_3$线性无关？

(2)问当t为何值时，向量组$\boldsymbol{\alpha}_1$，$\boldsymbol{\alpha}_2$，$\boldsymbol{\alpha}_3$线性相关？

(3)当向量组$\boldsymbol{\alpha}_1$，$\boldsymbol{\alpha}_2$，$\boldsymbol{\alpha}_3$线性相关时，将$\boldsymbol{\alpha}_3$表示为$\boldsymbol{\alpha}_1$和$\boldsymbol{\alpha}_2$的线性组合．

5. 设向量组$\boldsymbol{\alpha}_1=(a,2,10)^{\mathrm{T}}$，$\boldsymbol{\alpha}_2=(-2,1,5)^{\mathrm{T}}$，$\boldsymbol{\alpha}_3=(-1,1,4)^{\mathrm{T}}$，$\boldsymbol{\beta}=(1,b,c)^{\mathrm{T}}$，试问$a$，$b$，$c$满足什么条件时，

(1)$\boldsymbol{\beta}$可由$\boldsymbol{\alpha}_1$，$\boldsymbol{\alpha}_2$，$\boldsymbol{\alpha}_3$线性表示，且表示唯一？

(2)$\boldsymbol{\beta}$不能由$\boldsymbol{\alpha}_1$，$\boldsymbol{\alpha}_2$，$\boldsymbol{\alpha}_3$线性表示？

(3)$\boldsymbol{\beta}$可由$\boldsymbol{\alpha}_1$，$\boldsymbol{\alpha}_2$，$\boldsymbol{\alpha}_3$线性表示，但表示不唯一？并求一般表达式．

6. 设向量组$\boldsymbol{A}$：$\boldsymbol{\alpha}_1$，$\boldsymbol{\alpha}_2$，…，$\boldsymbol{\alpha}_s$，向量组$\boldsymbol{B}$：$\boldsymbol{\beta}_1$，$\boldsymbol{\beta}_2$，…，$\boldsymbol{\beta}_t$和向量组$\boldsymbol{C}$：$\boldsymbol{\alpha}_1$，$\boldsymbol{\alpha}_2$，…，$\boldsymbol{\alpha}_s$，$\boldsymbol{\beta}_1$，$\boldsymbol{\beta}_2$，…，$\boldsymbol{\beta}_t$的秩分别为r_1，r_2，r_3，证明：$\max(r_1,r_2)\leqslant r_3\leqslant r_1+r_2$.

7. 设$\boldsymbol{A}$是$m\times n$矩阵，$\boldsymbol{B}$是$n\times m$矩阵，$\boldsymbol{E}$是n阶单位矩阵($m>n$)，已知$\boldsymbol{BA}=\boldsymbol{E}$，试判断矩阵$\boldsymbol{A}$的列向量组是否线性相关？为什么？

8. 设向量组$\boldsymbol{\alpha}_1=(a,3,1)^{\mathrm{T}}$，$\boldsymbol{\alpha}_2=(2,b,3)^{\mathrm{T}}$，$\boldsymbol{\alpha}_3=(1,2,1)^{\mathrm{T}}$，$\boldsymbol{\alpha}_4=(2,3,1)^{\mathrm{T}}$的秩为2，求$a$，$b$.

第五章 矩阵的特征值、特征向量和相似矩阵

用矩阵来分析经济现象和计算经济问题时通常需要讨论矩阵的特征值与特征向量，在工程技术上，有些问题如振动、稳定性等也要用到矩阵的特征值和特征向量．本章主要学习方阵的特征值与特征向量、方阵的相似对角化等问题．

第一节 向量的内积、长度及正交性

定义 5.1 设有 n 维向量

$$\boldsymbol{x}=\begin{pmatrix}x_1\\x_2\\\vdots\\x_n\end{pmatrix},\quad \boldsymbol{y}=\begin{pmatrix}y_1\\y_2\\\vdots\\y_n\end{pmatrix},$$

我们称 $x_1y_1+x_2y_2+\cdots+x_ny_n$ 为向量 $\boldsymbol{x}$ 与向量 $\boldsymbol{y}$ 的**内积**，用符号$[\boldsymbol{x},\ \boldsymbol{y}]$表示，即$[\boldsymbol{x},\ \boldsymbol{y}]=x_1y_1+x_2y_2+\cdots+x_ny_n$.

(1)实质上，n 维向量的内积是在高等数学中讲过的空间向量的数量积的推广；

(2)若将 n 维向量和矩阵联系起来，则$[\boldsymbol{x},\ \boldsymbol{y}]=\boldsymbol{x}^{\mathrm{T}}\boldsymbol{y}$.

设 $\boldsymbol{x}$，$\boldsymbol{y}$，$\boldsymbol{z}$ 为 n 维向量，λ 为实数，n 维向量的内积具有下列运算律：

(1)$[\boldsymbol{x},\ \boldsymbol{y}]=[\boldsymbol{y},\ \boldsymbol{x}]$；

(2)$[\boldsymbol{\lambda x},\ \boldsymbol{y}]=\boldsymbol{\lambda}[\boldsymbol{x},\ \boldsymbol{y}]$；

(3)$[\boldsymbol{x}+\boldsymbol{y},\ \boldsymbol{z}]=[\boldsymbol{x},\ \boldsymbol{z}]+[\boldsymbol{y},\ \boldsymbol{z}]$；

(4)当 $\boldsymbol{x}=\boldsymbol{0}$ 时，$[\boldsymbol{x},\ \boldsymbol{x}]=0$；当 $\boldsymbol{x}\neq\boldsymbol{0}$ 时，$[\boldsymbol{x},\ \boldsymbol{x}]>0$.

定义 5.2 设$\|\boldsymbol{x}\|=\sqrt{[\boldsymbol{x},\ \boldsymbol{x}]}=\sqrt{x_2^1+x_2^2+\cdots+x_2^n}$，称$\|\boldsymbol{x}\|$为 n 维向量 $\boldsymbol{x}$ 的长度(或范数)．当$\|\boldsymbol{x}\|=1$ 时，称 $\boldsymbol{x}$ 为**单位向量**．

n 维向量的长度有下列运算律：

(1)当 $\boldsymbol{x}=\boldsymbol{0}$ 时，$\|\boldsymbol{x}\|=0$；当 $\boldsymbol{x}\neq\boldsymbol{0}$ 时，$\|\boldsymbol{x}\|>0$；

(2)$\|\lambda\boldsymbol{x}\|=|\lambda|\,\|\boldsymbol{x}\|$，$\lambda$ 为实数；

(3) $\|\boldsymbol{x}+\boldsymbol{y}\| \leqslant \|\boldsymbol{x}\|+\|\boldsymbol{y}\|$.

定义 5.3 若$[\boldsymbol{x}, \boldsymbol{y}]=0$，称 n 维向量 $\boldsymbol{x}$ 与 n 维向量 $\boldsymbol{y}$ **正交**. 显然，若 $\boldsymbol{x}=0$，则 $\boldsymbol{x}$ 与任何 n 维向量正交.

定义 5.4 若一个非零向量组中的向量两两正交，则称此向量组为**正交向量组**.

定理 5.1 若 n 维向量 $\boldsymbol{\alpha}_1, \boldsymbol{\alpha}_2, \cdots, \boldsymbol{\alpha}_r$ 是一组两两正交的非零向量组，则 $\boldsymbol{\alpha}_1, \boldsymbol{\alpha}_2, \cdots, \boldsymbol{\alpha}_r$ 线性无关.

证明： 设有 r 个实数 $k_1, k_2, \cdots, k_r$ 使 $k_1\boldsymbol{\alpha}_1+k_2\boldsymbol{\alpha}_2+\cdots+k_r\boldsymbol{\alpha}_r=0$，以 $\boldsymbol{\alpha}_1^{\mathrm{T}}$ 左乘上式两端，由于 $\boldsymbol{\alpha}_1, \boldsymbol{\alpha}_2, \cdots, \boldsymbol{\alpha}_r$ 是正交向量组，所以 $\boldsymbol{\alpha}_1^{\mathrm{T}}\boldsymbol{\alpha}_i=0\,(i\geqslant 2)$. 故得

$$k_1\boldsymbol{\alpha}_1^{\mathrm{T}}\boldsymbol{\alpha}_1=0,$$

由于 $\boldsymbol{\alpha}_1\neq 0$，所以 $\boldsymbol{\alpha}_1^{\mathrm{T}}\boldsymbol{\alpha}_1=\|\boldsymbol{\alpha}_1\|^2\neq 0$，从而必有 $k_1=0$. 同理可证 $k_i=0\,(i=2, 3, \cdots, r)$. 所以向量组 $\boldsymbol{\alpha}_1, \boldsymbol{\alpha}_2, \cdots, \boldsymbol{\alpha}_r$ 线性无关.

例 5.1 已知 3 维向量空间 $\mathbf{R}^3$ 中两个向量

$$\boldsymbol{\alpha}_1=\begin{pmatrix}1\\1\\1\end{pmatrix},\ \boldsymbol{\alpha}_2=\begin{pmatrix}1\\-2\\1\end{pmatrix}$$

正交，试求一个非零向量 $\boldsymbol{\alpha}_3$，使 $\boldsymbol{\alpha}_1, \boldsymbol{\alpha}_2, \boldsymbol{\alpha}_3$ 两两正交.

解： 设 $\boldsymbol{A}=\begin{pmatrix}\boldsymbol{\alpha}_1^{\mathrm{T}}\\ \boldsymbol{\alpha}_2^{\mathrm{T}}\end{pmatrix}=\begin{pmatrix}1 & 1 & 1\\ 1 & -2 & 1\end{pmatrix}$，则 $\boldsymbol{\alpha}_3$ 应满足齐次线性方程组 $\boldsymbol{A}\boldsymbol{x}=0$，即

$$\begin{pmatrix}1 & 1 & 1\\ 1 & -2 & 1\end{pmatrix}\begin{pmatrix}x_1\\x_2\\x_3\end{pmatrix}=\begin{pmatrix}0\\0\end{pmatrix},$$

其基础解系为 $\begin{pmatrix}-1\\0\\1\end{pmatrix}$，取 $\boldsymbol{\alpha}_3=\begin{pmatrix}-1\\0\\1\end{pmatrix}$ 即可.

定义 5.5 若一个正交向量组中的每一个向量都是单位向量，则称这样的向量组为**规范正交向量组**.

如何将一个线性无关的向量组化为与之等价的规范正交向量组呢？下面介绍一种将一个向量组规范正交化的过程——施密特(Schmidt)正交化过程.

设 $\boldsymbol{\alpha}_1, \boldsymbol{\alpha}_2, \cdots, \boldsymbol{\alpha}_r$ 是一个向量组，取

$$\boldsymbol{\beta}_1=\boldsymbol{\alpha}_1,$$

$$\boldsymbol{\beta}_2=\boldsymbol{\alpha}_2-\frac{[\boldsymbol{\beta}_1, \boldsymbol{\alpha}_2]}{[\boldsymbol{\beta}_1, \boldsymbol{\beta}_1]}\boldsymbol{\beta}_1,$$

$$\boldsymbol{\beta}_3=\boldsymbol{\alpha}_3-\frac{[\boldsymbol{\beta}_1, \boldsymbol{\alpha}_3]}{[\boldsymbol{\beta}_1, \boldsymbol{\beta}_1]}\boldsymbol{\beta}_1-\frac{[\boldsymbol{\beta}_2, \boldsymbol{\alpha}_3]}{[\boldsymbol{\beta}_2, \boldsymbol{\beta}_2]}\boldsymbol{\beta}_2, \cdots\cdots,$$

$$\boldsymbol{\beta}_r=\boldsymbol{\alpha}_r-\frac{[\boldsymbol{\beta}_1, \boldsymbol{\alpha}_r]}{[\boldsymbol{\beta}_1, \boldsymbol{\beta}_1]}\boldsymbol{\beta}_1-\frac{[\boldsymbol{\beta}_2, \boldsymbol{\alpha}_r]}{[\boldsymbol{\beta}_2, \boldsymbol{\beta}_2]}\boldsymbol{\beta}_2-\cdots-\frac{[\boldsymbol{\beta}_{r-1}, \boldsymbol{\alpha}_r]}{[\boldsymbol{\beta}_{r-1}, \boldsymbol{\beta}_{r-1}]}\boldsymbol{\beta}_{r-1}\ (r\geqslant 2).$$

则容易验证向量组 $\boldsymbol{\beta}_1, \boldsymbol{\beta}_2, \cdots, \boldsymbol{\beta}_r$ 两两正交，且 $\boldsymbol{\beta}_1, \boldsymbol{\beta}_2, \cdots, \boldsymbol{\beta}_r$ 与 $\boldsymbol{\alpha}_1, \boldsymbol{\alpha}_2, \cdots, \boldsymbol{\alpha}_r$ 等价.

然后再将向量组 $\boldsymbol{\beta}_1$，$\boldsymbol{\beta}_2$，…，$\boldsymbol{\beta}_r$ 单位化，即取

$$e_1=\frac{1}{\|\boldsymbol{\beta}_1\|}\boldsymbol{\beta}_1,\ e_2=\frac{1}{\|\boldsymbol{\beta}_2\|}\boldsymbol{\beta}_2,\ \cdots,\ e_r=\frac{1}{\|\boldsymbol{\beta}_r\|}\boldsymbol{\beta}_r,$$

则 $\boldsymbol{e}_1$，$\boldsymbol{e}_2$，…，$\boldsymbol{e}_r$ 就是一个规范正交向量组．

思考：为什么必须是一个线性无关的向量组才能规范正交化？

例 5.2 设 $\boldsymbol{\alpha}_1=\begin{pmatrix}1\\2\\-1\end{pmatrix}$，$\boldsymbol{\alpha}_2=\begin{pmatrix}-1\\3\\1\end{pmatrix}$，$\boldsymbol{\alpha}_3=\begin{pmatrix}4\\-1\\0\end{pmatrix}$，试用施密特正交化过程把这个向量组规范正交化．

解： 先正交化，取

$$\boldsymbol{\beta}_1=\boldsymbol{\alpha}_1=\begin{pmatrix}1\\2\\-1\end{pmatrix},$$

$$\boldsymbol{\beta}_2=\boldsymbol{\alpha}_2-\frac{[\boldsymbol{\beta}_1,\ \boldsymbol{\alpha}_2]}{[\boldsymbol{\beta}_1,\ \boldsymbol{\beta}_1]}\boldsymbol{\beta}_1=\begin{pmatrix}-1\\3\\1\end{pmatrix}-\frac{2}{3}\begin{pmatrix}1\\2\\-1\end{pmatrix}=\frac{5}{3}\begin{pmatrix}-1\\1\\1\end{pmatrix},$$

$$\boldsymbol{\beta}_3=\boldsymbol{\alpha}_3-\frac{[\boldsymbol{\beta}_1,\ \boldsymbol{\alpha}_3]}{[\boldsymbol{\beta}_1,\ \boldsymbol{\beta}_1]}\boldsymbol{\beta}_1-\frac{[\boldsymbol{\beta}_2,\ \boldsymbol{\alpha}_3]}{[\boldsymbol{\beta}_2,\ \boldsymbol{\beta}_2]}\boldsymbol{\beta}_2=\begin{pmatrix}4\\-1\\0\end{pmatrix}-\frac{1}{3}\begin{pmatrix}1\\2\\-1\end{pmatrix}+\frac{5}{3}\begin{pmatrix}-1\\1\\1\end{pmatrix}=2\begin{pmatrix}1\\0\\1\end{pmatrix},$$

再单位化，取

$$\boldsymbol{e}_1=\frac{1}{\|\boldsymbol{\beta}_1\|}\boldsymbol{\beta}_1=\frac{1}{\sqrt{6}}\begin{pmatrix}1\\2\\-1\end{pmatrix},\ \boldsymbol{e}_2=\frac{1}{\|\boldsymbol{\beta}_2\|}\boldsymbol{\beta}_2=\frac{1}{\sqrt{3}}\begin{pmatrix}-1\\1\\1\end{pmatrix},\ \boldsymbol{e}_3=\frac{1}{\|\boldsymbol{\beta}_3\|}\boldsymbol{\beta}_3=\frac{1}{\sqrt{2}}\begin{pmatrix}1\\0\\1\end{pmatrix},$$

则 $\boldsymbol{e}_1$，$\boldsymbol{e}_2$，$\boldsymbol{e}_3$ 为所求的规范正交向量组．

定义 5.6 若 n 阶方阵 $\boldsymbol{A}$ 满足 $\boldsymbol{A}^{\mathrm{T}}\boldsymbol{A}=\boldsymbol{E}$，即 $\boldsymbol{A}^{\mathrm{T}}=\boldsymbol{A}^{-1}$，则称 $\boldsymbol{A}$ 为**正交矩阵**．

定理 5.2 n 阶方阵 $\boldsymbol{A}$ 为正交矩阵的充分必要条件是 $\boldsymbol{A}$ 的列向量(或行向量)都是单位向量，且两两正交．

例 5.3 验证矩阵

$$\boldsymbol{A}=\begin{pmatrix}\frac{1}{2}&-\frac{1}{2}&\frac{1}{2}&-\frac{1}{2}\\\frac{1}{2}&-\frac{1}{2}&-\frac{1}{2}&\frac{1}{2}\\\frac{1}{\sqrt{2}}&\frac{1}{\sqrt{2}}&0&0\\0&0&\frac{1}{\sqrt{2}}&\frac{1}{\sqrt{2}}\end{pmatrix}$$

是正交矩阵．

证明：由于 $\boldsymbol{A}^{\mathrm{T}}\boldsymbol{A}=\begin{pmatrix}1&0&0&0\\0&1&0&0\\0&0&1&0\\0&0&0&1\end{pmatrix}=\boldsymbol{E}$，所以 $\boldsymbol{A}$ 为正交矩阵．还可进一步验证 $\boldsymbol{A}$ 的列向量(或行向量)都是单位向量，且两两正交．

正交矩阵应满足下列性质：

(1)若 $\boldsymbol{A}$ 为正交矩阵，则 $\boldsymbol{A}^{-1}=\boldsymbol{A}^{\mathrm{T}}$ 也是正交矩阵，且 $|\boldsymbol{A}|=1$ 或 $|\boldsymbol{A}|=-1$；

(2)若 $\boldsymbol{A}$ 和 $\boldsymbol{B}$ 都是正交矩阵，则 $\boldsymbol{AB}$ 也是正交矩阵；

上述性质都可用正交矩阵的定义直接证得．

定义 5.7 若 $\boldsymbol{A}$ 为正交矩阵，则线性变换 $\boldsymbol{y}=\boldsymbol{Ax}$ 称为**正交变换**．

(3)正交变换不改变向量的长度．

这是由于，若设 $\boldsymbol{y}=\boldsymbol{Ax}$ 为正交变换，则 $\boldsymbol{A}^{\mathrm{T}}\boldsymbol{A}=\boldsymbol{E}$，

从而 $\|\boldsymbol{y}\|=\sqrt{\boldsymbol{y}^{\mathrm{T}}\boldsymbol{y}}=\sqrt{\boldsymbol{x}^{\mathrm{T}}\boldsymbol{A}^{\mathrm{T}}\boldsymbol{Ax}}=\sqrt{\boldsymbol{x}^{\mathrm{T}}\boldsymbol{Ex}}=\sqrt{\boldsymbol{x}^{\mathrm{T}}\boldsymbol{x}}=\|\boldsymbol{x}\|$.

第二节　方阵的特征值与特征向量

在前面我们学习了矩阵的秩，矩阵的秩能决定矩阵的一些性质，本节我们要讨论的矩阵的特征值与特征向量也同样能决定矩阵的一些性质．

特征值与特征向量在数学领域简单应用

定义 5.8 设 $\boldsymbol{A}$ 为 n 阶方阵，如果存在数 λ 和 n 维非零向量 $\boldsymbol{\alpha}$，使得 $\boldsymbol{A\alpha}=\lambda\boldsymbol{\alpha}$ 成立，那么数 λ 叫作方阵 $\boldsymbol{A}$ 的**特征值**，n 维非零向量 $\boldsymbol{\alpha}$ 叫作方阵 $\boldsymbol{A}$ 的对应于特征值 λ 的**特征向量**．

如：三阶方阵 $\boldsymbol{A}=\begin{pmatrix}2&1&1\\1&2&1\\1&1&2\end{pmatrix}$，三维向量 $\boldsymbol{\alpha}=\begin{pmatrix}1\\1\\1\end{pmatrix}$ 和数 $\lambda=4$ 就满足 $\boldsymbol{A\alpha}=\lambda\boldsymbol{\alpha}$.

所以数 4 称为方阵 $\boldsymbol{A}$ 的特征值，非零向量 $\boldsymbol{\alpha}=\begin{pmatrix}1\\1\\1\end{pmatrix}$ 称为方阵 $\boldsymbol{A}$ 的对应于特征值 4 的特征向量．

微课视频：特征值性质

特征向量具有如下性质：

(1)若向量 $\boldsymbol{\alpha}$ 是方阵 $\boldsymbol{A}$ 的对应于特征值 λ 的特征向量，则 $k\boldsymbol{\alpha}(k\neq0)$ 也是 $\boldsymbol{A}$ 的对应于特征值 λ 的特征向量；

(2)若向量 $\boldsymbol{\alpha}_1$，$\boldsymbol{\alpha}_2$ 都是方阵 $\boldsymbol{A}$ 的对应于特征值 λ 的特征向量，且 $\boldsymbol{\alpha}_1+\boldsymbol{\alpha}_2\neq0$，则 $\boldsymbol{\alpha}_1+\boldsymbol{\alpha}_2$ 也是 $\boldsymbol{A}$ 的对应于特征值 λ 的特征向量；

(3)若向量 $\boldsymbol{\alpha}_1$，$\boldsymbol{\alpha}_2$，…，$\boldsymbol{\alpha}_r$ 都是方阵 $\boldsymbol{A}$ 的对应于特征值 λ 的特征向量，k_1，k_2，…，k_r 是一组数，且 $k_1\boldsymbol{\alpha}_1+k_2\boldsymbol{\alpha}_2+\cdots+k_r\boldsymbol{\alpha}_r\neq0$，则 $k_1\boldsymbol{\alpha}_1+k_2\boldsymbol{\alpha}_2+\cdots+k_r\boldsymbol{\alpha}_r$ 也是 $\boldsymbol{A}$ 的对应于特

征值λ的特征向量．

由$\boldsymbol{A}\boldsymbol{x}=\lambda\boldsymbol{x}$变形为$(\boldsymbol{A}-\lambda\boldsymbol{E})\boldsymbol{x}=0$，这是一个$n$元齐次线性方程组．由于$\boldsymbol{x}\neq 0$，所以$n$元齐次线性方程组$(\boldsymbol{A}-\lambda\boldsymbol{E})\boldsymbol{x}=0$有非零解，从而$|\boldsymbol{A}-\lambda\boldsymbol{E}|=0$.

定义 5.9 设$f(\lambda)=|\boldsymbol{A}-\lambda\boldsymbol{E}|$，它称为方阵$\boldsymbol{A}$的**特征多项式**，方程$|\boldsymbol{A}-\lambda\boldsymbol{E}|=0$称为方阵$\boldsymbol{A}$的**特征方程**．

怎样求一个方阵的特征值和特征向量？下面是求一个方阵的特征值和特征向量的一般步骤：

(1)求特征方程$|\boldsymbol{A}-\lambda\boldsymbol{E}|=0$的全部根，就是方阵$\boldsymbol{A}$的全部特征值；

(2)将每一个特征值代入到n元齐次线性方程组$(\boldsymbol{A}-\lambda\boldsymbol{E})\boldsymbol{x}=0$中，并求得它的基础解系．设其基础解系为$\xi_1$，$\xi_2$，…，$\xi_{n-r}$，则$\boldsymbol{A}$的对应于此特征值的全部特征向量为

$$k_1\xi_1+k_2\xi_2+\cdots+k_{n-r}\xi_{n-r},$$

其中数k_1，k_2，…，k_{n-r}不全为零．

例 5.4 求矩阵$\boldsymbol{A}=\begin{pmatrix}2 & 1\\ 1 & 2\end{pmatrix}$的特征值和特征向量．

解：特征方程为$\begin{vmatrix}2-\lambda & 1\\ 1 & 2-\lambda\end{vmatrix}=0$，特征值为$\lambda_1=1$，$\lambda_2=3$.

将$\lambda_1=1$代入齐次线性方程组$(\boldsymbol{A}-\lambda\boldsymbol{E})\boldsymbol{x}=\boldsymbol{0}$中，得

$$\begin{pmatrix}1 & 1\\ 1 & 1\end{pmatrix}\begin{pmatrix}x_1\\ x_2\end{pmatrix}=\begin{pmatrix}0\\ 0\end{pmatrix},$$

求得其基础解系为$\xi_1=\begin{pmatrix}-1\\ 1\end{pmatrix}$，从而对应于$\lambda_1=1$的全部特征向量为

$$k_1\xi_1=k_1\begin{pmatrix}-1\\ 1\end{pmatrix}(k_1\text{ 为任意非零常数}).$$

将$\lambda_2=3$代入齐次线性方程组$(\boldsymbol{A}-\lambda\boldsymbol{E})\boldsymbol{x}=\boldsymbol{0}$中，得

$$\begin{pmatrix}-1 & 1\\ 1 & -1\end{pmatrix}\begin{pmatrix}x_1\\ x_2\end{pmatrix}=\begin{pmatrix}0\\ 0\end{pmatrix},$$

求得其基础解系为$\xi_2=\begin{pmatrix}1\\ 1\end{pmatrix}$，从而对应于$\lambda_2=3$的全部特征向量为

$$k_2\xi_2=k_2\begin{pmatrix}1\\ 1\end{pmatrix}(k_2\text{ 为任意非零常数}).$$

例 5.5 求矩阵$\boldsymbol{A}=\begin{pmatrix}0 & -1 & 0\\ 1 & -2 & 0\\ -1 & 0 & -1\end{pmatrix}$的特征值和特征向量．

解：特征方程为$\begin{vmatrix}-\lambda & -1 & 0\\ 1 & -2-\lambda & 0\\ -1 & 0 & -1-\lambda\end{vmatrix}=0$，特征值为$\lambda_1=\lambda_2=\lambda_3=-1$.

将$\lambda=-1$代入齐次线性方程组$(\boldsymbol{A}-\lambda\boldsymbol{E})\boldsymbol{x}=\boldsymbol{0}$中，得

$$\begin{pmatrix} 1 & -1 & 0 \\ 1 & -1 & 0 \\ -1 & 0 & 0 \end{pmatrix}\begin{pmatrix} x_1 \\ x_2 \\ x_3 \end{pmatrix}=\begin{pmatrix} 0 \\ 0 \\ 0 \end{pmatrix},$$

求得其基础解系为 $\xi_1=\begin{pmatrix} 0 \\ 0 \\ 1 \end{pmatrix}$，从而对应于 $\lambda_1=\lambda_2=\lambda_3=-1$ 的全部特征向量

$$k_1\xi_1=k_1\begin{pmatrix} 0 \\ 0 \\ 1 \end{pmatrix}(k_1\text{ 为任意非零常数}).$$

定理 5.3 方阵 $\boldsymbol{A}$ 与其转置 $\boldsymbol{A}^{\mathrm{T}}$ 有相同的特征多项式，从而有相同的特征值.

证明： 由于 $|\boldsymbol{A}^{\mathrm{T}}-\lambda\boldsymbol{E}|=|\boldsymbol{A}^{\mathrm{T}}-\lambda\boldsymbol{E}^{\mathrm{T}}|=|(\boldsymbol{A}-\lambda\boldsymbol{E})^{\mathrm{T}}|=|\boldsymbol{A}-\lambda\boldsymbol{E}|$，所以方阵 $\boldsymbol{A}$ 与其转置 $\boldsymbol{A}^{\mathrm{T}}$ 有相同的特征多项式，从而有相同的特征值.

定理 5.4 设 λ_1，λ_2，…，λ_n 是 n 阶方阵 $\boldsymbol{A}$ 的 n 个特征值，则

(1)$\lambda_1+\lambda_2+\cdots+\lambda_n=a_{11}+a_{22}+\cdots+a_{nn}$；

(2)$\lambda_1\cdot\lambda_2\cdot\cdots\cdot\lambda_n=|\boldsymbol{A}|$.

证明略.

定理 5.5 若 $\boldsymbol{A}$ 可逆，且 $\boldsymbol{\alpha}$ 为 $\boldsymbol{A}$ 的对应于特征值 λ 的特征向量，则 λ^{-1} 为 $\boldsymbol{A}^{-1}$ 的特征值，且 $\boldsymbol{\alpha}$ 仍然为 $\boldsymbol{A}^{-1}$ 的对应于特征值 λ^{-1} 的特征向量.

证明：将 $\boldsymbol{A\alpha}=\lambda\boldsymbol{\alpha}$ 两边左乘 $\boldsymbol{A}^{-1}$ 后再两边乘以 $\frac{1}{\lambda}$，得 $\frac{1}{\lambda}\boldsymbol{\alpha}=\boldsymbol{A}^{-1}\boldsymbol{\alpha}$.

定理 5.6 若 $\boldsymbol{A}$ 可逆，且 $\boldsymbol{\alpha}$ 为 $\boldsymbol{A}$ 的对应于特征值 $\boldsymbol{\lambda}$ 的特征向量，则 $\frac{|\boldsymbol{A}|}{\lambda}$ 为 $\boldsymbol{A}^*$ 的特征值，且 $\boldsymbol{\alpha}$ 仍然为 $\boldsymbol{A}^*$ 的对应于特征值 $\frac{|\boldsymbol{A}|}{\lambda}$ 的特征向量($\boldsymbol{A}^*$ 是 $\boldsymbol{A}$ 的伴随矩阵).

证明略，读者可试证之.

定理 5.7 设

$$g(\boldsymbol{A})=a_n\boldsymbol{A}^n+a_{n-1}\boldsymbol{A}^{n-1}+\cdots+a_1\boldsymbol{A}+a_0\boldsymbol{E},$$
$$g(\lambda)=a_n\lambda^n+a_{n-1}\lambda^{n-1}+\cdots+a_1\lambda+a_0,$$

若 $\boldsymbol{\alpha}$ 为 $\boldsymbol{A}$ 的对应于特征值 λ 的特征向量，则 $g(\lambda)$ 为 $g(\boldsymbol{A})$ 的特征值，且 $\boldsymbol{\alpha}$ 仍为 $g(\boldsymbol{A})$ 的对应于特征值 $g(\lambda)$ 的特征向量.

证明略.

例 5.6 已知 $\boldsymbol{\alpha}$ 为 $\boldsymbol{A}$ 的对应于特征值 λ 的特征向量，求 $\boldsymbol{A}^2+3\boldsymbol{A}-2\boldsymbol{E}$ 的特征值及其对应的特征向量.

解： $(\boldsymbol{A}^2+3\boldsymbol{A}-2\boldsymbol{E})\boldsymbol{\alpha}=\boldsymbol{A}^2\boldsymbol{\alpha}+3\boldsymbol{A\alpha}-2\boldsymbol{E\alpha}=\lambda^2\boldsymbol{\alpha}+3\lambda\boldsymbol{\alpha}-2\boldsymbol{\alpha}=(\lambda^2+3\lambda-2)\boldsymbol{\alpha}$，
即 $\boldsymbol{A}^2+3\boldsymbol{A}-2\boldsymbol{E}$ 的特征值为 $\lambda^2+3\lambda-2$，且 $\boldsymbol{a}$ 为 $\boldsymbol{A}^2+3\boldsymbol{A}-2\boldsymbol{E}$ 的对应于特征值 $\lambda^2+3\lambda-2$ 的特征向量.

定理 5.8 设 λ_1，λ_2，…，λ_r 是 n 阶方阵 $\boldsymbol{A}$ 的 r 个不同的特征值，$\boldsymbol{\alpha}_1$，$\boldsymbol{\alpha}_2$，…，$\boldsymbol{\alpha}_r$ 是 $\boldsymbol{A}$ 的分别对应于特征值 λ_1，λ_2，…，λ_r 的特征向量，则向量组 $\boldsymbol{\alpha}_1$，$\boldsymbol{\alpha}_2$，…，$\boldsymbol{\alpha}_r$ 线性无关.

证明： 用数学归纳法证明：

$r=1$ 时，由于 $\boldsymbol{\alpha}_1\neq\mathbf{0}$，所以 $\boldsymbol{\alpha}_1$ 线性无关．

假设 $r=m-1$ 时，$\boldsymbol{\alpha}_1$，$\boldsymbol{\alpha}_2$，…，$\boldsymbol{\alpha}_{m-1}$线性无关．

当 $r=m$ 时，设

$$k_1\boldsymbol{\alpha}_1+k_2\boldsymbol{\alpha}_2+\cdots+k_{m-1}\boldsymbol{\alpha}_{m-1}+k_m\boldsymbol{\alpha}_m=\mathbf{0} \tag{5.1}$$

$$\boldsymbol{A}(k_1\boldsymbol{\alpha}_1+k_2\boldsymbol{\alpha}_2+\cdots+k_{m-1}\boldsymbol{\alpha}_{m-1}+k_m\boldsymbol{\alpha}_m)=\mathbf{0}$$

$$k_1\lambda_1\boldsymbol{\alpha}_1+k_2\lambda_2\boldsymbol{\alpha}_2+\cdots+k_{m-1}\lambda_{m-1}\boldsymbol{\alpha}_{m-1}+k_m\lambda_m\boldsymbol{\alpha}_m=\mathbf{0} \tag{5.2}$$

用式(5.2)减去式(5.1)的 λ_m 倍，得

$$k_1(\lambda_1-\lambda_m)\boldsymbol{\alpha}_1+k_2(\lambda_2-\lambda_m)\boldsymbol{\alpha}_2+\cdots+k_{m-1}(\lambda_{m-1}-\lambda_m)\boldsymbol{\alpha}_{m-1}=\mathbf{0}$$

由 $\boldsymbol{\alpha}_1$，$\boldsymbol{\alpha}_2$，…，$\boldsymbol{\alpha}_{m-1}$线性无关，得 $k_i(\lambda_i-\lambda_m)=0(i=1, 2, \cdots, m-1)$.

而 $\lambda_i-\lambda_m\neq0(i=1, 2, \cdots, m-1)$，所以 $k_i=0(i=1, 2, \cdots, m-1)$，代入式(5.1)得

$k_m\boldsymbol{\alpha}_m=\mathbf{0}$，而 $\boldsymbol{\alpha}_m\neq\mathbf{0}$，所以 $k_m=0$，即 $k_i=0(i=1, 2, \cdots, m)$.

所以 $\boldsymbol{\alpha}_1$，$\boldsymbol{\alpha}_2$，…，$\boldsymbol{\alpha}_r$ 线性无关．

第三节　相似矩阵

在矩阵的运算中，无论是对角阵的行列式还是对角阵的求逆以及对角阵的乘积运算都最为简便．上一章我们利用矩阵的初等变换可以将一个方阵化为对角阵，那是在等价的意义下将一个方阵化为对角阵．能否有其他方式将一个方阵化为对角阵且保持方阵的一些重要性质不变？这正是本节要讨论的问题．

定义 5.10　设 $\boldsymbol{A}$，$\boldsymbol{B}$ 都是 n 阶方阵，若存在 n 阶可逆矩阵 $\boldsymbol{P}$，使 $\boldsymbol{P}^{-1}\boldsymbol{AP}=\boldsymbol{B}$，则称矩阵 $\boldsymbol{A}$ 与 $\boldsymbol{B}$ **相似**，记作 $\boldsymbol{A}\sim\boldsymbol{B}$.

微课视频：对称矩阵

相似矩阵具有下面性质：

(1)反身性：$\boldsymbol{A}\sim\boldsymbol{A}$；

(2)对称性：若 $\boldsymbol{A}\sim\boldsymbol{B}$，则 $\boldsymbol{B}\sim\boldsymbol{A}$；

(3)传递性：若 $\boldsymbol{A}\sim\boldsymbol{B}$，且 $\boldsymbol{B}\sim\boldsymbol{C}$，则 $\boldsymbol{A}\sim\boldsymbol{C}$；

(4)相似矩阵有相同的特征多项式，从而有相同的特征值；

(5)相似矩阵有相同的行列式．

下面仅证明性质(4).

证明： 由于 $\boldsymbol{A}\sim\boldsymbol{B}$，所以 $|\boldsymbol{B}-\lambda\boldsymbol{E}|=|\boldsymbol{P}^{-1}\boldsymbol{AP}-\lambda\boldsymbol{P}^{-1}\boldsymbol{P}|=|\boldsymbol{P}^{-1}(\boldsymbol{A}-\lambda\boldsymbol{E})\boldsymbol{P}|=|\boldsymbol{A}-\lambda\boldsymbol{E}|$，即 $\boldsymbol{A}$ 与 $\boldsymbol{B}$ 的特征多项式相同，从而特征值相同．

定义 5.11　对于 n 阶方阵 $\boldsymbol{A}$，若存在 n 阶可逆矩阵 $\boldsymbol{P}$，使 $\boldsymbol{P}^{-1}\boldsymbol{AP}=\boldsymbol{\Lambda}$ 为对角阵，则称 n 阶方阵 $\boldsymbol{A}$ **可对角化**．

是否所有方阵都可对角化呢？答案是否定的．那么矩阵可对角化的条件是什么呢？

微课视频：矩阵对角化

定理 5.9　n 阶方阵 $\boldsymbol{A}$ 与对角阵相似(即 $\boldsymbol{A}$ 可对角化)的充要条

件是 $\boldsymbol{A}$ 有 n 个线性无关的特征向量.

证明：必要性：

设 $\boldsymbol{A}$ 可对角化，即存在可逆矩阵 $\boldsymbol{P}$ 和对角阵 $\boldsymbol{\Lambda}$，使得

$$\boldsymbol{P}^{-1}\boldsymbol{AP}=\boldsymbol{\Lambda}=\begin{pmatrix}\lambda_1 & 0 & \cdots & 0\\ 0 & \lambda_2 & \cdots & 0\\ \vdots & \vdots & \ddots & \vdots\\ 0 & 0 & \cdots & \lambda_n\end{pmatrix}$$

两边左乘 $\boldsymbol{P}$，得 $\boldsymbol{AP}=\boldsymbol{P}\begin{pmatrix}\lambda_1 & 0 & \cdots & 0\\ 0 & \lambda_2 & \cdots & 0\\ \vdots & \vdots & \ddots & \vdots\\ 0 & 0 & \cdots & \lambda_n\end{pmatrix}$，设 $\boldsymbol{P}=(\boldsymbol{\alpha}_1,\ \boldsymbol{\alpha}_2,\ \cdots,\ \boldsymbol{\alpha}_n)$，则

$$\boldsymbol{A}(\boldsymbol{\alpha}_1,\ \boldsymbol{\alpha}_2,\ \cdots,\ \boldsymbol{\alpha}_n)=(\boldsymbol{\alpha}_1,\ \boldsymbol{\alpha}_2,\ \cdots,\ \boldsymbol{\alpha}_n)\begin{pmatrix}\lambda_1 & 0 & \cdots & 0\\ 0 & \lambda_2 & \cdots & 0\\ \vdots & \vdots & \ddots & \vdots\\ 0 & 0 & \cdots & \lambda_n\end{pmatrix},$$

所以 $\boldsymbol{A\alpha}_i=\lambda_i\boldsymbol{\alpha}_i(i=1,\ 2,\ \cdots,\ n)$.

由于 $\boldsymbol{P}$ 可逆，所以 $\boldsymbol{\alpha}_i\neq\boldsymbol{0}(i=1,\ 2,\ \cdots,\ n)$，从而知 $\boldsymbol{\alpha}_i(i=1,\ 2,\ \cdots,\ n)$是矩阵 $\boldsymbol{A}$ 的对应于特征值 $\lambda_i(i=1,\ 2,\ \cdots,\ n)$的特征向量．由 $\boldsymbol{P}$ 可逆可知，$\boldsymbol{\alpha}_1$，$\boldsymbol{\alpha}_2$，$\cdots$，$\boldsymbol{\alpha}_n$ 线性无关.

充分性：

设 $\boldsymbol{\alpha}_1$，$\boldsymbol{\alpha}_2$，$\cdots$，$\boldsymbol{\alpha}_n$ 是矩阵 A 的对应于特征值 λ_1，λ_2，$\cdots$，λ_n 的 n 个线性无关特征向量，则有 $\boldsymbol{A\alpha}_i=\lambda_i\boldsymbol{\alpha}_i(i=1,\ 2,\ \cdots,\ n)$. 取 $\boldsymbol{P}=(\boldsymbol{\alpha}_1,\ \boldsymbol{\alpha}_2,\ \cdots,\ \boldsymbol{\alpha}_n)$，则 $\boldsymbol{P}$ 可逆．从而有

$$\boldsymbol{AP}=\boldsymbol{P}\begin{pmatrix}\lambda_1 & 0 & \cdots & 0\\ 0 & \lambda_2 & \cdots & 0\\ \vdots & \vdots & \ddots & \vdots\\ 0 & 0 & \cdots & \lambda_n\end{pmatrix}，即\ \boldsymbol{P}^{-1}\boldsymbol{AP}=\boldsymbol{\Lambda}=\begin{pmatrix}\lambda_1 & 0 & \cdots & 0\\ 0 & \lambda_2 & \cdots & 0\\ \vdots & \vdots & \ddots & \vdots\\ 0 & 0 & \cdots & \lambda_n\end{pmatrix},$$

所以 $\boldsymbol{A}$ 可对角化.

从定理 5.9 的证明过程中，不难看出：使矩阵 $\boldsymbol{A}$ 对角化的可逆矩阵 $\boldsymbol{P}$ 就是由 $\boldsymbol{A}$ 的 n 个线性无关特征向量组成的，每个特征向量作为矩阵 $\boldsymbol{P}$ 的一列，且对角矩阵的对角线上的元素，就是矩阵 $\boldsymbol{A}$ 的 n 个特征值.

推论 5.1　如果 n 阶方阵 $\boldsymbol{A}$ 的 n 个特征值互不相同，则 $\boldsymbol{A}$ 与对角阵相似($\boldsymbol{A}$ 可对角化).

例 5.7　判别矩阵 $\boldsymbol{A}=\begin{pmatrix}0 & 1 & -1\\ -2 & 0 & 2\\ -1 & 1 & 0\end{pmatrix}$是否可对角化，若可对角化，求可逆矩阵 $\boldsymbol{P}$.

解：特征方程为 $|\boldsymbol{A}-\lambda\boldsymbol{E}|=0$，即 $\begin{vmatrix}-\lambda & 1 & -1\\ -2 & -\lambda & 2\\ -1 & 1 & -\lambda\end{vmatrix}=0$，特征根为 $\lambda_1=-1$，$\lambda_2=0$，$\lambda_3=1$.

由于三阶方阵 $\boldsymbol{A}$ 有三个不同的特征值，故由推论知 $\boldsymbol{A}$ 可对角化.

将 $\lambda_1=-1$ 代入齐次方程组 $(\boldsymbol{A}-\lambda\boldsymbol{E})\boldsymbol{x}=\boldsymbol{0}$，其基础解系为 $\boldsymbol{\alpha}_1=\begin{pmatrix}1\\0\\1\end{pmatrix}$；

将 $\lambda_2=0$ 代入齐次方程组 $(\boldsymbol{A}-\lambda\boldsymbol{E})\boldsymbol{x}=\boldsymbol{0}$，其基础解系为 $\boldsymbol{\alpha}_2=\begin{pmatrix}1\\1\\1\end{pmatrix}$；

将 $\lambda_3=1$ 代入齐次方程组 $(\boldsymbol{A}-\lambda\boldsymbol{E})\boldsymbol{x}=\boldsymbol{0}$，其基础解系为 $\boldsymbol{\alpha}_3=\begin{pmatrix}1\\4\\3\end{pmatrix}$，

取 $\boldsymbol{P}=(\boldsymbol{\alpha}_1,\ \boldsymbol{\alpha}_2,\ \boldsymbol{\alpha}_3)=\begin{pmatrix}1&1&1\\0&1&4\\1&1&3\end{pmatrix}$，则 $\boldsymbol{P}^{-1}\boldsymbol{AP}=\boldsymbol{\Lambda}=\begin{pmatrix}-1&0&0\\0&0&0\\0&0&1\end{pmatrix}$.

第四节　实对称矩阵的对角化

我们知道，对称矩阵是较特殊的矩阵，它的特征值和对角化都有其独特的方面，本节将讨论实对称矩阵的对角化问题.

定理 5.10　对称矩阵的特征值为实数.

证明略.

定理 5.11　设 λ_1，λ_2 是对称矩阵 $\boldsymbol{A}$ 的两个不同的特征值，$\boldsymbol{\alpha}_1$，$\boldsymbol{\alpha}_2$ 是 λ_1，λ_2 对应的特征向量，则 $\boldsymbol{\alpha}_1$ 与 $\boldsymbol{\alpha}_2$ 正交.

证明：由于 $\lambda_1\boldsymbol{\alpha}_1=\boldsymbol{A\alpha}_1$，$\lambda_2\boldsymbol{\alpha}_2=\boldsymbol{A\alpha}_2$，$\lambda_1\neq\lambda_2$，$\boldsymbol{A}$ 是对称矩阵，所以

$$\lambda_1\boldsymbol{\alpha}_1^{\mathrm{T}}=(\lambda_1\boldsymbol{\alpha}_1)^{\mathrm{T}}=(\boldsymbol{A\alpha}_1)^{\mathrm{T}}=\boldsymbol{\alpha}_1^{\mathrm{T}}\boldsymbol{A}^{\mathrm{T}}=\boldsymbol{\alpha}_1^{\mathrm{T}}\boldsymbol{A},$$
$$\lambda_1\boldsymbol{\alpha}_1^{\mathrm{T}}\boldsymbol{\alpha}_2=\boldsymbol{\alpha}_1^{\mathrm{T}}\boldsymbol{A\alpha}_2=\boldsymbol{\alpha}_1^{\mathrm{T}}\lambda_2\boldsymbol{\alpha}_2=\lambda_2\boldsymbol{\alpha}_1^{\mathrm{T}}\boldsymbol{\alpha}_2,$$

即

$$(\lambda_1-\lambda_2)\boldsymbol{\alpha}_1^{\mathrm{T}}\boldsymbol{\alpha}_2=0.$$

而 $\lambda_1\neq\lambda_2$，所以 $\boldsymbol{\alpha}_1^{\mathrm{T}}\boldsymbol{\alpha}_2=0$，即 $\boldsymbol{\alpha}_1$ 与 $\boldsymbol{\alpha}_2$ 正交.

定理 5.12　设 $\boldsymbol{A}$ 为 n 阶对称矩阵，则必存在 n 阶正交矩阵 $\boldsymbol{P}$，使

$$\boldsymbol{P}^{-1}\boldsymbol{AP}=\boldsymbol{\Lambda}=\begin{pmatrix}\lambda_1&0&\cdots&0\\0&\lambda_2&\cdots&0\\\vdots&\vdots&\ddots&\vdots\\0&0&\cdots&\lambda_n\end{pmatrix}$$

其中 λ_1，λ_2，…，λ_n 是 $\boldsymbol{A}$ 的 n 个特征值.

证明略.

例 5.8　设 $\boldsymbol{A}=\begin{pmatrix}0&-1&1\\-1&0&1\\1&1&0\end{pmatrix}$，求一个正交矩阵 $\boldsymbol{P}$，使 $\boldsymbol{P}^{-1}\boldsymbol{AP}=\boldsymbol{\Lambda}$ 为对角阵.

解：特征方程为 $|\boldsymbol{A}-\lambda\boldsymbol{E}|=0$，即 $\begin{vmatrix}-\lambda & -1 & 1\\ -1 & -\lambda & 1\\ 1 & 1 & -\lambda\end{vmatrix}=0$，

特征根为 $\lambda_1=-2$，$\lambda_2=\lambda_3=1$.

将 $\lambda_1=-2$ 代入齐次方程组 $(\boldsymbol{A}-\lambda\boldsymbol{E})\boldsymbol{x}=\boldsymbol{0}$，其基础解系为

$$\boldsymbol{\alpha}_1=\begin{pmatrix}-1\\-1\\1\end{pmatrix}.$$

将 $\boldsymbol{\alpha}_1$ 单位化，得

$$\boldsymbol{p}_1=\frac{1}{\sqrt{3}}\begin{pmatrix}-1\\-1\\1\end{pmatrix}.$$

将 $\lambda_2=\lambda_3=1$ 代入齐次方程组 $(\boldsymbol{A}-\lambda\boldsymbol{E})\boldsymbol{x}=\boldsymbol{0}$，其基础解系为

$$\boldsymbol{\alpha}_2=\begin{pmatrix}-1\\1\\0\end{pmatrix},\ \boldsymbol{\alpha}_3=\begin{pmatrix}1\\0\\1\end{pmatrix}.$$

将 $\boldsymbol{\alpha}_2$，$\boldsymbol{\alpha}_3$ 正交化，取

$$\boldsymbol{\beta}_2=\boldsymbol{\alpha}_2,\ \boldsymbol{\beta}_3=\boldsymbol{\alpha}_3-\frac{[\boldsymbol{\beta}_2,\ \boldsymbol{\alpha}_3]}{[\boldsymbol{\beta}_2,\ \boldsymbol{\beta}_2]}\boldsymbol{\beta}_2=\frac{1}{2}\begin{pmatrix}1\\1\\2\end{pmatrix}.$$

将 $\boldsymbol{\beta}_2$，$\boldsymbol{\beta}_3$ 单位化，得

$$\boldsymbol{p}_2=\frac{1}{\sqrt{2}}\begin{pmatrix}-1\\1\\0\end{pmatrix},\ \boldsymbol{p}_3=\frac{1}{\sqrt{6}}\begin{pmatrix}1\\1\\2\end{pmatrix}.$$

取

$$\boldsymbol{P}=(\boldsymbol{p}_1,\ \boldsymbol{p}_2,\ \boldsymbol{p}_3)=\begin{pmatrix}-\frac{1}{\sqrt{3}} & -\frac{1}{\sqrt{2}} & \frac{1}{\sqrt{6}}\\ -\frac{1}{\sqrt{3}} & \frac{1}{\sqrt{2}} & \frac{1}{\sqrt{6}}\\ \frac{1}{\sqrt{3}} & 0 & \frac{2}{\sqrt{6}}\end{pmatrix},$$

则矩阵 $\boldsymbol{P}$ 为正交矩阵，且满足

$$\boldsymbol{P}^{-1}\boldsymbol{A}\boldsymbol{P}=\boldsymbol{P}^{\mathrm{T}}\boldsymbol{A}\boldsymbol{P}=\boldsymbol{\Lambda}=\begin{pmatrix}-2 & 0 & 0\\ 0 & 1 & 0\\ 0 & 0 & 1\end{pmatrix}.$$

例 5.9 13 世纪初，意大利数学家斐波那契在《算盘书》中提出一个问题：兔子出生以

后两个月就能生小兔，若每次不多不少恰好生一对(一雌一雄)，且每月生一次，假如养了初生的小兔一对，则一年以后共有多少对兔子(如果生下的小兔都不死)？

以“对”为单位，每月兔子组队数构成一个数列，这便是著名的 Fibonacci 数列 $\{F_k\}$：0，1，1，2，3，5，…F_k，…，函数数列满足条件

$$F_0=0,\ F_1=1,\ F_{k+2}=F_{k+1}+F_k\ (k=0,\ 1,\ 2,\ \cdots),\tag{5.3}$$

试求出通项 F_k.

解：由 Fibonacci 数列满足式(5.3)可设 $\begin{cases}F_{k+2}=F_{k+1}+F_k\\ F_{k+1}=F_{k+1}\end{cases}$.　（＊）

令 $\boldsymbol{A}=\begin{pmatrix}1&1\\1&0\end{pmatrix}$，$\boldsymbol{\alpha}_k=\begin{pmatrix}F_{k+1}\\F_k\end{pmatrix}$，$\boldsymbol{\alpha}_0=\begin{pmatrix}F_1\\F_0\end{pmatrix}=\begin{pmatrix}1\\0\end{pmatrix}$，则(＊)可写成矩阵形式

$$\boldsymbol{\alpha}_{k+1}=\boldsymbol{A}\boldsymbol{\alpha}_k\ (k=0,\ 1,\ 2,\ \cdots).\tag{5.4}$$

由式(5.4)递归可得

$$\boldsymbol{\alpha}_k=\boldsymbol{A}^k\boldsymbol{\alpha}_0\ (k=0,\ 1,\ 2,\ \cdots).\tag{5.5}$$

于是求 F_k 的问题归结为求 $\boldsymbol{\alpha}_k$ 即求 $\boldsymbol{A}^k$ 的问题.

由

$$|\lambda\boldsymbol{E}-\boldsymbol{A}|=\begin{vmatrix}\lambda-1&-1\\-1&\lambda\end{vmatrix}=\lambda^2-\lambda-1,$$

得 A 的特征值

$$\lambda_1=\frac{1+\sqrt{5}}{2},\ \lambda_2=\frac{1-\sqrt{5}}{2}.\tag{5.6}$$

对应于 λ_1，λ_2 的特征向量分别为

$$\boldsymbol{X}_1=\begin{pmatrix}\lambda_1\\1\end{pmatrix},\ \boldsymbol{X}_2=\begin{pmatrix}\lambda_2\\1\end{pmatrix}.$$

设

$$\boldsymbol{P}=\begin{pmatrix}\lambda_1&\lambda_2\\1&1\end{pmatrix},$$

则

$$\boldsymbol{P}^{-1}=\frac{1}{\lambda_1-\lambda_2}\begin{pmatrix}1&-\lambda_2\\-1&\lambda_1\end{pmatrix}.$$

于是

$$\begin{aligned}\boldsymbol{A}^k&=\boldsymbol{P}\begin{pmatrix}\lambda_1^k&0\\0&\lambda_2^k\end{pmatrix}\boldsymbol{P}^{-1}\\&=\frac{1}{\lambda_1-\lambda_2}\begin{pmatrix}\lambda_1^{k+1}-\lambda_2^{k+1}&\lambda_1\lambda_2^{k+1}-\lambda_2\lambda_1^{k+1}\\\lambda_1^k-\lambda_2^k&\lambda_1\lambda_2^k-\lambda_2\lambda_1^k\end{pmatrix}.\end{aligned}$$

所以

$$\begin{aligned}\begin{pmatrix}F_{k+1}\\F_k\end{pmatrix}&=\boldsymbol{\alpha}_k=\boldsymbol{A}^k\begin{pmatrix}1\\0\end{pmatrix}\\&=\frac{1}{\lambda_1-\lambda_2}\begin{pmatrix}\lambda_1^{k+1}-\lambda_2^{k+1}\\\lambda_1^k-\lambda_2^k\end{pmatrix}.\end{aligned}\tag{5.7}$$

将式(5.6)代入式(5.7)得

$$F_k=\frac{1}{\sqrt{5}}\left[\left(\frac{1+\sqrt{5}}{2}\right)^k-\left(\frac{1-\sqrt{5}}{2}\right)^k\right]. \tag{5.8}$$

对于任何正整数 k，由式(5.8)求得的 F_k 都是正整数，当 $k=13$ 时，$F_{13}=233$，即一年后约有 233 对兔子.

数学实验——矩阵的特征值、特征向量和相似矩阵

一、向量组的规范正交化

若一个向量组中的每一个向量都是单位向量且两两正交，则称这样的向量组为**规范正交向量组**. 向量组的规范正交化是将一个线性无关的向量组化为与之等价的规范正交向量组.

命令：orth(A)，返回结果为规范正交基.

例 5.10 利用 Matlab 求矩阵 $\boldsymbol{A}=\begin{pmatrix}4&0&0\\0&3&1\\0&1&3\end{pmatrix}$的列向量的规范正交基.

解： 编写 Matlab 程序如下：

```
a=[4 0 0; 0 3 1; 0 1 3];
B=orth(a)   % 求规范正交基
Q=B' * B
B =
    0         1.0000  0
    -0.7071   0        -0.7071
    -0.7071   0        0.7071
Q =
    1.0000  0         0.0000
    0       1.0000    0
    0.0000  0         1.0000
```

二、求矩阵特征值、特征向量并将矩阵对角化

通过求矩阵的特征值、特征向量来进行对矩阵的对角化.

命令：eig(A)，返回结果为特征值、特征向量，

例 5.11 利用 Matlab 求实对称矩阵 $\boldsymbol{A}=\begin{pmatrix}1&-1&2&-1\\-1&1&3&-2\\2&3&1&0\\-1&-2&0&1\end{pmatrix}$的特征值与特征向量，

问矩阵是否可对角化？若是，将矩阵对角化．

解：编写 Matlab 程序如下：

```
A= [1 - 1 2 - 1; - 1 1 3 - 2; 2 3 1 0; - 1 - 2 0 1];
[V, D]=eig(A)% 求 A 的特征值、特征向量
ans=
V=

    0.4412   -0.2042   -0.8328    0.2647
    0.6012    0.1266    0.4853    0.6221
   -0.5683    0.4886   -0.2227    0.6234
    0.3477    0.8388   -0.1462   -0.3927


D =
   -3.7266        0         0         0
         0   0.9416         0         0
         0        0    1.9420         0
         0        0         0    4.8430
```

程序说明：

D 对角线上的元素为 ***A*** 的特征值，***V*** 为相对应的特征向量所构成的矩阵．可以看出特征值都是实数，每个特征值对应于一个特征向量，对应的特征向量是正交的，特征向量所构成的矩阵是正交矩阵．如果不用 Matlab 软件的话实现这种(3 阶以上的矩阵)问题将特别复杂及麻烦．求 ***A*** 的特征值，若 n 个特征值互异，则 ***A*** 一定可对角化．

本章小结

本章首先学习了向量内积的定义，在此基础上又学习了施密特正交化过程，这是为下章寻找正交矩阵做铺垫．方阵的特征值和特征向量是非常重要的概念，求方阵的特征值需要计算行列式的知识，求方阵的特征向量需要会求齐次线性方程组的基础解系．因此，学习这一章是对前面知识的巩固和提高．将矩阵相似对角化就是寻找可逆矩阵 ***P***，而寻找可逆矩阵 ***P*** 的过程就是求齐次线性方程组的基础解系的过程．但必须注意不是所有方阵都可相似对角化，实对称矩阵一定可以相似对角化．

学习本章主要掌握方阵可对角化的条件以及将一个可对角化的方阵对角化的方法(如何找到可逆矩阵 ***P***)．而对于实对称矩阵是肯定可对角化的，关键是我们要能找到正交矩阵 ***Q*** 将其对角化．为了达到上述目的，我们首先必须会求方阵的特征值和特征向量及会用施密特正交化过程将一个向量组正交化．

拓展阅读

在矩阵论逐步发展的过程中，凯莱给出了方阵的特征方程和特征值及有关矩阵的一些基本结果，凯莱出生在一个古老而有才能的英国家庭，剑桥大学三一学院毕业后留校讲授

数学，三年后转从律师职业，工作卓有成效，并利用业余时间研究数学，发表了大量数学论文．

1855年，埃米特(C. Hermite，1822—1901)证明了别的数学家发现的一些矩阵的特征值的特殊性质，如现在成为埃米特矩阵的特征根性质等．埃米特是法国数学家，巴黎综合工科学校毕业．曾任法兰西学院、巴黎高等师范学校、巴黎大学教授，法兰西科学院院士．在函数论、高等代数、微分方程等方面都有重要发现．

后来，克莱伯施(A. Clebsch，1833—1872)、布克海姆(A. Buchheim)等证明了对称矩阵的特征根性质．泰伯引入矩阵的迹的概念并给出了一些有关的结论．

特征值和特征向量在现代的应用还是十分广泛的，如大家熟悉的人脸识别技术中就有特征根和特征向量的相关技术的应用，再如数学建模中层次分析法中也用到了特征值与特征向量．

相似的矩阵可以有各种形式，但是有一样是不变的，就是和同一个对角阵相似，就好像生活中，很多事情形式是多变的，但本质相同．例如，每个人的工作都是不一样的，但是相同的是他们都为祖国做着自己的贡献，所以他们也有着相同之处．

习题五

A 组

1. 已知 $\boldsymbol{\alpha}=\begin{pmatrix}1\\2\\3\end{pmatrix}$，$\boldsymbol{\beta}=\begin{pmatrix}-2\\1\\0\end{pmatrix}$，则它们的内积$[\boldsymbol{\alpha},\boldsymbol{\beta}]=$________．

2. (1)矩阵$\begin{pmatrix}1&-1\\2&4\end{pmatrix}$的特征值是________；

(2)矩阵$\begin{pmatrix}1&2&3\\2&1&3\\3&3&6\end{pmatrix}$的特征值________．

3. 若$\lambda_1=2$，$\lambda_2=-2$，$\lambda_3=5$是三阶方阵$\boldsymbol{A}$的3个特征值，则$|\boldsymbol{A}|=$________．

4. 若向量$\boldsymbol{\alpha}=\begin{pmatrix}1\\2\end{pmatrix}$是矩阵$\boldsymbol{A}=\begin{pmatrix}1&5\\2&x\end{pmatrix}$的属于某个特征值的特征向量，则$x=$________．

5. 用施密特正交化方法将下列向量组正交化：

(1)$\boldsymbol{\alpha}=\begin{pmatrix}1\\0\\1\end{pmatrix}$，$\boldsymbol{\beta}=\begin{pmatrix}1\\-1\\1\end{pmatrix}$，$\boldsymbol{\gamma}=\begin{pmatrix}2\\2\\1\end{pmatrix}$；(2)$\boldsymbol{\alpha}=\begin{pmatrix}1\\1\\1\\1\end{pmatrix}$，$\boldsymbol{\beta}=\begin{pmatrix}3\\3\\-1\\-1\end{pmatrix}$，$\boldsymbol{\gamma}=\begin{pmatrix}-2\\0\\6\\8\end{pmatrix}$．

6. 求下列矩阵的特征值：

(1)$\begin{pmatrix}1&8\\2&1\end{pmatrix}$；(2)$\begin{pmatrix}0&0&1\\1&1&-1\\1&0&0\end{pmatrix}$；(3)$\begin{pmatrix}2&1&1\\1&2&1\\1&1&2\end{pmatrix}$；(4)$\begin{pmatrix}0&-1&0\\1&-2&0\\-1&0&-1\end{pmatrix}$．

7. 证明下列各题：

(1)若 $\boldsymbol{A}$ 可逆，则 $\boldsymbol{AB}$ 与 $\boldsymbol{BA}$ 相似；

(2)若 $\boldsymbol{A}$ 与 $\boldsymbol{B}$ 相似，则 $\boldsymbol{A}^{\mathrm{T}}$ 与 $\boldsymbol{B}^{\mathrm{T}}$ 相似．

B组

1. 设有三阶矩阵 $\boldsymbol{A}$ 的特征值为 $\lambda_1=-1$，$\lambda_2=0$，$\lambda_3=1$，对应的特征向量为

$$\boldsymbol{\alpha}_1=\begin{pmatrix}-2\\-1\\2\end{pmatrix},\ \boldsymbol{\alpha}_2=\begin{pmatrix}2\\-2\\1\end{pmatrix},\ \boldsymbol{\alpha}_3=\begin{pmatrix}1\\2\\2\end{pmatrix},$$

求矩阵 $\boldsymbol{A}$ 及 $\boldsymbol{A}^{100}$．

2. 设 $\boldsymbol{A}=\begin{pmatrix}1&-2&-4\\-2&x&-2\\-4&-2&1\end{pmatrix}$，$\boldsymbol{B}=\begin{pmatrix}5&0&0\\0&y&0\\0&0&-4\end{pmatrix}$，如果 $\boldsymbol{A}\sim\boldsymbol{B}$，求 x，y 的值．

3. 不求特征向量判别 A 组第 6 题中的矩阵是否可对角化．

4. 已知矩阵 $\boldsymbol{A}=\begin{pmatrix}1&2\\0&2\end{pmatrix}$，求 $\boldsymbol{A}^{10}$．

第六章　二次型

二次型作为一类特殊的多元函数，它是中学解析几何相关内容的一种推广．本章讨论二次型的概念，化二次型为标准形以及正定二次型的判别方法等．这些内容在数学、物理、工程技术及经济管理中都有非常重要的作用．

第一节　二次型及其标准形

微课视频：合同等价相似

在解析几何中，为了便于研究二次曲线

$$ax^2+bxy+cy^2=1$$

的几何性质，我们可以选择适当的坐标旋转变换

$$\begin{cases}x=x'\cos\theta-y'\sin\theta\\ y=x'\sin\theta+y'\cos\theta\end{cases}$$

把方程化为标准形

$$mx'^2+ny'^2=1.$$

这对研究二次曲线性质具有重要的意义．现在我们把这类问题一般化，讨论 n 个变量的二次多项式的简化问题．

定义 6.1　含有 n 个变量 x_1，x_2，…，x_n 的二次齐次函数

$$f(x_1,x_2,\cdots,x_n)=a_{11}x_1^2+a_{22}x_2^2+\cdots+a_{nn}x_n^2+2a_{12}x_1x_2+\cdots+2a_{13}x_1x_3+\cdots+2a_{n-1,n}x_{n-1}x_n \tag{6.1}$$

称为**二次型**．

二次型的算术应用

若取 $a_{ij}=a_{ji}$，则 $2a_{ij}x_ix_j=a_{ij}x_ix_j+a_{ji}x_jx_i$，于是式(6.1)可写成

$$f=\sum_{i,j=1}^{n}a_{ij}x_ix_j \tag{6.2}$$

对二次型，我们讨论的主要问题是：寻求可逆的线性变换

$$\begin{cases}x_1=c_{11}y_1+c_{12}y_2+\cdots+c_{1n}y_n\\ x_2=c_{21}y_1+c_{22}y_2+\cdots+c_{2n}y_n\\ \cdots\cdots\cdots\cdots\cdots\cdots\cdots\cdots\cdots\cdots\\ x_n=c_{n1}y_1+c_{n2}y_2+\cdots+c_{nn}y_n\end{cases} \tag{6.3}$$

使二次型只含平方项，也就是式(6.3)代入式(6.1)，能使

$$f=k_1y_1^2+k_2y_2^2+\cdots+k_ny_n^2,$$

这种只含平方项的二次型称为**二次型的标准形**(法式).

当 a_{ij} 为复数时，f 称为复二次型；当 a_{ij} 为实数时，f 称为实二次型．本书中只讨论实二次型．

若记

$$\boldsymbol{A}=(a_{ij})_{n\times n}=\begin{pmatrix} a_{11} & a_{12} & \cdots & a_{1n} \\ a_{21} & a_{22} & \cdots & a_{2n} \\ \vdots & \vdots & & \vdots \\ a_{n1} & a_{n2} & \cdots & a_{nn} \end{pmatrix},\quad \boldsymbol{x}=\begin{pmatrix} x_1 \\ x_2 \\ \vdots \\ x_n \end{pmatrix}$$

则式(6.2)可表示为

$$f=\boldsymbol{x}^{\mathrm{T}}\boldsymbol{A}\boldsymbol{x}, \tag{6.4}$$

其中

$$\boldsymbol{A}^{\mathrm{T}}=\boldsymbol{A}.$$

例如，二次型 $f(x, y, z)=x^2-3z^2-4xy+yz$ 用矩阵写出来，就是

$$f=(x,\ y,\ z)\begin{pmatrix} 1 & -2 & 0 \\ -2 & 0 & \frac{1}{2} \\ 0 & \frac{1}{2} & -3 \end{pmatrix}\begin{pmatrix} x \\ y \\ z \end{pmatrix}.$$

二次型 f 与对称矩阵 $\boldsymbol{A}$ 一一对应，我们称 $\boldsymbol{A}$ 为二次型 f 的矩阵，称 f 为对称矩阵 $\boldsymbol{A}$ 的二次型，称 $r(\boldsymbol{A})$ 为二次型 f 的**秩**．

记 $\boldsymbol{C}=(c_{ij})$，把可逆变换式(6.3)记作

$$\boldsymbol{x}=\boldsymbol{C}\boldsymbol{y},$$

代入式(6.4)，有

$$f=\boldsymbol{x}^{\mathrm{T}}\boldsymbol{A}\boldsymbol{x}=(\boldsymbol{C}\boldsymbol{y})^{\mathrm{T}}\boldsymbol{A}\boldsymbol{C}\boldsymbol{y}=\boldsymbol{y}^{\mathrm{T}}(\boldsymbol{C}^{\mathrm{T}}\boldsymbol{A}\boldsymbol{C})\boldsymbol{y}.$$

要使二次型 f 经可逆变换 $\boldsymbol{x}=\boldsymbol{C}\boldsymbol{y}$ 变成标准形，这就是要使

$$\boldsymbol{y}^{\mathrm{T}}\boldsymbol{C}^{\mathrm{T}}\boldsymbol{A}\boldsymbol{C}\boldsymbol{y}=k_1y_1^2+k_2y_2^2+\cdots+k_ny_n^2$$

$$=(y_1, y_2, \cdots, y_n)\begin{pmatrix} k_1 & & & \\ & k_2 & & \\ & & \ddots & \\ & & & k_n \end{pmatrix}\begin{pmatrix} y_1 \\ y_2 \\ \vdots \\ y_n \end{pmatrix},$$

也就是要使 $\boldsymbol{C}^{\mathrm{T}}\boldsymbol{A}\boldsymbol{C}$ 成为对角矩阵．因此，我们的主要问题就是：对于对称矩阵 $\boldsymbol{A}$，寻求可逆矩阵 $\boldsymbol{C}$，使 $\boldsymbol{C}^{\mathrm{T}}\boldsymbol{A}\boldsymbol{C}$ 为对角矩阵．

定义 6.2 设 $\boldsymbol{A}$ 和 $\boldsymbol{B}$ 是 n 阶方阵，若有可逆矩阵 $\boldsymbol{C}$，使 $\boldsymbol{B}=\boldsymbol{C}^{\mathrm{T}}\boldsymbol{A}\boldsymbol{C}$，则称 $\boldsymbol{A}$ 与 $\boldsymbol{B}$ 矩阵合同．

我们已经知道，任给实对称矩阵 $\boldsymbol{A}$，总有正交矩阵 $\boldsymbol{P}$，使 $\boldsymbol{P}^{-1}\boldsymbol{A}\boldsymbol{P}=\boldsymbol{\Lambda}$，把此结论应用于二次型，即有：

定理 6.1 任给二次型 $f=\sum\limits_{i,j=1}^{n}a_{ij}x_ix_j\,(a_{ij}=a_{ji})$，总存在正交变换 $\boldsymbol{x}=\boldsymbol{P}\boldsymbol{y}$，使 f 化为标准形

$$f=\lambda_1y_1^2+\lambda_2y_2^2+\cdots+\lambda_ny_n^2,$$

其中 $\lambda_1, \lambda_2, \cdots, \lambda_n$ 是 f 的矩阵 $\boldsymbol{A}=(a_{ij})$ 的特征值．

例 6.1 求一个正交变换 $\boldsymbol{x}=\boldsymbol{P}\boldsymbol{y}$，把二次型

$$f=2x_1x_2+2x_1x_3-2x_1x_4-2x_2x_3+2x_2x_4+2x_3x_4$$

化为标准形.

解：二次型的矩阵为

$$\boldsymbol{A}=\begin{pmatrix}0&1&1&-1\\1&0&-1&1\\1&-1&0&1\\-1&1&1&0\end{pmatrix},$$

它的特征多项式为

$$|\boldsymbol{A}-\lambda\boldsymbol{E}|=\begin{vmatrix}-\lambda&1&1&-1\\1&-\lambda&-1&1\\1&-1&-\lambda&1\\-1&1&1&-\lambda\end{vmatrix},$$

计算特征多项式：把二、三、四列都加到第一列上，有

$$|\boldsymbol{A}-\lambda\boldsymbol{E}|=(-\lambda+1)\begin{vmatrix}1&1&1&-1\\1&-\lambda&-1&1\\1&-1&-\lambda&1\\1&1&1&-\lambda\end{vmatrix},$$

把二、三、四行分别减去第一行，有

$$\begin{aligned}|\boldsymbol{A}-\lambda\boldsymbol{E}|&=(-\lambda+1)\begin{vmatrix}1&1&1&-1\\0&-\lambda-1&-2&2\\0&-2&-\lambda-1&2\\0&0&0&-\lambda+1\end{vmatrix}\\&=(-\lambda+1)^2\begin{vmatrix}-\lambda-1&-2\\-2&-\lambda-1\end{vmatrix}\\&=(-\lambda+1)^2(\lambda^2+2\lambda-3)\\&=(\lambda+3)(\lambda-1)^3,\end{aligned}$$

于是 $\boldsymbol{A}$ 的特征值为 $\lambda_1=-3$，$\lambda_2=\lambda_3=\lambda_4=1$.

当 $\lambda_1=-3$ 时，解方程 $(\boldsymbol{A}+3\boldsymbol{E})\boldsymbol{x}=\boldsymbol{0}$，由

$$\boldsymbol{A}+3\boldsymbol{E}=\begin{pmatrix}3&1&1&-1\\1&3&-1&1\\1&-1&3&1\\-1&1&1&3\end{pmatrix}\to\begin{pmatrix}1&1&1&1\\1&3&-1&1\\1&-1&3&1\\-1&1&1&3\end{pmatrix}\to\begin{pmatrix}1&1&1&1\\0&2&-2&0\\0&-2&2&0\\0&2&2&4\end{pmatrix}$$

$$\to\begin{pmatrix}1&1&1&1\\0&1&-1&0\\0&0&1&1\\0&0&0&0\end{pmatrix}\to\begin{pmatrix}1&0&0&-1\\0&1&0&1\\0&0&1&1\\0&0&0&0\end{pmatrix},$$

得基础解系 $\xi_1=\begin{pmatrix}1\\-1\\-1\\1\end{pmatrix}$，单位化即得 $\boldsymbol{p}_1=\dfrac{1}{2}\begin{pmatrix}1\\-1\\-1\\1\end{pmatrix}$.

当 $\lambda_2=\lambda_3=\lambda_4=1$ 时，解方程 $(\boldsymbol{A}-\boldsymbol{E})\boldsymbol{x}=\boldsymbol{0}$. 由

$$\boldsymbol{A}-\boldsymbol{E}=\begin{pmatrix}-1&1&1&-1\\1&-1&-1&1\\1&-1&-1&-1\\-1&1&1&-1\end{pmatrix}\to\begin{pmatrix}-1&1&1&-1\\0&0&0&0\\0&0&0&0\\0&0&0&0\end{pmatrix},$$

可得正交的基础解系

$$\xi_2=\begin{pmatrix}1\\1\\0\\0\end{pmatrix},\ \xi_3=\begin{pmatrix}0\\0\\1\\1\end{pmatrix},\ \xi_4=\begin{pmatrix}1\\-1\\1\\-1\end{pmatrix},$$

单位化即得

$$\boldsymbol{p}_2=\begin{pmatrix}\frac{1}{\sqrt{2}}\\\frac{1}{\sqrt{2}}\\0\\0\end{pmatrix},\ \boldsymbol{p}_3=\begin{pmatrix}0\\0\\\frac{1}{\sqrt{2}}\\\frac{1}{\sqrt{2}}\end{pmatrix},\ \boldsymbol{p}_4=\begin{pmatrix}\frac{1}{2}\\-\frac{1}{2}\\\frac{1}{2}\\-\frac{1}{2}\end{pmatrix},$$

于是正交变换为

$$\begin{pmatrix}x_1\\x_2\\x_3\\x_4\end{pmatrix}=\begin{pmatrix}\frac{1}{2}&\frac{1}{\sqrt{2}}&0&\frac{1}{2}\\-\frac{1}{2}&\frac{1}{\sqrt{2}}&0&-\frac{1}{2}\\-\frac{1}{2}&0&\frac{1}{\sqrt{2}}&\frac{1}{2}\\\frac{1}{2}&0&\frac{1}{\sqrt{2}}&-\frac{1}{2}\end{pmatrix}\begin{pmatrix}y_1\\y_2\\y_3\\y_4\end{pmatrix},$$

即有 $$f=-3{y_1}^2+{y_2}^2+{y_3}^2+{y_4}^2.$$

例 6.2(因式分解问题)

判断多项式 $f(x_1, x_2)=x_1^2-3x_2^2-2x_1x_2+2x_1-6x_2$ 在实数域 **R** 上能否分解，若能，将其进行分解 .

解：考虑二次型 $g(x_1, x_2, x_3)=x_1^2-3x_2^2-2x_1x_2+2x_1x_3-6x_2x_3$，

则对应的矩阵为 $\boldsymbol{A}=\begin{pmatrix}1&-1&1\\-1&-3&-3\\1&-3&0\end{pmatrix}$，

对 $\boldsymbol{A}$ 实行合同变换，求得可逆矩阵 $\boldsymbol{P}$：

$$P=\begin{pmatrix}1 & 1 & -\frac{3}{2}\\ 0 & 1 & -\frac{1}{2}\\ 0 & 0 & 1\end{pmatrix},\ P^{\mathrm{T}}AP=\begin{pmatrix}1 & 0 & 0\\ 0 & -4 & 0\\ 0 & 0 & 0\end{pmatrix},$$

显然 $\boldsymbol{A}$ 的秩为 2，符号差为 0，$g(x_1, x_2, x_3)$可以分解.

经非退化线性替换

$$\begin{pmatrix}x_1\\ x_2\\ x_3\end{pmatrix}=\begin{pmatrix}1 & 1 & -\frac{3}{2}\\ 0 & 1 & -\frac{1}{2}\\ 0 & 0 & 1\end{pmatrix}\begin{pmatrix}y_1\\ y_2\\ y_3\end{pmatrix},$$

二次型化为：$g(x_1, x_2, x_3)=y_1^2-4y_2^2=(y_1-2y_2)(y_1+2y_2)$，

再由 $\boldsymbol{Y}=\boldsymbol{P}^{-1}\boldsymbol{X}$ 得

$$y_1=x_1-x_2+x_3,\ y_2=x_2+\frac{1}{2}x_3,\ y_3=y_3,$$

于是

$$g(x_1, x_2, x_3)=(x_1+x_2+2x_3)(x_1-3x_2),$$

故

$$f(x_1, x_2)=(x_1+x_2+2)(x_1-3x_2).$$

第二节　用配方法化二次型为标准形

用正交变换化二次型成标准形，具有保持几何形状不变的优点．如果不限于用正交变换，那么还可以有多种方法(对应有多个可逆的线性变换)把二次型化成标准形．这里只介绍拉格朗日配方法．下面举例来说明这种方法．

例 6.3　化二次型

$$f={x_1}^2+2{x_2}^2+5{x_3}^2+2x_1x_2+2x_1x_3+6x_2x_3$$

为标准形，并求所用的变换矩阵．

解：由于 f 中含变量 x_1 的平方项，故把全部含 x_1 的项归并起来，配方可得

$$\begin{aligned}f&={x_1}^2+2(x_2+x_3)x_1+2{x_2}^2+5{x_3}^2+6x_2x_3\\&=(x_1+x_2+x_3)^2-(x_2+x_3)^2+2{x_2}^2+5{x_3}^2+6x_2x_3\\&=(x_1+x_2+x_3)^2+{x_2}^2+4x_2x_3+4{x_3}^2,\end{aligned}$$

上式右端除第一项外已不再含 x_1. 继续配方，可得

$$f=(x_1+x_2+x_3)^2+(x_2+2x_3)^2,$$

令

$$\begin{cases} y_1 = x_1 + x_2 + x_3 \\ y_2 = x_2 + 2x_3 \\ y_3 = x_3 \end{cases},$$

即

$$\begin{cases} x_1 = y_1 - y_2 + y_3 \\ x_2 = y_2 - 2y_3 \\ x_3 = y_3 \end{cases},$$

就把 f 化成标准形 $f = y_1^2 + y_2^2$，所用变换矩阵为

$$\boldsymbol{C} = \begin{pmatrix} 1 & -1 & 1 \\ 0 & 1 & -2 \\ 0 & 0 & 1 \end{pmatrix},\ (|\boldsymbol{C}| \neq 0).$$

例 6.4 化二次型

$$f = 2x_1x_2 + 2x_1x_3 - 6x_2x_3$$

成标准形，并求所用的变换矩阵．

解：在 f 中不含平方项．由于含有 x_1x_2 乘积项，故令

$$\begin{cases} x_1 = y_1 + y_2 \\ x_2 = y_1 - y_2 \\ x_3 = y_3 \end{cases},$$

代入可得

$$f = 2y_1^2 - 2y_2^2 - 4y_1y_3 + 8y_2y_3,$$

再配方，得

$$f = 2(y_1 - y_3)^2 - 2(y_2 - 2y_3)^2 + 6y_3^2,$$

令

$$\begin{cases} z_1 = y_1 - y_3 \\ z_2 = y_2 - 2y_3 \\ z_3 = y_3 \end{cases},$$

即

$$\begin{cases} y_1 = z_1 + z_3 \\ y_2 = z_2 + 2z_3 \\ y_3 = z_3 \end{cases},$$

即有 $f = 2z_1^2 - 2z_2^2 + 6z_3^2$．所用变换矩阵为

$$\boldsymbol{C} = \begin{pmatrix} 1 & 1 & 0 \\ 1 & -1 & 0 \\ 0 & 0 & 1 \end{pmatrix}\begin{pmatrix} 1 & 0 & 1 \\ 0 & 1 & 2 \\ 0 & 0 & 1 \end{pmatrix} = \begin{pmatrix} 1 & 1 & 3 \\ 1 & -1 & -1 \\ 0 & 0 & 1 \end{pmatrix},\ (|\boldsymbol{C}| = -2 \neq 0).$$

一般地，任何二次型都可用上面两例的方法找到可逆变换，把二次型化成标准形．

第三节　正定二次型

二次型的标准形显然不是唯一的，只是标准形中所含项数是确定的(是二次型的秩)．不仅如此，在限定变换为实变换时，标准形中正系数的个数是不变的(从而负系数的个数也不变)，也就是有：

定理 6.2　设有实二次型 $f=\boldsymbol{x}^{\mathrm{T}}\boldsymbol{A}\boldsymbol{x}$，它的秩为 r，有两个实的可逆变换

$$\boldsymbol{x}=\boldsymbol{C}\boldsymbol{y} \quad 及 \quad \boldsymbol{x}=\boldsymbol{P}\boldsymbol{z}$$

使

$$f=k_1{y_1}^2+k_2{y_2}^2+\cdots+k_r{y_r}^2(k_i\neq 0),$$

以及

$$f=\lambda_1{z_1}^2+\lambda_2{z_2}^2+\cdots+\lambda_r{z_r}^2(\lambda_i\neq 0),$$

则 k_1，k_2，…，k_r 中正数的个数与 λ_1，λ_2，…，λ_r 中正数的个数相等．

这个定理称为惯性定理，这里不予证明．

比较常用的二次型是标准形的系数全为正($r=n$)或全为负的情形，我们有下述定义．

定义 6.3　设有实二次型 $f(\boldsymbol{x})=\boldsymbol{x}^{\mathrm{T}}\boldsymbol{A}\boldsymbol{x}$，如果对任何 $\boldsymbol{x}\neq 0$，都有 $f(\boldsymbol{x})>0$(显然 $f(\boldsymbol{0})=0$)，则称 f 为**正定二次型**，并称对称矩阵 $\boldsymbol{A}$ 是**正定的**．

定理 6.3　实二次型 $f(\boldsymbol{x})=\boldsymbol{x}^{\mathrm{T}}\boldsymbol{A}\boldsymbol{x}$ 为正定的充分必要条件是：它的标准形的 n 个系数全为正．

证明：设可逆变换 $\boldsymbol{x}=\boldsymbol{C}\boldsymbol{y}$ 使

$$f(\boldsymbol{x})=f(\boldsymbol{C}\boldsymbol{y})=\sum_{i=1}^{n}k_i{y_i}^2.$$

先证充分性．设 $k_i>0(i=1, 2, \cdots, n)$．任给 $\boldsymbol{x}\neq 0$，则 $\boldsymbol{y}=\boldsymbol{C}^{-1}\boldsymbol{x}\neq 0$，故

$$f(\boldsymbol{x})=\sum_{i=1}^{n}k_i{y_i}^2>0.$$

再证必要性．用反证法．假设有 $k_s\leqslant 0$，则当 $y=\boldsymbol{e}_s$(单位坐标向量)时，$f(\boldsymbol{C}\boldsymbol{e}_s)=k_s\leqslant 0$，显然 $\boldsymbol{C}\boldsymbol{e}_s\neq\boldsymbol{0}$，这与 f 为正定相矛盾．这就证明了 $k_i>0$.

推论 6.1　对称矩阵 $\boldsymbol{A}$ 为正定的充分必要条件是：$\boldsymbol{A}$ 的特征值全为正．

定理 6.4　对称矩阵 $\boldsymbol{A}$ 为正定的充分必要条件是：$\boldsymbol{A}$ 的各阶顺序主子式都为正，即

$$a_{11}>0,\quad \begin{vmatrix} a_{11} & a_{12} \\ a_{21} & a_{22} \end{vmatrix}>0,\ \cdots,\ \begin{vmatrix} a_{11} & \cdots & a_{1n} \\ \vdots & & \vdots \\ a_{n1} & \cdots & a_{nn} \end{vmatrix}>0.$$

例 6.5　判别二次型 $f=-5x^2-6y^2-4z^2+4xy+4xz$ 的正定性．

解：f 的矩阵为

$$\boldsymbol{A}=\begin{pmatrix} -5 & 2 & 2 \\ 2 & -6 & 0 \\ 2 & 0 & -4 \end{pmatrix},$$

$$a_{11}=-5<0,$$

根据定理 6.4 知 f 不正定.

设 $f(x, y)$是二元正定二次型，则 $f(x, y)=c(c>0$ 为常数)的图形是以原点为中心的椭圆．当把 c 看作任意常数时则是一族椭圆．这族椭圆随着 $c\to 0$ 而收缩到原点．当 f 为三元正定二次型时，$f(x, y, z)=c$ 的图形是一族椭球面.

数学实验——二次型

求一个正交变换，将二次型化为标准形：将二次型化为标准形就是求二次型的对称矩阵的特征值、特征向量的过程，特征值就是对应平方项的系数，特征向量单位化组成的矩阵就是对应变换的矩阵.

命令：eig(a)返回结果为矩阵的特征值、特征向量.

例 6.6 利用 Matlab 求一个正交变换，将二次型 $f=5x_1^2+5x_2^2+3x_3^2-2x_1x_2+6x_1x_3-6x_2x_3$ 化为标准形.

解：编写 Matlab 程序如下：

```
a=[5 -1 3; -1 5 -3; 3 -3 3];
[V, D]=eig(a)   % 求特征值、特征向量

V =
    0.4082    0.7071   -0.5774
   -0.4082    0.7071    0.5774
   -0.8165       0      -0.5774
D=
   -0.000       0          0
      0      4.0000        0
      0         0       9.0000
```

算出的矩阵得知 $f=4{y_1}^2+9{y_2}^2$.

本章小结

二次型是一类特殊的多元函数，本章首先学习了二次型的概念，二次型研究的主要问题是：寻求可逆变换 $x=Cy$，使这种一般的二次型化为只含平方项二次型的标准形．二次型化为标准形有多种方法，可以使用对称矩阵对角化的方法，但配方法是化二次型为标准形的一种较方便的方法．其次学习了正定二次型的定义及其判别方法，并给出对称矩阵 A 是正定的充要条件.

二次型的矩阵表示是必须掌握的，这是用矩阵方法解决二次型问题的前提．由于二次型在解析几何、工程技术、经济学等各方面有广泛的应用，是一项很有用的知识，故对于用配方法化二次型为标准形、二次型的正定性等知识需有所了解.

拓展阅读

二次型也称为“二次形式”，数域 P 上的 n 元二次齐次多项式称为数域 P 上的 n 元二次型．二次型是我们线性代数教材的后继内容，为了我们后面的学习，这里对于二次型的发展历史我们也作简单介绍．二次型的系统研究是从18世纪开始的，它起源于对二次曲线和二次曲面的分类问题的讨论．将二次曲线和二次曲面的方程变形，选有主轴方向的轴作为坐标轴以简化方程的形状，这个问题是在18世纪引进的．柯西在其著作中给出结论：当方程是标准形时，二次曲面用二次项的符号来进行分类．然而，那时并不太清楚，在化简成标准形时，为何总是得到同样数目的正项和负项．西尔维斯特回答了这个问题，他给出了 n 个变数的二次型的惯性定律，但没有证明．这个定律后被雅可比重新发现和证明．1801年，高斯在《算术研究》中引进了二次型的正定、负定、半正定和半负定等术语．

二次型化简的进一步研究涉及二次型或行列式的特征方程的概念．特征方程的概念隐含地出现在欧拉的著作中，拉格朗日在其关于线性微分方程组的著作中首先明确地给出了这个概念．而三个变数的二次型的特征值的实性则是由阿歇特(J－N. P. Hachette)、蒙日和泊松(S. D. Poisson，1781－1840)建立的．

柯西在别人著作的基础上，着手研究化简变数的二次型问题，并证明了特征方程在直角坐标系的任何变换下不变性．后来，他又证明了 n 个变数的两个二次型能用同一个线性变换同时化成平方和．

1851年，西尔维斯特在研究二次曲线和二次曲面的切触和相交时需要考虑这种二次曲线和二次曲面束的分类．在他的分类方法中他引进了初等因子和不变因子的概念，但他没有证明“不变因子组成两个二次型的不变量的完全集”这一结论．

1858年，魏尔斯特拉斯对同时化两个二次型成平方和给出了一个一般的方法，并证明，如果二次型之一是正定的，那么即使某些特征根相等，这个化简也是可能的．魏尔斯特拉斯比较系统地完成了二次型的理论并将其推广到双线性型．

二次型的形式有很多种，它是随着坐标系的变化而变化，但是化成标准形时正项的系数的个数是不变的，就好像未来我们的学习工作的环境是不同的，去的地方也是不一样的，但有些事情不应该变化，那就是我们的初心不变，不忘初心，不辱使命，努力拼搏，实现共同的中国梦．

习题六

A组

1. 用矩阵记号表示下列二次型．

(1) $f=x^2+4xy+4y^2+2xz+z^2+4yz$；

(2) $f=x^2+y^2-7z^2-2xy-4xz-4yz$；

(3) $f=x_1^2+2x_2^2+x_3^2+2x_1x_3+6x_2x_3$；

(4) $f=3x_1^2-x_2^2+x_3^2-x_1x_2+2x_1x_3+x_2x_3$；

(5) $f=x_1^2+x_2^2+x_3^2+x_4^2-2x_1x_2+4x_1x_3-2x_1x_4+6x_2x_3-4x_2x_4$.

2. 写出下列二次型的矩阵.

(1) $f(\boldsymbol{x})=\boldsymbol{x}^{\mathrm{T}}\begin{pmatrix}2 & 1\\ 3 & 1\end{pmatrix}\boldsymbol{x}$;

(2) $f(\boldsymbol{x})=\boldsymbol{x}^{\mathrm{T}}\begin{pmatrix}1 & 2 & 3\\ 4 & 5 & 6\\ 7 & 8 & 9\end{pmatrix}\boldsymbol{x}$;

(3) $f(\boldsymbol{x})=\boldsymbol{x}^{\mathrm{T}}\begin{pmatrix}0 & 0 & 2\\ 0 & 2 & 0\\ 2 & 0 & 0\end{pmatrix}\boldsymbol{x}$;

(4) $f(\boldsymbol{x})=\boldsymbol{x}^{\mathrm{T}}\begin{pmatrix}2 & 1 & 1\\ 1 & 0 & 3\\ 1 & 3 & 1\end{pmatrix}\boldsymbol{x}$.

3. 求一个正交变换将下列二次型化成标准形.

(1) $f=2x_1{}^2+3x_2{}^2+3x_3{}^3+4x_2x_3$;

(2) $f=2x_1{}^2+x_2{}^2-4x_1x_2-4x_2x_3$;

(3) $f=11x_1{}^2+5x_2{}^2+2x_3{}^2+16x_1x_2+4x_1x_3-20x_2x_3$;

(4) $f=17x_1{}^2+14x_2{}^2+14x_3{}^2-4x_1x_2-4x_1x_3-8x_2x_3$;

(5) $f=x_1{}^2+x_2{}^2+x_3{}^2+x_4{}^2+2x_1x_2-2x_1x_4-2x_2x_3+2x_3x_4$.

4. 设 $f=x_1{}^2+x_2{}^2+5x_3{}^2+2ax_1x_2-2x_1x_3+4x_2x_3$ 为正定二次型，求 a 的取值范围.

5. 判别下列二次型的正定性.

(1) $f=-2x_1{}^2-6x_2{}^2-4x_3{}^2+2x_1x_2+2x_1x_3$;

(2) $f=x_1{}^2+3x_2{}^2+9x_3{}^2+19x_4{}^2-2x_1x_2+4x_1x_3+2x_1x_4-6x_2x_4-12x_3x_4$.

B组

1. 用配方法化下列二次型为标准形.

(1) $f(x_1, x_2, x_3)=x_1{}^2+2x_2{}^2+3x_3{}^2+4x_1x_2+2x_2x_3$;

(2) $f(x_1, x_2, x_3)=-4x_1x_2+2x_1x_3+2x_2x_3$.

2. 设 $\boldsymbol{A}$ 为 n 阶实对称矩阵，且满足 $\boldsymbol{A}^3+\boldsymbol{A}^2+\boldsymbol{A}=3\boldsymbol{E}$，证明 $\boldsymbol{A}$ 是正定矩阵.

3. 设 $\boldsymbol{A}$ 是 n 阶正定矩阵，$\boldsymbol{E}$ 是 n 阶单位矩阵，证明：$|\boldsymbol{A}+\boldsymbol{E}|>1$.

习题参考答案

习题一答案

A 组

1. (1)1；(2)0.

2. (1)-33；(2)$3abc-a^3-b^3-c^3$.

3. (1)$x_1=1$，$x_2=2$，$x_3=1$；(2)$x_1=\frac{11}{3}$，$x_2=-\frac{4}{3}$，$x_3=-\frac{1}{3}$.

4. (1)0；(2)2880；(3)-16；(4)-3；(5)-2；(6)130.

5. (1)$-2(x^3+y^3)$；(2)$x^2(x+y+z)(x-y-z)$；(3)x^4；
(4)$(c-a-b)^2+2(d-2ab)$；(5)0.

6. (1)$x_1=x_2=-1$，$x_3=0$，$x_4=1$；(2)$x_1=x_3=1$，$x_2=x_4=-1$.

7. $y=3-\frac{3}{2}x+2x^2-\frac{1}{2}x^3$.

8. $k=6$，$k=-1$.

9. 略.

习题二答案

A 组

1. (1)错；(2)对；(3)错；(4)对.

2. (1)$\begin{pmatrix}35\\6\\49\end{pmatrix}$；(2)10；(3)$\begin{pmatrix}-2&4\\-1&2\\-3&6\end{pmatrix}$；(4)$\begin{pmatrix}6&-7&8\\20&-5&-6\end{pmatrix}$.

3. $3\boldsymbol{AB}-2\boldsymbol{A}=\begin{pmatrix}-2&13&22\\-2&-17&20\\4&29&-2\end{pmatrix}$；$\boldsymbol{A}^{\mathrm{T}}=\boldsymbol{A}$，$\boldsymbol{A}^{\mathrm{T}}\boldsymbol{B}=\boldsymbol{AB}=\begin{pmatrix}0&5&8\\0&-5&6\\2&9&0\end{pmatrix}$.

4. $\begin{cases}x_1=-6z_1+z_2+3z_3\\x_2=12z_1-4z_2+9z_3\\x_3=-10z_1-z_2+16z_3\end{cases}$

5. $\boldsymbol{X}=\begin{pmatrix}x_1\\x_2\\x_3\end{pmatrix}$，$\boldsymbol{A}=\begin{pmatrix}2&2&1\\3&1&5\\3&2&3\end{pmatrix}$，$\boldsymbol{X}=\boldsymbol{AY}$，$\boldsymbol{Y}=\boldsymbol{A}^{-1}\boldsymbol{X}=\begin{pmatrix}-7&-4&9\\6&3&-7\\3&2&-4\end{pmatrix}\begin{pmatrix}x_1\\x_2\\x_3\end{pmatrix}$.

6. (1)$\boldsymbol{AB}\neq\boldsymbol{BA}$；(2)$(\boldsymbol{A}+\boldsymbol{B})^2\neq\boldsymbol{A}^2+2\boldsymbol{AB}+\boldsymbol{B}^2$；(3)$(\boldsymbol{A}+\boldsymbol{B})(\boldsymbol{A}-\boldsymbol{B})\neq\boldsymbol{A}^2-\boldsymbol{B}^2$.

7. $\begin{pmatrix}0&0\\0&0\end{pmatrix}$，$\begin{pmatrix}10&5\\-20&-10\end{pmatrix}$，$\begin{pmatrix}0&0\\0&0\end{pmatrix}$.

8. $\begin{pmatrix}0&0&8\\0&0&0\\0&0&0\end{pmatrix}$，$\begin{pmatrix}0&0&0\\0&0&0\\0&0&0\end{pmatrix}$.

9. $10^9\begin{pmatrix}3&2&1\\6&4&2\\9&6&3\end{pmatrix}$.

10. 略

11. 略

12. 48

13. ±1

14. 略

15. 略

16. (1)$\boldsymbol{A}$ 可逆，$\begin{pmatrix}-2&\frac{3}{2}\\1&-\frac{1}{2}\end{pmatrix}$；(2)$\boldsymbol{A}$ 可逆，$\begin{pmatrix}1&0&0\\-\frac{1}{2}&\frac{1}{2}&0\\0&-1&1\end{pmatrix}$；

(3)$\boldsymbol{A}$ 可逆，且 $\boldsymbol{A}^{-1}=\left(-\frac{3}{2}\right)$；(4)$\boldsymbol{A}$ 可逆，$\boldsymbol{A}^{-1}=\begin{pmatrix}\frac{5}{7}&-\frac{2}{7}\\-\frac{4}{7}&\frac{3}{7}\end{pmatrix}$；

(5)$\boldsymbol{A}$ 可逆，$\boldsymbol{A}^{-1}=\begin{pmatrix}-\frac{1}{2}&-\frac{3}{2}&-\frac{5}{2}\\\frac{1}{2}&\frac{1}{2}&\frac{1}{2}\\0&1&1\end{pmatrix}$.

17. (1)$\boldsymbol{X}=\begin{pmatrix}2&-23\\0&8\end{pmatrix}$；(2)$\boldsymbol{X}=\frac{1}{3}\begin{pmatrix}1&-1&3\\4&3&2\end{pmatrix}\begin{pmatrix}1&0&1\\-2&3&-2\\-3&3&0\end{pmatrix}=\begin{pmatrix}-2&2&1\\-\frac{8}{3}&5&-\frac{2}{3}\end{pmatrix}$；

(3)$\boldsymbol{X}=\begin{pmatrix}1&1\\\frac{1}{4}&0\end{pmatrix}$；(4)$\boldsymbol{X}=\begin{pmatrix}2&-1&0\\1&3&-4\\1&0&-2\end{pmatrix}$.

18. (1)$\begin{cases}x_1=1\\x_2=0\\x_3=0\end{cases}$；(2)$\begin{cases}x_1=5\\x_2=0\\x_3=3\end{cases}$.

19. $\boldsymbol{X}=\begin{pmatrix}-2&-1\\-4&-3\end{pmatrix}$.

20. $\boldsymbol{X}=\begin{pmatrix}-15&-14\\-17&-14\\22&19\end{pmatrix}$.

21. (1) $\boldsymbol{AB}=\left(\begin{array}{cc:cc} 4 & -2 & 2 & 0 \\ -6 & 6 & 0 & 2 \\ \hdashline 0 & 0 & 15 & 18 \\ 0 & 0 & 6 & 7 \end{array}\right)$；(2) $\boldsymbol{A}^{-1}=\begin{pmatrix} \frac{1}{2} & 0 & 0 & 0 \\ 0 & \frac{1}{2} & 0 & 0 \\ 0 & 0 & 1 & -2 \\ 0 & 0 & -2 & 5 \end{pmatrix}$；

(3) $\boldsymbol{B}^{-1}=\left(\begin{array}{cc:cc} 1 & \frac{1}{3} & -\frac{1}{3} & -1 \\ 1 & \frac{2}{3} & -\frac{1}{3} & -\frac{2}{3} \\ \hdashline 0 & 0 & \frac{1}{3} & \frac{4}{3} \\ 0 & 0 & 0 & -1 \end{array}\right)$.

习题三答案

A 组

1. (1) $\begin{pmatrix} 1 & 0 & 0 & 5 \\ 0 & 0 & 1 & -3 \\ 0 & 0 & 0 & 0 \end{pmatrix}$；(2) $\begin{pmatrix} 1 & 0 & 0 & \frac{8}{5} \\ 0 & 1 & 0 & -1 \\ 0 & 0 & 1 & 2 \\ 0 & 0 & 0 & 0 \end{pmatrix}$；(3) $\begin{pmatrix} 1 & 0 & 0 & 0 & \frac{1}{3} \\ 0 & 0 & 1 & 0 & \frac{2}{3} \\ 0 & 0 & 0 & 1 & \frac{1}{3} \\ 0 & 0 & 0 & 0 & 0 \end{pmatrix}$；

(4) $\begin{pmatrix} 1 & 0 & 3 & 0 & 0 \\ 0 & 1 & -2 & 0 & 0 \\ 0 & 0 & 0 & 1 & 0 \\ 0 & 0 & 0 & 0 & 1 \\ 0 & 0 & 0 & 0 & 0 \end{pmatrix}$.

2. (1) $R(\boldsymbol{A})=2$；(2) $R(\boldsymbol{A})=2$；(3) $R(\boldsymbol{A})=2$；(4) $R(\boldsymbol{A})=2$；
(5) $R(\boldsymbol{A})=2$；(6) $R(\boldsymbol{A})=3$；(7) $R(\boldsymbol{A})=4$；(8) $R(\boldsymbol{A})=3$.

3. 可能，可能.

4. $R(\boldsymbol{A})\geqslant R(\boldsymbol{B})$.

5. (1) $A^{-1}=\begin{pmatrix} -\frac{1}{2} & \frac{1}{2} & 0 \\ 1 & 0 & -1 \\ 0 & 0 & 1 \end{pmatrix}$；(2) $A^{-1}=\frac{1}{27}\begin{pmatrix} -17 & -1 & 44 \\ 10 & -1 & -10 \\ -3 & 3 & 3 \end{pmatrix}$；

(3) $A^{-1}=\begin{pmatrix} 1 & -2 & 1 & 0 \\ 0 & 1 & -2 & 1 \\ 0 & 0 & 1 & -2 \\ 0 & 0 & 0 & 1 \end{pmatrix}$；(4) $A^{-1}=\frac{1}{3}\begin{pmatrix} 1 & 0 & 1 \\ -2 & 3 & -2 \\ -3 & 3 & 0 \end{pmatrix}$；

$$(5)A^{-1}=\begin{pmatrix}2&-1&0&0\\-1&1&0&0\\-1&1&2&-3\\1&-2&-1&2\end{pmatrix};\ (6)A^{-1}=\begin{pmatrix}0&0&0&\cdots&0&\frac{1}{a_n}\\\frac{1}{a_1}&0&0&\cdots&0&0\\0&\frac{1}{a_2}&0&\cdots&0&0\\\vdots&\vdots&\vdots&&\vdots&\vdots\\0&0&0&\cdots&\frac{1}{a_{n-1}}&0\end{pmatrix};$$

$$(7)A^{-1}=\frac{1}{6}\begin{pmatrix}7&4&-9\\-6&-6&12\\-3&0&3\end{pmatrix}.$$

6. $(1)X=\begin{pmatrix}2&-23\\0&8\end{pmatrix}$；$(2)X=\frac{1}{6}\begin{pmatrix}11&3&18\\-1&-3&-6\\4&6&6\end{pmatrix}$；

$(3)X=\begin{pmatrix}1\\3\\2\end{pmatrix}$；$(4)X=\begin{pmatrix}2&2\\-1&1\\4&1\end{pmatrix}$.

7.(1)D；(2)B；(3)A；(4)A；(5)A；(6)C；(7)B；(8)D；(9)C；(10)D.

8. (1)$-\frac{1}{14}$；(2)0；(3)0；(4)$\begin{pmatrix}x_1\\x_2\\x_3\end{pmatrix}=\begin{pmatrix}2\\0\\0\end{pmatrix}+k\begin{pmatrix}\frac{5}{2}\\-\frac{5}{4}\\1\end{pmatrix}$($k$ 为任意实数)；(5)无穷多 .

9. (1)$|A|=\begin{vmatrix}\lambda&1&1\\1&\lambda&1\\1&1&\lambda\end{vmatrix}=(\lambda+2)(\lambda-1)^2\neq0$，即 $\lambda\neq-2$ 且 $\lambda\neq1$ 时，线性方程组有唯一解.

(2)$\lambda=-2$ 时，线性方程组无解 .

(3)$\lambda=1$ 时，线性方程组有无穷多解 .$\overline{A}\to\left(\begin{array}{ccc|c}1&1&1&1\\0&0&0&0\\0&0&0&0\end{array}\right)$，通解为$\begin{pmatrix}x_1\\x_2\\x_3\end{pmatrix}=\begin{pmatrix}1\\0\\0\end{pmatrix}+k_1\begin{pmatrix}-1\\1\\0\end{pmatrix}+k_2\begin{pmatrix}-1\\0\\1\end{pmatrix}$($k_1$，$k_2$ 为任意实数).

10. 当 $\lambda=-2$ 或 $\lambda=1$ 时，线性方程组有解，

当 $\lambda=-2$ 时，通解为$\begin{pmatrix}x_1\\x_2\\x_3\end{pmatrix}=\begin{pmatrix}2\\2\\0\end{pmatrix}+k\begin{pmatrix}1\\1\\1\end{pmatrix}$($k$ 为任意实数)，

当 $\lambda=1$ 时，通解为 $\begin{pmatrix} x_1 \\ x_2 \\ x_3 \end{pmatrix}=\begin{pmatrix} 1 \\ 0 \\ 0 \end{pmatrix}+k\begin{pmatrix} 1 \\ 1 \\ 1 \end{pmatrix}$（$k$ 为任意实数）.

11. (1) $|A|=\begin{vmatrix} 2-\lambda & 2 & -2 \\ 2 & 5-\lambda & -4 \\ -2 & -4 & 5-\lambda \end{vmatrix}=-(\lambda-10)(\lambda-1)^2\neq 0$，即 $\lambda\neq 1$ 且 $\lambda\neq 10$ 时，线性方程组有唯一解；

(2) $\lambda=10$ 时，线性方程组无解；

(3) $\lambda=1$ 时，线性方程组有无穷多解，

$\overline{A}\to\left(\begin{array}{ccc|c} 1 & 2 & -2 & 1 \\ 0 & 0 & 0 & 0 \\ 0 & 0 & 0 & 0 \end{array}\right)$，通解为 $\begin{pmatrix} x_1 \\ x_2 \\ x_3 \end{pmatrix}=\begin{pmatrix} 1 \\ 0 \\ 0 \end{pmatrix}+k_1\begin{pmatrix} -2 \\ 1 \\ 0 \end{pmatrix}+k_2\begin{pmatrix} 2 \\ 0 \\ 1 \end{pmatrix}$（$k_1$，$k_2$ 为任意实数）.

12. (1) $\begin{pmatrix} x_1 \\ x_2 \\ x_3 \\ x_4 \end{pmatrix}=k_1\begin{pmatrix} -2 \\ 1 \\ 0 \\ 0 \end{pmatrix}+k_2\begin{pmatrix} 1 \\ 0 \\ 0 \\ 1 \end{pmatrix}$（$k_1$，$k_2$ 为任意实数）；

(2) $\begin{pmatrix} x_1 \\ x_2 \\ x_3 \\ x_4 \end{pmatrix}=k\begin{pmatrix} \frac{4}{3} \\ -3 \\ \frac{4}{3} \\ 1 \end{pmatrix}$（$k$ 为任意实数）；

(3) $\begin{pmatrix} x_1 \\ x_2 \\ x_3 \\ x_4 \end{pmatrix}=k\begin{pmatrix} 1 \\ 2 \\ 1 \\ -3 \end{pmatrix}$（$k$ 为任意实数）；(4) $\begin{pmatrix} x_1 \\ x_2 \\ x_3 \\ x_4 \end{pmatrix}=\begin{pmatrix} 0 \\ 0 \\ 0 \\ 0 \end{pmatrix}$.

13. (1)无解；(2) $\begin{pmatrix} x \\ y \\ z \end{pmatrix}=k\begin{pmatrix} -2 \\ 1 \\ 1 \end{pmatrix}+\begin{pmatrix} -1 \\ 2 \\ 0 \end{pmatrix}$（$k$ 为任意实数）；

(3) $\begin{pmatrix} x_1 \\ x_2 \\ x_3 \\ x_4 \end{pmatrix}=k_1\begin{pmatrix} -\frac{1}{2} \\ 1 \\ 0 \\ 0 \end{pmatrix}+k_2\begin{pmatrix} \frac{1}{2} \\ 0 \\ 1 \\ 0 \end{pmatrix}+\begin{pmatrix} \frac{1}{2} \\ 0 \\ 0 \\ 0 \end{pmatrix}$（$k_1$，$k_2$ 为任意实数）；

(4) $\begin{pmatrix} x_1 \\ x_2 \\ x_3 \\ x_4 \end{pmatrix} = k\begin{pmatrix} -\frac{3}{4} \\ \frac{7}{4} \\ 0 \\ 1 \end{pmatrix} + \begin{pmatrix} \frac{5}{4} \\ -\frac{1}{4} \\ 0 \\ 0 \end{pmatrix}$（$k$ 为任意实数）.

习题四答案

A 组

1. $k=1$，$l=2$，$m=6$.
2. $k=3$，$l=1$.
3. $(-1, 23, -6)$.
4. $(1, 2, 3, 4)$.
5. (1)$\boldsymbol{\beta}$ 可由 $\boldsymbol{\alpha}_1$，$\boldsymbol{\alpha}_2$，$\boldsymbol{\alpha}_3$ 线性表示，$\boldsymbol{\beta}=\frac{3}{2}\boldsymbol{\alpha}_1+0\boldsymbol{\alpha}_2-\frac{1}{2}\boldsymbol{\alpha}_3$；

   (2)$\boldsymbol{\beta}$ 可由 $\boldsymbol{\alpha}_1$，$\boldsymbol{\alpha}_2$，$\boldsymbol{\alpha}_3$ 线性表示，$\boldsymbol{\beta}=(-4a+3)\boldsymbol{\alpha}_1+(5a-4)\boldsymbol{\alpha}_2+a\boldsymbol{\alpha}_3$，$a\in\mathbf{R}$；

   (3)$\boldsymbol{\beta}$ 可由 $\boldsymbol{\alpha}_1$，$\boldsymbol{\alpha}_2$，$\boldsymbol{\alpha}_3$ 线性表示，$\boldsymbol{\beta}=\boldsymbol{\alpha}_1-\boldsymbol{\alpha}_2+2\boldsymbol{\alpha}_3$；

   (4)向量 $\boldsymbol{\beta}$ 不能由向量组 $\boldsymbol{\alpha}_1$，$\boldsymbol{\alpha}_2$，$\boldsymbol{\alpha}_3$ 线性表示.
6. (1)线性相关；(2)线性无关；(3)线性无关；(4)线性相关.
7. 当 $t=1$ 向量组线性相关，当 $t\neq 1$ 时向量组线性无关.
8. 利用线性表示的定义证明.
9. 向量组 $\boldsymbol{B}$ 能由向量组 $\boldsymbol{A}$ 线性表示$\Leftrightarrow R(\boldsymbol{A}, \boldsymbol{B})=R(\boldsymbol{A})$，

   向量组 $\boldsymbol{A}$ 不能由向量组 $\boldsymbol{B}$ 线性表示$\Leftrightarrow R(\boldsymbol{B}, \boldsymbol{A})>R(\boldsymbol{B})$.
10. 利用线性相关的定义求得.
11. 利用极大无关组证明.
12. (1)秩为 3，$\boldsymbol{\alpha}_1$，$\boldsymbol{\alpha}_2$，$\boldsymbol{\alpha}_3$ 为其极大无关组；

    (2)秩为 3，$\boldsymbol{\alpha}_1$，$\boldsymbol{\alpha}_2$，$\boldsymbol{\alpha}_3$ 为其极大无关组；

    (3)秩为 2，$\boldsymbol{\alpha}_1$，$\boldsymbol{\alpha}_2$ 为其极大无关组；

    (4)秩为 2，$\boldsymbol{\alpha}_1$，$\boldsymbol{\alpha}_2$ 为其极大无关组；

    (5)秩为 3，$\boldsymbol{\alpha}_1$，$\boldsymbol{\alpha}_2$，$\boldsymbol{\alpha}_4$ 为其极大无关组.
13. 利用极大无关组的定义证明.
14. 反证法或利用等价的向量组的秩相等.
15. (1)是线性空间；(2)不是线性空间.
16. (1)维数是$\frac{n(n+1)}{2}$，一组基为 $\boldsymbol{A}_{ij}$，其中 $a_{ij}=a_{ji}=1$，其他元全为零的矩阵($i=1$，$2\cdots n$，$j=1$，$2\cdots n$).
17. 证明 $\boldsymbol{\alpha}_1=(1, 0, 1)$，$\boldsymbol{\alpha}_2=(0, 0, -1)$，$\boldsymbol{\alpha}_3=(2, 1, 1)$线性无关，是 $\mathbf{R}^3$ 的极大无关组.
18. (1)不是；(2)不是；(3)是；(4)不是.

19. (1)方程组的基础解系为 $\boldsymbol{\xi}_1=\begin{pmatrix}-1\\24\\9\\0\end{pmatrix}$，$\boldsymbol{\xi}_2=\begin{pmatrix}2\\-21\\0\\9\end{pmatrix}$，通解为 $\boldsymbol{x}=k_1\boldsymbol{\xi}_1+k_2\boldsymbol{\xi}_2$（$k_1$，$k_2$ 为任意实数）；

(2)方程组的基础解系为 $\boldsymbol{\xi}=\begin{pmatrix}-1\\-1\\0\\1\end{pmatrix}$，通解为 $\boldsymbol{x}=k\boldsymbol{\xi}$（$k$ 为任意实数）；

(3)方程组的基础解系为 $\boldsymbol{\xi}_1=\begin{pmatrix}-2\\3\\1\\0\\0\end{pmatrix}$，$\boldsymbol{\xi}_2=\begin{pmatrix}-2\\3\\0\\1\\0\end{pmatrix}$，$\boldsymbol{\xi}_3=\begin{pmatrix}-3\\2\\0\\0\\1\end{pmatrix}$，通解为 $\boldsymbol{x}=k_1\boldsymbol{\xi}_1+k_2\boldsymbol{\xi}_2+k_3\boldsymbol{\xi}_3=k_1\begin{pmatrix}-2\\3\\1\\0\\0\end{pmatrix}+k_2\begin{pmatrix}-2\\3\\0\\1\\0\end{pmatrix}+k_3\begin{pmatrix}-3\\2\\0\\0\\1\end{pmatrix}$（其中 k_1，k_2，k_3 是任意实数）.

20. (1)方程组无解；

(2)通解为 $\boldsymbol{x}=\begin{pmatrix}\frac{6}{7}\\-\frac{5}{7}\\0\\0\end{pmatrix}+k_1\begin{pmatrix}1\\5\\7\\0\end{pmatrix}+k_2\begin{pmatrix}1\\-9\\0\\7\end{pmatrix}$（$k_1$，$k_2$ 为任意实数）；

(3)通解为 $\boldsymbol{x}=\begin{pmatrix}-3\\2\\0\\0\end{pmatrix}+k_1\begin{pmatrix}8\\-6\\1\\0\end{pmatrix}+k_2\begin{pmatrix}-7\\5\\0\\1\end{pmatrix}$（$k_1$，$k_2$ 为任意实数）；

(4)通解为 $\boldsymbol{x}=\begin{pmatrix}\frac{1}{2}\\0\\\frac{1}{2}\\0\end{pmatrix}+k_1\begin{pmatrix}1\\1\\0\\0\end{pmatrix}+k_2\begin{pmatrix}1\\0\\2\\1\end{pmatrix}$（$k_1$，$k_2$ 为任意实数）.

习题五答案

A 组

1. 0

2. (1)2，3；(2)−1，0，9.

3. −20

4. 10

5. (1)$\begin{pmatrix}1\\0\\1\end{pmatrix}$，$\begin{pmatrix}0\\-1\\0\end{pmatrix}$，$\begin{pmatrix}\frac{1}{2}\\0\\-\frac{1}{2}\end{pmatrix}$；(2)$\begin{pmatrix}1\\1\\1\\1\end{pmatrix}$，$\begin{pmatrix}2\\2\\-2\\-2\end{pmatrix}$，$\begin{pmatrix}-1\\1\\-1\\1\end{pmatrix}$；

6. (1)$\lambda_1=5$，$\lambda_2=-3$；(2)$\lambda_1=-1$，$\lambda_2=\lambda_3=1$；(3)$\lambda_1=4$，$\lambda_2=\lambda_3=1$；
   (4)$\lambda_1=\lambda_2=\lambda_3=-1$.

7. (1)证明：由于 $\boldsymbol{A}^{-1}(\boldsymbol{AB})\boldsymbol{A}=(\boldsymbol{A}^{-1}\boldsymbol{A})(\boldsymbol{BA})=\boldsymbol{E}(\boldsymbol{BA})=\boldsymbol{BA}$，所以 $\boldsymbol{AB}\sim\boldsymbol{BA}$.
   (2)证明：由于 $\boldsymbol{P}^{-1}\boldsymbol{AP}=\boldsymbol{B}$，所以 $\boldsymbol{B}^{T}=(\boldsymbol{P}^{-1}\boldsymbol{AP})^{\mathrm{T}}=\boldsymbol{P}^{\mathrm{T}}\boldsymbol{A}^{\mathrm{T}}(\boldsymbol{P}^{-1})^{\mathrm{T}}=\boldsymbol{P}^{\mathrm{T}}\boldsymbol{A}^{\mathrm{T}}(\boldsymbol{P}^{\mathrm{T}})^{-1}$，所以 $\boldsymbol{A}^{\mathrm{T}}\sim\boldsymbol{B}^{\mathrm{T}}$.

习题六答案

A 组

1. (1)$f=(x, y, z)\begin{pmatrix}1&2&1\\2&4&2\\1&2&1\end{pmatrix}\begin{pmatrix}x\\y\\z\end{pmatrix}$；(2)$f=(x, y, z)\begin{pmatrix}1&-1&-2\\-1&1&-2\\-2&-2&-7\end{pmatrix}\begin{pmatrix}x\\y\\z\end{pmatrix}$；

   (3)$f=(x_1, x_2, x_3)\begin{pmatrix}1&0&1\\0&2&3\\1&3&1\end{pmatrix}\begin{pmatrix}x_1\\x_2\\x_3\end{pmatrix}$；

   (4)$f=(x_1, x_2, x_3)\begin{pmatrix}3&-\frac{1}{2}&1\\-\frac{1}{2}&-1&\frac{1}{2}\\1&\frac{1}{2}&1\end{pmatrix}\begin{pmatrix}x_1\\x_2\\x_3\end{pmatrix}$；

   (5)$f=(x_1, x_2, x_3, x_4)\begin{pmatrix}1&-1&2&-1\\-1&1&3&-2\\2&3&1&0\\-1&-2&0&1\end{pmatrix}\begin{pmatrix}x_1\\x_2\\x_3\\x_4\end{pmatrix}$.

2. (1)$\boldsymbol{A}=\begin{pmatrix}2&2\\2&1\end{pmatrix}$；(2)$\boldsymbol{A}=\begin{pmatrix}1&3&5\\3&5&7\\5&7&9\end{pmatrix}$；(3)$\boldsymbol{A}=\begin{pmatrix}0&0&2\\0&2&0\\2&0&0\end{pmatrix}$；(4)$\boldsymbol{A}=\begin{pmatrix}2&1&1\\1&0&3\\1&3&1\end{pmatrix}$.

3. (1)正交矩阵 $\boldsymbol{T}=\begin{pmatrix}1 & 0 & 0\\ 0 & \frac{1}{\sqrt{2}} & -\frac{1}{\sqrt{2}}\\ 0 & \frac{1}{\sqrt{2}} & \frac{1}{\sqrt{2}}\end{pmatrix}$和正交变换 $\boldsymbol{x}=\boldsymbol{T}\boldsymbol{y}$，使 $f=2y_1^2+5y_2^2+y_3^2$；

(2)正交矩阵 $\boldsymbol{T}=\begin{pmatrix}\frac{2}{3} & \frac{2}{3} & \frac{1}{3}\\ \frac{1}{3} & -\frac{2}{3} & \frac{2}{3}\\ -\frac{2}{3} & \frac{1}{3} & \frac{2}{3}\end{pmatrix}$和正交变换 $\boldsymbol{x}=\boldsymbol{T}\boldsymbol{y}$，使 $f=y_1^2+4y_2^2-2y_3^2$；

(3)正交矩阵 $\boldsymbol{T}=\begin{pmatrix}\frac{2}{3} & -\frac{2}{3} & -\frac{1}{3}\\ -\frac{1}{3} & -\frac{2}{3} & \frac{2}{3}\\ \frac{2}{3} & \frac{1}{3} & \frac{2}{3}\end{pmatrix}$和正交变换 $\boldsymbol{x}=\boldsymbol{T}\boldsymbol{y}$，使 $f=9y_1^2+18y_2^2-9y_3^2$；

(4)正交矩阵 $\boldsymbol{T}=\begin{pmatrix}-\frac{2}{\sqrt{5}} & -\frac{2}{\sqrt{45}} & \frac{1}{3}\\ \frac{1}{\sqrt{5}} & -\frac{4}{\sqrt{45}} & \frac{2}{3}\\ 0 & \frac{5}{\sqrt{45}} & \frac{2}{3}\end{pmatrix}$和正交变换 $\boldsymbol{x}=\boldsymbol{T}\boldsymbol{y}$，使 $f=18y_1^2+18y_2^2+9y_3^2$；

(5)正交矩阵 $\boldsymbol{T}=\begin{pmatrix}\frac{1}{2} & \frac{1}{2} & \frac{1}{\sqrt{2}} & 0\\ -\frac{1}{2} & \frac{1}{2} & 0 & \frac{1}{\sqrt{2}}\\ -\frac{1}{2} & -\frac{1}{2} & \frac{1}{\sqrt{2}} & 0\\ \frac{1}{2} & -\frac{1}{2} & 0 & \frac{1}{\sqrt{2}}\end{pmatrix}$和正交变换 $\boldsymbol{x}=\boldsymbol{T}\boldsymbol{y}$，使 $f=-y_1^2+3y_2^2+y_3^2+y_4^2$.

4. $-\frac{4}{5}<a<0$.

5. (1)f 不正定；(2)f 为正定 .

B 组习题答案

参 考 文 献

[1] [美]吉尔伯特·斯特朗. 线性代数[M]. 5版. 北京：清华大学出版社，2019.

[2] 同济大学数学系. 工程数学线性代数[M]. 6版. 北京：高等教育出版社，2014.

[3] [美]戴维 C. 雷，史蒂文 R. 雷，朱迪·J. 麦克唐纳. 线性代数及其应用[M]. 原书第5版. 刘深泉，张万芹，陈玉珍，等译. 北京：机械工业出版社，2018.

[4] 谢彦红，吴茂全. 线性代数及其MATLAB应用[M]. 2版. 北京：化学工业出版社，2017.

[5] 居余马，等. 线性代数[M]. 2版. 北京：清华大学出版社，2002.

[6] 杜莹. 线性代数[M]. 北京：科学技术文献出版社，2010.

[7] 王亮，冯国臣，王兵团. 基于MATLAB的线性代数实用教程[M]. 北京：科学出版社，2008.

[8] 黄平，刘小兰，温旭辉. 数学实验典型案例[M]. 北京：高等教育出版社，2015.

[9] 王利东，刘婧，张运杰. 面向数据素养教育的线性代数案例教学模式探索[J]. 大学教育，2020(06)：94-96.

[10] 吴莺，胡吉卉. 线性方程组解的注记[J]. 大学数学，2019，35(06)：100-104.